TRAINING Grundwissen
FRANZÖSISCH

Georg Thoböll • Martin Thoböll

Französisch im 3. Lernjahr

Aufgaben mit Lösungen

STARK

Bildnachweis
Umschlagbild: © Sean Nel/Dreamstime.com

ISBN 978-3-89449-882-5

Inhalt

Fortsetzung siehe nächste Seite

Autoren: Georg Thoböll und Martin Thoböll
Illustratorin: Rebecca Meyer

Vorwort

Liebe Schülerin, lieber Schüler,

mit diesem Buch kannst du selbstständig den grundlegenden **Stoff des dritten Lernjahres in Französisch** wiederholen und einüben.

- Das Buch ist in 11 Kapitel eingeteilt, die die wichtigsten Grammatikthemen des dritten Lernjahres abdecken. Du musst sie nicht der Reihe nach bearbeiten, sondern kannst selbst bestimmen, mit welchem du dich befassen möchtest. In jedem Kapitel wird dir die **Grammatik** in kleinen Häppchen und **leicht verständlich erklärt**.

- Die **zahlreichen und abwechslungsreichen Aufgaben** geben dir die Möglichkeit, ausgiebig zu üben. Sie sind so angelegt, dass du mit ihnen nicht nur die **Grammatik** einüben, sondern auch deinen **Wortschatz** wiederholen und erweitern, dein **Leseverstehen** verbessern und deine **Schreibfähigkeit** ausbauen kannst. Die etwas anspruchsvolleren Aufgaben sind mit einem Sternchen * gekennzeichnet.

- Am Ende des Buches sind die **vollständigen Lösungen** und Lösungsvorschläge zu den Aufgaben abgedruckt. Zusätzliche **Hinweise** machen dich auf bestimmte Strukturen in den Aufgaben und Texten aufmerksam. Am schnellsten lernst du, wenn du die Aufgaben selbstständig bearbeitest und erst in der Lösung nachschlägst, wenn du fertig bist oder wenn du auch nach längerem Nachdenken auf keine Lösung kommst. Nimm dir die Zeit, dich mit den Lösungen auseinanderzusetzen, damit du dieselben Fehler nicht ein zweites Mal machst.

Viel Erfolg bei der Arbeit mit diesem Buch!

Martin Thoböll

… rund ums Nomen

1 Demonstrativa

Demonstrativa sind Wörter, die auf etwas hinweisen. Man unterscheidet zwischen
- **Demonstrativbegleitern** (*ce, cet, cette, ces*), die adjektivisch verwendet werden, und
- **Demonstrativpronomen** (*celui, celle, ceux, celles*), die ein Nomen ersetzen.

1.1 Demonstrativpronomen

Wie lauten die Formen des Demonstrativpronomens?
Die Formen des französischen Demonstrativpronomens lauten:

	Singular	Plural
maskulin	*celui*	*ceux*
feminin	*celle*	*celles*

Aufgabe 1 Lie les formes de *ce* aux formes correspondantes *(entsprechenden)* de *celui.*

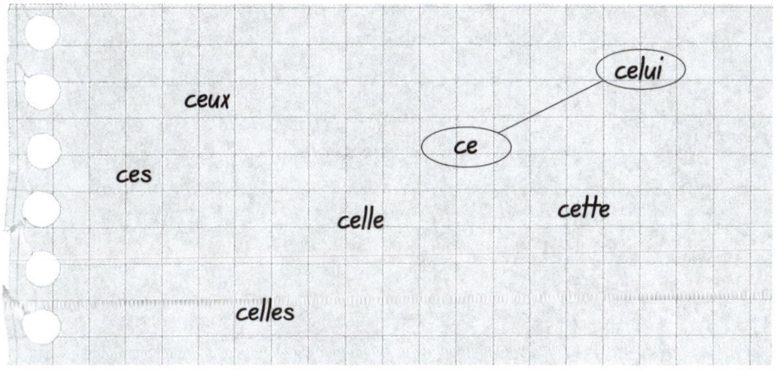

Et quelle est la forme correspondante de *cet* ? ____________________

Wie kannst du die französischen Demonstrativpronomen „stützen"?
Obwohl die Demonstrativpronomen wie Nomen verwendet werden, können sie nie allein stehen, sondern brauchen immer eine **Stütze**. Solche Stützen können sein
- die Partikel ***-ci* und *-là***,
- **Relativsätze**,
- **präpositionale Ergänzungen**.

Wann werden die Partikel *-ci* und *-là* verwendet?
Die Partikel *-ci* und *-là* werden direkt **an das Demonstrativpronomen angehängt**. Sie werden vor allem dann verwendet, wenn du zwei Dinge einander gegenüberstellen möchtest.

Die beiden Partikel unterscheiden sich darin, dass
- *-ci* auf etwas in der **Nähe**,
- *-là* auf etwas in der **Ferne** verweist.

Beispiele:	ce garçon :	celui-ci	*(dieser hier)*	celui-là	*(dieser dort/jener)*
	cette étudiante :	celle-ci	*(diese hier)*	celle-là	*(diese dort/jene)*
	ces élèves :	ceux-ci		ceux-là	
	ces filles :	celles-ci		celles-là	

Aufgabe 2 Complète le tableau suivant avec les formes de *celui-ci* und *celui-là*.

cette auberge	*celle-ci*	*celle-là*	ces maisons		
cet appartement			ces restaurants		
ce bar			cet hôtel		

Aufgabe 3 Complète les brefs dialogues avec les formes justes de *celui-ci* und *celui-là*.

a)

b)

Est-ce que vous pourriez promener (Gassi führen) ma chienne ?
Votre chienne !?! ________________ ou ________________ ?

c)

Tu as réussi à pêcher quelques poissons ?
Oui, ________________ sont à moi. Papa a pêché ________________.

d)

Tu vois la fille aux cheveux noirs? Je suis amoureux d'elle.
De qui est-ce que tu parles? De ________________ ou de ________________?

e)

On pourrait aller manger quelque chose dans un bar. Qu'est-ce que tu en penses?
C'est une bonne idée. Est-ce qu'on va dans ____________ ou dans ___________?
Bar

Wann werden Relativsätze als „Stütze" des Demonstrativpronomens verwendet?
Mit einem Relativsatz kannst du näher beschreiben, wer oder was mit dem Demonstrativpronomen gemeint ist.

- Es ist wichtig, dass du das **Relativpronomen** (z. B. *qui, que, dont* oder *où*) **unmittelbar an das Demonstrativpronomen anschließt.**

Beispiele: Au voleur ! Voilà celui qui a volé mon sac à dos !
Monique ! Tu es celle que j'aime encore et toujours !
Des clowns ? Ceux dont vous parlez sont mes copains !
Les grottes de Lascaux I et II ? Ce sont celles où il y a des peintures (*Malereien*) préhistoriques.

Aufgabe 4 Complète le dialogue par des pronoms démonstratifs *(celui, celle, ceux, celles)* et relatifs *(qui, que, dont)*.

A la FNAC (un grand magasin de hi-fi et de livres) :

CÉLINE : « Je voudrais compléter ma collection de MC Solaar, mais je ne trouve pas le CD qui me manque. »

MARIE : « Lequel ? ________ ________ tu as perdu dans le bus ? »

CÉLINE : « Oui, ________ ________ a paru *(erschienen)* en 2001. C'est mon album préféré. Tu le préfères aussi ? »

MARIE : « Non, je préfère ________ ________ se trouve là-bas. C'est son CD actuel. »

CÉLINE : « Tu te souviens de son dernier concert ? »

MARIE : « Bien sûr, c'est ________ ________ je me souviens le mieux. Et cela à cause de ces deux garçons ! »

CÉLINE : « Tu parles de ________ ________ nous ont invitées à boire des cocktails ? »

MARIE : « Non, non, je parle de ________ ________ m'ont draguée quand j'ai voulu acheter deux coca pour nous. En plus, j'ai raté l'interprétation de deux nouvelles chansons. »

CÉLINE : « Ah oui, je m'en souviens. Ce sont ________ ________ n'avaient pas encore été publiées. »

MARIE : « Exactement. Tiens, voilà une vendeuse ! Demande-lui où se trouve l'album que tu recherches. »

- Der Relativsatz kann natürlich auch **durch eine Präposition eingeleitet** werden.
  Beispiel: Celle avec qui le ministre se promène n'est pas sa femme.

Aufgabe 5* Est-ce que tu connais ces personnages français célèbres ? Ecris les noms justes dans les cases *(Felder)* de gauche et complète les explications de droite avec des pronoms démonstratifs et des pronoms relatifs (avec ou sans préposition).

François Champollion **Albert Uderzo et René Goscinny** **Jean-Baptiste Poquelin** **Louis Braille** **les frères Lumière** **Pierre de Coubertin** **Marie Curie** **Gustave Eiffel** **Charles de Gaulle** **Jeanne d'Arc**

______ ______	C'est ______ ______ a crée *(geschaffen)* les Jeux Olympiques modernes.
______ ______	C'est ______ ______ ______ le chancelier allemand Adenauer a fondé l'amitié franco-allemande.
______ ______	C'est ______ ______ tout le monde connaît sous le nom de Molière.
______ ______	C'est ______ ______ a sauvé les Français des Anglais.
______ ______	C'est ______ ______ a déchiffré les hiéroglyphes égyptiens.
______ ______	Ce sont ______ ______ ______ nous devons *(verdanken)* le cinéma.
______ ______	C'est ______ ______ ______ on a donné au début du XXème siècle deux fois un prix Nobel (physique et chimie).
______ ______	C'est ______ ______ le monument est le plus célèbre de Paris.
______ ______	Ce sont ______ ______ ont crée les personnages d'Astérix et d'Obélix.
______ ______	C'est ______ ______ a inventé l'écriture pour les aveugles *(Blinde)*.

Was sind präpositionale Ergänzungen?
Eine weitere Möglichkeit, Demonstrativpronomen zu „stützen", sind präpositionale Ergänzungen. Das sind Ergänzungen, die mit einer **Präposition** angeschlossen werden, aber im Gegensatz zu Nebensätzen **kein eigenes Verb** besitzen.
Wie die Relativsätze erklären sie genauer, wer oder was mit dem Demonstrativpronomen gemeint ist.

Beispiele: Voici mes copains. Et voilà ceux de mon frère.
Regarde ! Voilà Jean, celui aux cheveux noirs.
J'ai fait les courses en ville. Celles pour demain et celles pour après-demain.

Aufgabe 6* Louis et Marc regardent le Tour de France à la télé. Marc ne comprend rien. Il pose des questions à son copain.
Complète les réponses de Louis par les pronoms démonstratifs et les prépositions justes.

a) MARC : « Qui est le coureur *(Fahrer)* au maillot *(Trikot)* jaune ? »
LOUIS : « C'est __________ __________ tête du classement général. »

b) MARC : « Est-ce qu'on peut aussi reconnaître le dernier du classement ? »
LOUIS : « Non. Autrefois, c'était __________ __________ la lanterne rouge. Mais aujourd'hui, elle n'existe plus. »

c) MARC : « Et qui est le meilleur sprinter du peloton *(Fahrerfeld)* ? »
LOUIS : « C'est __________ __________ maillot vert. »

d) MARC : « Qui sont les coureurs qui apportent des bouteilles d'eau au maillot jaune ? »
LOUIS : « Ce sont __________ __________ son équipe. »

e) MARC : « Quelles sont les étapes les plus dangereuses ? »
LOUIS : « Ce sont __________ __________ montagne. »

f) MARC : « Dans quelle voiture se trouve le chef du Tour de France ? »
LOUIS : « Dans __________ __________ le peloton. »

Aufgabe 7 **Exercice combiné :** Marie ne connaît pas les noms français des fruits. Elle essaie donc de les décrire. Quelle définition correspond à quelle image ?

1 ☐ Je parle de ceux qu'aiment les singes.
2 ☐ J'aime bien celui qu'Adame et Eve ont mangé.
3 ☐ Comment s'appellent ceux qui se trouvent dans le chocolat ‚mon chéri' ?
4 ☐ Je déteste celui dont la traduction allemande est *Pflaume*.
5 ☐ Celui à la forme ovale et de couleur verte te plaît ?
6 ☐ Dans notre jardin, nous avons aussi ceux à points jaunes.

A

des fraises

B

une prune

C

des bananes

D

une pomme

E
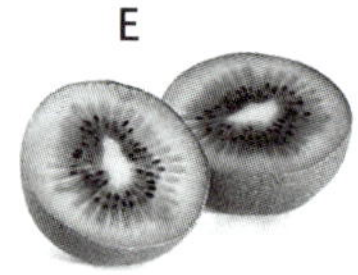
un kiwi

F
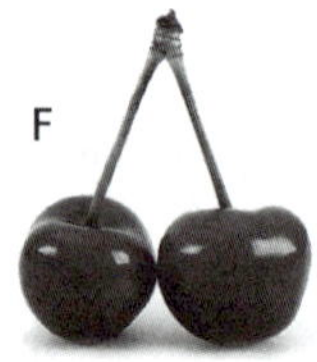
des cerises

Aufgabe 8* **Exercice combiné :** À quoi/à qui est-ce que tu penses si tu lis les paroles suivantes ? Décris-le par une phrase avec un pronom démonstratif. N'oublie pas de mettre un complément adapté.

la matière la plus détestée
C'est celle que …

tes chaussures les plus vieilles
____

la fille la plus sympathique de ta classe
____

ton sport préféré
____

le prof idéal
____

les meilleures places dans la salle de classe
____

1.2 Die « mise en relief »

Was versteht man unter « mise en relief » ?
Die *mise en relief* ist eine Konstruktion im Französischen, mit der du einzelne Satzglieder besonders hervorheben kannst.

Beispiel: Aussagesatz: Une équipe française a gagné le championnat.
mise en relief: C'est une équipe française qui a gagné le championnat.

Wie wird die « mise en relief » gebildet ?
Die *mise en relief* wird nach folgendem Schema gebildet:
C'est/Ce sont + betontes Satzglied + ***qui/que*** + Verb

In der geschriebenen Sprache wird
- ***ce sont …*** nur bei Subjekten oder direkten Objekten im Plural,
- ***c'est …*** in allen übrigen Fällen (auch bei den Pronomen *nous* und *vous* sowie bei den präpositionalen Objekten) verwendet.

Beispiele: Ce sont les Allemands qui en sont tristes./qu'on doit consoler.
C'est nous qui avons dit qu'une équipe allemande gagnera la prochaine fois.
C'est chez moi que nous nous sommes rencontrés.

Aufgabe 9 *C'est* ou *ce sont* ? Complète les phrases par les formes qui conviennent *(passen)*.

a) ____________ vous qui avez des vacances.
b) ____________ nous qui devons aller à l'école.
c) ____________ au Québec que vous allez.
d) ____________ des cartes postales que vous écrivez.
e) ____________ le paysage qui vous plaît le plus.
f) ____________ des caribous que vous voyez.
g) ____________ un beau séjour que vous passez.
h) ____________ de bons souvenirs que vous avez.

Wie wird das Subjekt in die « mise en relief » gesetzt?
Steht das Subjekt des Satzes in der *mise en relief*, so ist Folgendes zu beachten:
- Das Relativpronomen lautet ***qui***.
- Das **Verb des Relativsatzes** sowie **die Reflexivpronomen stimmen in Genus und Numerus mit dem Subjekt überein**.

Beispiele: C'est nous qui avons vu la course finale.
C'est un pilote espagnol qui est devenu champion.
Ce sont les spectateurs allemands qui sont déçus.

Aufgabe 10 Mme Cheverry en a assez d'être toujours la seule à faire les travaux domestiques. Un jour, elle veut rassembler toute la famille pour en parler. Son mari Jean est le seul à venir. Elle se met en colère. Emploie la *mise en relief*.

Mme Cheverry : « J'en ai vraiment marre *(mir reicht es wirklich)*. ________________ ________________ (moi, faire tout). Je vais donc écrire une liste sur laquelle vous allez trouver tous les travaux que vous avez à faire. » Elle écrit : « ________________ ________________ (toi, promener le chien). ________________ ________________ (Paul, mettre la table). ________________ ________________ (Sylvie, faire la vaisselle, *Geschirr spülen*). En plus, ________________ ________________ (eux, donner à manger au chien). ________________ ________________ (nous deux, faire les courses) … » Paul et Sylvie entrent dans la cuisine, des rollers et un skate à la main. « Maman, quand nous sommes rentrés de l'école, nous avons renversé *(umschütten)* le coca dans le frigo. Est-ce que tu l'as déjà nettoyé ? » « Moi ? ________________ ________________ (toi, le nettoyer). Et à partir de maintenant, ________________ ________________ (vous, s'occuper de tous les appareils de cuisine). Et en plus, ________________ ________________ (vous, faire la cuisine). Et ________________ ________________ (moi, se reposer, faire du skateboard). »

Aufgabe 11 Décris qui fait quoi dans ta famille. Emploie la *mise en relief*.

faire la vaisselle	*C'est mon frère qui fait la vaisselle.*
mettre la table	________________
faire les courses	________________
faire la cuisine	________________
préparer le petit déjeuner	________________
passer l'aspirateur	________________
faire la lessive	________________
nettoyer la salle de bain	________________
repasser le linge	________________
ranger la chambre	________________
sortir les ordures	________________
laver la voiture	________________
…	________________

Aufgabe 12* Décris la scène suivante. Emploie la *mise en relief*.

Après son cours, M. Boule va dans la salle des profs. Il se plaint : « Quand je suis entré dans la salle de classe, les élèves n'étaient pas à leurs places et ils ont fait beaucoup de bruit. » Il veut raconter ce qu'il a vu, mais M. Suif, son collègue l'interrompt : « Ne continue pas. Je connais très bien ces élèves et je peux bien imaginer la scène :

C'est Pierre qui lit une BD. C'est Nicolas qui …

____

____

____

M. Boule : « C'est incroyable ! C'est exactement comme ça que tout s'est passé. »

Wie wird die « mise en relief » bei Objekten und adverbialen Bestimmungen gebildet?
Mit der *mise en relief* kannst du nicht nur Subjekte, sondern auch folgende Satzglieder hervorheben:

- **direkte Objekte**
  Beispiel: C'est un pilote allemand que les spectateurs aiment beaucoup.
- **indirekte Objekte**
  Beispiel: C'est à lui qu'ils souhaitent la victoire.
- **Präpositionalobjekte**
  Beispiel: C'est de lui qu'ils désirent un autographe.
- **adverbiale Bestimmungen**
  Beispiel: C'est en automne 2006 qu'il a fait sa dernière course.

Die *mise en relief* wird in diesen Fällen mit ***c'est … que*** gebildet. Das Verb richtet sich nun nach dem Subjekt des Nebensatzes.

Aufgabe 13* Tu passes tes vacances en France. Sur le terrain de camping, tu rencontres une femme dont on a volé le sac à main. Comme elle ne parle pas un mot de français, elle te prie *(bitten)* de l'accompagner à la station de police pour dénoncer *(anzeigen)* le vol. Fais l'interprète ! Mets les mots soulignés en relief.

L'AGENT : « Comment est-ce que je peux vous aider ? »

TOI : ______________________________

LA FEMME : „Ich will einen Diebstahl zur Anzeige bringen *(dénoncer)*."

TOI : ______________________________

L'AGENT : « Qu'est-ce qu'on vous a volé ? »

TOI : ______________________________

LA FEMME : „Man hat mir die Handtasche geklaut."

TOI : ______________________________

____

L'AGENT : « Est-ce que le sac à main a une particuliarité ? »

TOI : ______________________________

____

LA FEMME : „Wenn man sie ansieht, springt eine Blume ins Auge *(sauter aux yeux)*."

TOI : ______________________________

____

L'AGENT : « Vous avez eu de l'argent dedans ? »

TOI : ______________________________

LA FEMME : „Nein, aber meine Ausweise und mein Handy befanden sich in der Tasche."

TOI : ______________________________

____

L'AGENT : « Où est-ce que le vol s'est passé ? »

TOI : ______________________________

LA FEMME : „In einer Bar am Strand."

TOI : ______________________________

L'AGENT : « Est-ce que c'est le bar qui s'appelle *Chez l'ogre* ? »

TOI : ______________________________

LA FEMME : „Nein, es war die Bar, die sich rechts von dieser befindet."

TOI : ______________________________

____

L'AGENT : « D'accord. Je le connais. Le vol s'est passé aujourd'hui ? »

TOI : ______________________________

LA FEMME : „Nein, er hat sich bereits gestern Abend ereignet."

TOI : ______________________________

L'AGENT : « À quelle heure ? »

TOI : ______________________________

LA FEMME : „Um halb neun habe ich bemerkt, dass meine Tasche nicht mehr da war."

TOI : ______________________________

____

L'AGENT : « Pourquoi n'avez-vous pas déclaré le vol tout de suite ? »

TOI : ______________________________

LA FEMME : „Habe ich doch gemacht. An der Telefonzelle habe ich einen Ihrer Kollegen getroffen. An ihn habe ich mich gewandt. Aber leider verstand er kein Deutsch."

TOI : ______________________________

____

____

____

L'AGENT : « Vous avez remarqué une personne qui pourrait être le voleur ? »

TOI : ______________________________

LA FEMME : „Ja, ich habe zwei Jugendliche gesehen. Sie haben mich nach der Uhrzeit gefragt. Ohne auf eine Antwort zu warten haben sie sich plötzlich umgedreht und sind weggelaufen *(avoir filé)*."

TOI : ______________________________

____

____

____

L'AGENT : « Qu'est-ce qu'ils ont porté comme vêtements ? »

TOI : ______________________________

LA FEMME : „Sie hatten blaue Jeans und schwarze Jacken an. Bei diesem Wetter!"

TOI : ______________________________

____

____

L'AGENT : « J'ai pris des notes et je vais m'en occuper. Pour être sincère, je ne crois pas que nous trouvions les deux jeunes. Mais peut-être qu'ils ont jeté le sac à main et qu'ils ont laissé au moins les papiers dedans. Si ceux-ci réapparaissent, nous vous informerons. »

2 Relativpronomen

Relativsätze sind Nebensätze, die ein Nomen oder einen Sachverhalt näher erklären. Sie werden von bestimmten Pronomen (z. B. *qui, que, où*) eingeleitet.

2.1 Relativsätze mit *ce qui* und *ce que*

Welche Funktionen übernehmen *ce qui* und *ce que*?

Ce qui und *ce que* übernehmen im Relativsatz folgende Funktionen:

- ***ce qui*** ist **Subjekt** des Relativsatzes,
- ***ce que*** ist **Objekt**.

Beispiele: Il efface ce qui est écrit au tableau.
Il efface ce que son copain a écrit au tableau.

Aufgabe 14 Quelle image se réfère à quelle définition ? Écris la lettre juste dans les cases *(Kästchen)* et ajoute les pronoms relatifs (*ce qui* ou *ce que*).

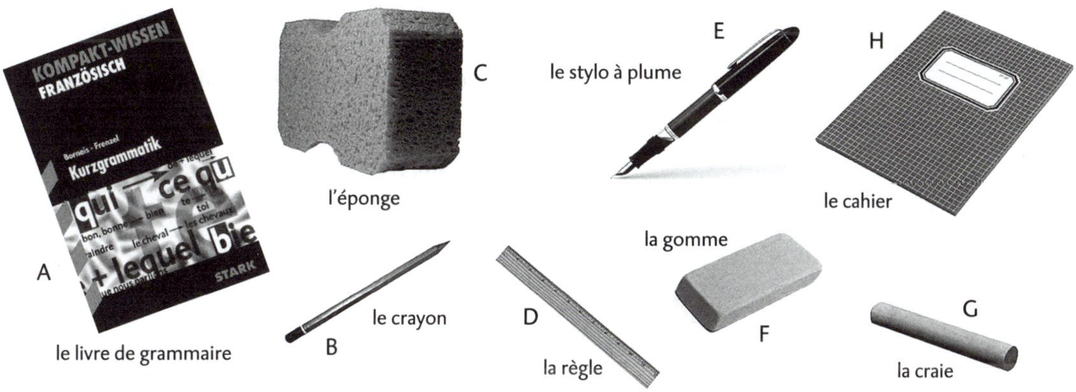

[F] C'est _ce qui_ sert à effacer *(löschen)* des fautes écrites avec un crayon.

[ ] C'est ________ le prof prend pour écrire au tableau.

[ ] C'est ________ est nécessaire pour dessiner des lignes.

[ ] C'est ________ tu prends pour noter tes devoirs.

[ ] C'est ________ sert à nettoyer le tableau.

[ ] C'est ________ on utilise pour dessiner.

[ ] C'est ________ tu peux employer pour réviser *(wiederholen)* la grammaire.

[ ] C'est ________ on utilise pour écrire une lettre.

Was ist der Unterschied zwischen *qui/que* und *ce qui/ce que*?
Die Relativpronomen

- ***qui*** und ***que*** beziehen sich direkt auf ein vorausgehendes **Nomen,**

  Beispiele: Tous les matins, il va dans le café qui se trouve près de l'école.
  Il ne fait pas les devoirs que le prof lui donne.

- ***ce qui*** und ***ce que*** beziehen sich auf **ganze Sätze oder Satzteile** (dt. ‚was').
  Da ein Nomen fehlt, an das sich *qui* und *que* anlehnen könnten, ist das Demonstrativum *ce* also nichts anderes als eine künstliche Stütze.

  Beispiele: Il fait ce qui lui plaît./Il ne fait pas ce que son prof veut.

Aufgabe 15* Quelle histoire bizarre ! Complète les phrases par les pronoms relatifs *(qui/que, ce qui/ce que)*.

CHANTAL : « C'est terrible ________ s'est passé ce matin. J'étais au lit et dormais quand j'ai entendu sonner mon réveil ________ se trouve à côté de mon lit. Tu sais, c'est un vieux truc ________ fait beaucoup de bruit et ________, jusqu'à maintenant, j'ai toujours très bien entendu. J'étais encore couchée au lit quand la porte ________ donne sur la terrasse s'est ouverte lentement. ________ j'ai vu m'a fait peur : Un grand chien noir aux yeux bleus venait d'entrer dans ma chambre. Je voulais crier mais je ne pouvais pas. Après, j'ai voulu bouger ________ m'était impossible. Mais le chien ________ m'avait tourné le dos ne s'intéressait plus à moi. Il avait trouvé ________ il cherchait : quelque chose à manger. Près de la fenêtre se trouve la cage *(Käfig)* de mon hamster ________ mes parents m'ont acheté le mois dernier. Le chien s'est approché lentement de mon chéri ________ voulait se cacher. Là, le chien s'est mis à sauter *(zum Sprung ansetzen)* …

MARIE : « Et après ? »

CHANTAL : « Rien. Quand le chien s'est mis à sauter, moi ________ étais toujours au lit, je suis arrivée à crier finalement. Et pendant que je criais … je me suis réveillée. ________ je t'ai raconté, je l'ai rêvé ! Le réveil ________ j'ai entendu dans mon rêve a vraiment sonné mais j'ai continué à dormir … La porte ________ s'était ouverte dans mon rêve était bien fermée. Le hamster, lui, courait tranquillement sur la roue *(Rad)* dans sa cage ________ m'a beaucoup calmé. Je déteste faire des rêves qui sont tellement *(so)* réalistes ! »

Wie übersetzt man ‚alles, was' und ‚alle, die'?
Möchtest du im Französischen an eine Form von ***tout*** einen **Relativsatz** anschließen, musst du immer ein passendes **Demonstrativum** dazwischenstellen.

Beispiele:	J'achète tout ce qui me plaît.	*(… alles, was …)*
	Tout ce que je veux, c'est dormir tranquillement.	*(Alles, was …)*
	J'invite toutes celles qui m'ont invité aussi.	*(… alle, die …)*
	Tous ceux que tu vois jouent dans la même équipe.	*(Alle, die …)*
	Tous ceux à qui j'ai envoyé une lettre m'ont répondu.	*(Alle, denen …)*

Aufgabe 16 Michel est tombé amoureux de Jeanne.
Complète ses paroles avec *tout + pronom relatif* (avec ou sans préposition).

Beachte: *Ce qui* und *ce que* werden nicht nur in **Relativsätzen** verwendet, sie können auch **indirekte Sachfragen** einleiten. Siehe dazu S. 149.

2.2 Das Relativpronomen *dont*

Wann verwendest du das Relativpronomen *dont*?
Das Relativpronomen *dont*, das im Singular und Plural dieselbe Form aufweist, kannst du sowohl bei **Personen** als auch bei **Sachen** verwenden.
Es ersetzt im Relativsatz die **Präposition *de***, etwa bei

- Verben,
- Adjektiven,
- Substantiven,
- Zahlenangaben.

Das Relativpronomen *dont* bei Verben

- Es gibt im Französischen Verben, bei denen das Objekt mit *de* angeschlossen wird. Soll dieses Objekt als Pronomen einen Relativsatz einleiten, musst du *dont* verwenden.

  Beispiel: Le livre est intéressant. Je parle de ce livre.
  Le livre dont je parle est intéressant.

- Auch einige reflexive Verben werden mit *de* gebildet:

se plaindre de qc/qn	sich über jdn./etw. beklagen
s'occuper de qc/qn	sich um jdn./etw. kümmern
se protéger de qn/qc	sich vor jdm./etw. schützen
se réjouir de qc	sich über etw. freuen
se souvenir de qn/qc	sich an jdn./etw. erinnern

  Beispiel: Le cadeau est un portable. Je me réjouis de ce cadeau.
  Le cadeau dont je me réjouis est un portable.

Aufgabe 17 Relie les phrases par des propositions relatives. Emploie le pronom *dont*.

a) *Mon premier match de volley* a fini par une victoire pour mon équipe.
Je me souviens volontiers de ce match.
Mon premier match de volley dont je me souviens volontiers a fini par une victoire pour mon équipe.

b) En 1783, les frères Montgolfier ont fait *une découverte.*
On parle encore beaucoup de cette découverte.

c) Mon père aime parler de *nos vacances d'il y a huit ans sur la Côte d'Azur.*
Je me souviens encore très bien de ces vacances.

d) *Le bruit* vient de la fête de Thomas. Les voisins se plaignent de ce bruit.

____

____

e) *Le bébé* crie de toutes ses forces. Marius s'occupe du bébé.

____

ufgabe 18* **Exercice combiné :** Complète le texte avec les pronoms relatifs *qui, que* ou *dont.*

Kéwan est heureux. Ses parents lui ont fait un cadeau ________ il se réjouit vraiment : un billet d'avion pour la Guadeloupe. Cette île ________ Kéwan et ses parents ont quittée quand il avait cinq ans se trouve dans les Caraïbes. Kéwan ______ y est né ne se le rappelle plus bien. Ce ________ il se souvient le mieux, ce sont les longues plages de sable et les vieux pêcheurs ________ savaient raconter beaucoup d'histoires intéressantes. Mais Kéwan sait aussi que la vie n'y avait pas été facile. Ses parents ________ travaillaient dur ne sont presque pas arrivés à gagner leur vie. C'est pourquoi ils ont quitté la Guadeloupe pour la France.

Après des années difficiles, son père a trouvé un bon travail ______ un ami lui a donné. Sa mère, elle aussi, est contente parce que les enfants ______ elle s'occupe pour gagner aussi un peu d'argent l'aiment beaucoup. Il y a tout de même des choses ________ ses parents se plaignent, surtout le racisme ________ on peut parfois rencontrer dans les banlieues de Paris, mais aussi en province.

Mais Kéwan ______ les professeurs disent qu'il est un garçon gentil et drôle est content de vivre en France métropolitaine ______ est devenue sa patrie. Mais la Guadeloupe ______ ses parents parlent souvent est aussi une partie de sa vie. C'est pourquoi il est si *(so)* content de pouvoir revoir cette île ________ il n'a plus vu depuis presque dix ans.

Das Relativpronomen *dont* bei Adjektiven

Im Französischen gibt es einige häufig gebrauchte Adjektive, die mit *de* gebildet werden:

amoureux, se de qc/qn	verliebt in etw./jdn.
content, e de qc/qn	zufrieden mit etw./jdm.
convaincu, e de qc/qn	überzeugt von etw./jdm.
déçu, e de qc/qn	enttäuscht von etw./jdm.
fier, fière de qc/qn	stolz auf etw./jdn.
heureux, se de qc	glücklich über etw.

Soll das von diesen Adjektiven abhängige Objekt als Pronomen einen Relativsatz einleiten, musst du *dont* verwenden.

Beispiel: La créatrice regarde sa nouvelle collection. Elle est très fière de sa collection.
La créatrice regarde sa nouvelle collection dont elle est très fière.

Aufgabe 19* Ajoute aux phrases en italique *(kursiv)* des propositions relatives qui contiennent les verbes entre guillemets *(in Klammern)*. Mets la proposition relative à la bonne place.

Après la prise de la Bastille en 1789 suivent des années de terreur dont l'avocat Robespierre est un des personnages principaux.

L'exécution de Robespierre le 10 thermidor an II (28 juillet 1794)

a) Robespierre et le roi Louis XVI sont des adversaires *(Gegner)*. Au début de l'année 1793, le roi est exécuté. *Robespierre apprend la nouvelle.* (être très content)

Robespierre apprend la nouvelle dont il est très content.

b) Quelques mois plus tard, il installe son régime qui dure jusqu'en 1794. *Il veut imposer (durchsetzen) tous ses principes.* (être convaincu)

____

____

c) Ses décisions sont souvent cruelles *(grausam). Il vote (stimmen für) même la mort de son ancien ami Danton.* (être mécontent)

____

____

d) *Les Jacobins, le groupe dont il fait partie, envoient d'autres milliers de victimes à la guillotine.* (être fier)

____

____

e) *Peu à peu les Français détestent les méthodes du gouvernement.* (être déçu)

____

____

f) *C'est pourquoi un groupe de révolutionnaires modérés renverse (stürzen) Robespierre.* (ne plus être content)

____

____

g) *Après sa mort en 1794, les Parisiens fêtent la fin de la terreur.* (être très soulagé)

____

Das Relativpronomen *dont* bei Substantiven

Das Relativpronomen *dont* kann auch als Ergänzung zu Substantiven stehen. Dieser Gebrauch entspricht dem deutschen Relativpronomen im Genitiv (= ‚deren', ‚dessen').

Beispiele: Mon amie s'appelle Christine. La famille de mon amie habite à Paris.
Mon amie dont la famille habite à Paris, s'appelle Christine.
Meine Freundin, deren Familie in Paris wohnt, heißt Christine.

Mon ami s'appelle Christian. La famille de mon ami habite à Lyon.
Mon ami dont la famille habite à Lyon, s'appelle Christian.
Mein Freund, dessen Familie in Lyon wohnt, heißt Christian.

Dont drückt ein Besitzverhältnis aus. Deshalb entfällt auch das Possessivpronomen und wird durch den bestimmten Artikel ersetzt:

Beispiel: Mon amie s'appelle Christine. Sa famille habite à Paris.
Mon amie dont la famille habite à Paris, s'appelle Christine.

Aufgabe 20 Relie les phrases de gauche aux bonnes propositions relatives.

1 Notre voisin a deux filles	A dont les touches ne fonctionnent pas bien.
2 Voilà la pauvre fille	B dont le chien est mort.
3 Pour pouvoir préparer le « kouglof », un gâteau alsacien, ma grand-mère cherche la recette	C dont j'ai oublié les noms.
4 A la discothèque, je vois sortir cette jolie fille	D dont le chef a licencié *(entlassen)* sa femme.
5 Mon père m'a acheté un nouveau portable	E dont elle ne se souvient plus.
6 J'ai écrit une longue lettre à ma corres	F dont j'ai fait la connaissance il y a un an.
7 Voilà l'homme	G dont je n'ai même pas pris le numéro de téléphone.

Aufgabe 21* Transforme les phrases en italiques *(kursiv)* en relatives avec *dont*.

a) Amélie Nothomb est un écrivain français. *J'aime beaucoup son roman « Robert des noms propres. »*

____

____

b) Le personnage principal de ce roman est une jeune fille. *Sa vie est assez bizarre.*

____

____

c) Elle porte aussi un prénom extraordinaire (Plectrude). *Peu de gens comprennent sa signification.*

____

____

d) Après la mort de ses parents, Plectrude est adoptée par la tante Clémence. *Ses enfants pensent qu'elle est leur sœur.*

e) Elle prend des leçons dans une école de danse. *Les professeurs de cette école sont des professionnels.*

f) En classe, elle dit toujours des bêtises. *Ses camarades pensent que ce sont des réponses géniales.*

g) A l'école, elle tombe amoureuse d'un garçon, Mathieu Saladin. *Son visage est assez laid.*

h) A quatorze ans, elle devient « petit rat » à l'Opéra de Paris. *Le prestige de cette institution est formidable.*

i) Plectrude ne mange plus de produits laitiers *(Milchprodukte). Elle craint leurs calories.*

j) Lisez ce roman ! *Sa fin va vous surprendre.*

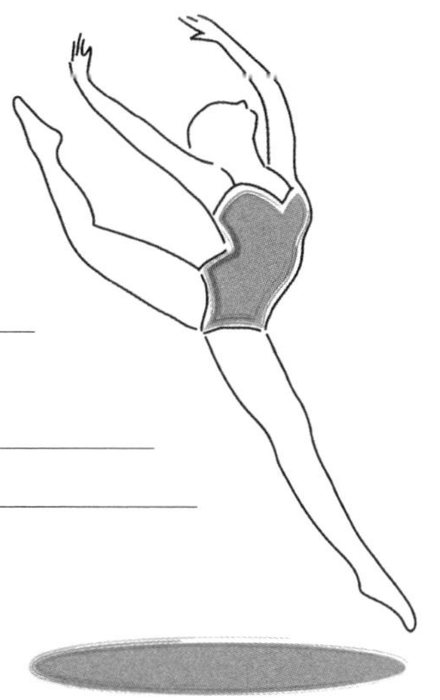

Auch bei der häufig gebrauchten Wendung ***avoir besoin de*** hängt *de* – genau betrachtet – von einem Substantiv ab. Daher musst du auch hier das Relativpronomen *dont* setzen. Du vermeidest Fehler, wenn du dir *avoir besoin de* nicht mit ‚etwas brauchen', sondern mit der wörtlichen Übersetzung ‚Bedarf haben an' merkst.

Beispiel: Sylvie cherche le cahier. Elle a besoin du cahier pour faire ses devoirs.
Sylvie cherche le cahier dont elle a besoin pour faire ses devoirs.

Aufgabe 22 Aujourd'hui, il est le 24 décembre. Muriel a voulu donner un cadeau à tous les membres de sa famille. Mais jusqu'à maintenant, elle n'en a encore aucun parce qu'il y avait toujours un problème.
Complète les phrases avec le mot du cadeau (ils sont tous représentés par une photo) et ajoute une proposition relative avec *dont* pour expliquer pour qui elle en a besoin.

a) Elle ne trouve pas ___le CD___ ___dont elle a besoin pour sa mère___ (mère).

b) Dans la librairie, la vendeuse lui dit que ______ ______ ______ (sœur) est épuisé *(vergriffen)*.

c) ______ ______ (frère) sont beaucoup trop chers.

d) Dans l'animalerie *(Tierhandlung)*, quand elle veut payer ______ ______ (chat), elle n'a pas d'argent sur elle.

e) ______ ______ (père) s'est cassée.

f) Dans sa chambre, elle cherche partout ______ ______ ______ (chien) mais il n'est pas là.

Das Relativpronomen *dont* bei bestimmten und unbestimmten Zahlenangaben
Auch Ergänzungen zu **bestimmten oder unbestimmten Zahlenangaben** können durch *dont* ersetzt werden.

Beispiele: J'ai deux vélos. Un vélo est trop petit pour moi.
J'ai deux vélos dont un est trop petit pour moi.

J'ai quinze cartes routières. Plusieurs cartes routières sont vieilles.
J'ai quinze cartes routières dont plusieurs sont vieilles.

ufgabe 23 Tu ranges ta chambre et tu trouves plusieurs choses qui ne sont pas à toi. Mets une proposition avec *dont* dans laquelle tu dis combien des objets sont à quelqu'un d'autre.

J'ai trouvé

- cinq jeux vidéo *dont trois sont à mon copain.* (trois, mon copain)
- des BD ______________________ (plusieurs, à mon frère aîné)
- du chocolat ______________________ (deux tablettes, à ma sœur)
- des timbres ______________________ (quelques-uns, à mon père)
- dix cahiers ______________________ (huit, à ma copine)
- des livres ______________________ (plusieurs, à mon voisin)
- trois ours en peluche ______________________ (un, à mon petit frère)

fgabe 24* **Exercice combiné :** Lis le texte et dis si les énoncés sont justes ou faux. Essaie de comprendre le texte même si tu n'a pas encore appris tous les mots.

La Bretagne est étroitement liée à la légende autour du roi Arthur. Au XIIe siècle, Geoffroy de Monmouth dont les ancêtres étaient bretons a écrit un best-seller du Moyen Age dont le titre est *Historia regum Britanniae* et qui a été la source pour beaucoup d'autres écrivains. Mais qui a été le roi Arthur dont parlent ces histoires ? Arthur dont on ne sait pas s'il a vraiment vécu ou non avait réuni plusieurs chevaliers autour de lui. On dit qu'il a eu une épée *(Schwert)*, dont le nom était Excalibur et dont il était très heureux parce qu'elle lui avait donné son pouvoir. Ses Chevaliers de la Table Ronde dont les plus célèbres sont Lancelot et Gauvain ont vécu beaucoup d'aventures. Entre autres, ils ont cherché le Graal dont on dit qu'il pourrait être la coupe de vin dont Jésus s'est servi lors de la Cène. La mort du roi Arthur dont il y a plusieurs versions dans la littérature reste mystérieuse.

		juste	faux
a)	La légende autour du roi Arthur est une légende romaine.	☐	☐
b)	Le roi Arthur n'a jamais vécu.	☐	☐
c)	Le roi Arthur avait son pouvoir grâce à une épée.	☐	☐
d)	Lancelot était un des Chevaliers de la Table Ronde.	☐	☐
e)	Le Graal est un objet tiré de l'Ancien Testament.	☐	☐
f)	On ne sait pas comment le roi Arthur est mort.	☐	☐

Aufgabe 25* **Exercice combiné :** Traduis le message suivant en français. Il y a toute sorte de phrases avec *dont*.

Unser Wohnblock - Nachricht (Rich-Text)

Datei Bearbeiten Ansicht Einfügen Format Extras Aktionen ? Frage hier eingeben

Times New Roman 8

Senden Optionen...

An... Jacquesm93@wanadoo.fr

Cc...

Betreff: Unser Wohnblock

Hallo Jacques,

vielen Dank für deine E-Mail. Wie geht es dir? Hast du den Test, von dem du das letzte Mal gesprochen hast, erfolgreich bestanden?
Ich habe endlich einen neuen Computer, auf den ich sehr stolz bin. So können wir uns öfter schreiben.
In dieser E-Mail werde ich dir ein wenig von unserem Wohnblock erzählen, von dem ich dir bereits ein Foto geschickt habe. Er hat einen kleinen Garten, worüber ich glücklich bin. Der Eigentümer, dessen Namen ich vergesse habe, ist sehr nett. Rechts von uns wohnt ein neuer Mieter *(locataire)*, von dem ich dir schon erzählt habe und über den sich viele beschweren. Die Kinder, deren Eltern über uns ihre Wohnung haben, sind meine Freunde. Josef aus dem ersten Stock, dessen Bruder auch mein Kumpel ist, spricht fließend französisch. Ich werde ihn dir vorstellen! Im vierten Stock gibt es eine alte Dame, um die sich meine Mutter regelmäßig kümmert. Ihr Mann, an den ich mich nicht mehr erinnere, ist vor acht Jahren gestorben. Unter dem Dach wohnt ein Mädchen, in das ich mich verliebt habe. Neulich hat es mir sogar eine SMS geschrieben, worüber ich mich sehr gefreut habe.

Bis bald,
Max

2.3 Das Relativpronomen *lequel*

Wie wird das Relativpronomen *lequel* dekliniert?
Das Relativpronomen ***lequel*** ist das einzige Relativpronomen, das sich in Genus (maskulin/feminin) und Numerus (Singular/Plural) unterscheidet:

	Singular	Plural
maskulin	*lequel*	*lesquels*
feminin	*laquelle*	*lesquelles*

Die **Präpositionen *de* und *à*** verschmelzen mit *lequel*:

	Singular	Plural	Singular	Plural
maskulin	*duquel*	*desquels*	*auquel*	*auxquels*
feminin	*de laquelle*	*desquelles*	*à laquelle*	*auxquelles*

Aufgabe 26 Complète le tableau suivant avec les formes correspondantes de *lequel*.

à l'ordinateur	*auquel*	le forum de discussion	
le logiciel		aux touches	
de la souris		du clavier	
des écrans		à l'informatique	
au message		des e-mails	
aux sites		les programmes	

Wann wird *lequel* verwendet?
Das Relativpronomen *lequel* steht meist nur in Verbindung **mit** einer **Präposition oder** einem **präpositionalen Ausdruck.**

- *Lequel* **muss** in Relativsätzen stehen, die mit einer Präposition oder einem präpositionalen Ausdruck verbunden sind und sich auf eine **Sache** beziehen.
  Solche Präpositionen bzw. präpositionale Ausdrücke können sein:

pendant	während	*derrière*	hinter	*grâce à*	dank
avec	mit	*devant*	vor	*à côté de*	neben
sans	ohne	*parmi*	zwischen, unter	*près de*	nahe bei
sous	unter	*entre*	zwischen	*en face de*	gegenüber
sur	auf			*au milieu de*	inmitten
pour	für			*au centre de*	im Zentrum von

Beispiele: C'est une BD pour laquelle j'ai peu payé.
Le café à côté duquel se trouve une terrasse me plaît beaucoup.
Martina a passé de belles vacances à Paris auxquelles elle pense souvent.

Aufgabe 27 Remplace la deuxième phrase par une proposition relative. Mets la proposition relative à la bonne place.

a) Je cherche mes clés de voiture. Je ne peux pas partir *sans mes clés.*

Je cherche mes clés de voiture sans lesquelles je ne peux pas partir.

b) La finale du championnat du monde était magnifique. Nous avons assisté *à la finale.*

c) L'avion est vieux. Tu voles *avec cet avion.*

d) Nicolas adore Internet. *Grâce à Internet*, il a découvert le monde.

e) Luc attend son amie au parc central. *Au milieu du parc*, il y a un banc pour les amoureux.

f) Sylvie regarde le rocher. *Sur le rocher*, quelqu'un a construit sa maison.

g) Monique cherche son hamster dans le lit. Il se cache *sous le lit.*

h) Pour devenir vétérinaire, il faut passer un concours très difficile. Beaucoup de candidats échouent *pendant le concours.*

Beachte: Die Formen von *duquel* stehen nur in Verbindung mit einem präpositionalen Ausdruck. Ansonsten wird *dont* verwendet.

Beispiele: J'habite dans une grande ville au milieu de laquelle se trouve une cathédrale.
J'habite dans une ville dont la cathédrale est très connue.

ufgabe 28 *Duquel* ou *dont*? Remplis les trous avec les formes justes.

a) Au milieu de la photo se trouve une église ________________ tu connais sûrement le nom : Notre-Dame de Paris.

b) L'église autour ________________ coule la Seine a été construite sur une des deux îles de Paris ________________ l'île de la Cité est la plus grande.

c) Le fleuve au milieu ________________ on peut reconnaître un bateau traverse toute la capitale.

d) Ce bateau près ________________ tu vois une partie d'un pont transporte quelques-uns des milliers de touristes ________________ la ville de Paris est très fière.

e) Mais la richesse culturelle de la ville ________________ les maires s'occupent particulièrement *(besonders)* n'attirent *(anziehen)* pas seulement des étrangers.

f) Cependant *(doch)*, le tourisme n'est pas la seule chose ________________ il faut parler.

g) La capitale de la France a beaucoup de problèmes comme le chômage, les prix des logements et la violence dans les banlieues en face ________________ plusieurs hommes politiques ont déjà capitulé.

- Das Relativpronomen *lequel* **kann** für **Personen** anstelle von **Präposition + *qui*** verwendet werden, wirkt aber schwerfällig und wird in der gesprochenen Sprache gemieden.

  Beispiel: C'est une copine avec qui (avec laquelle) j'aime bien rigoler.

  Beachte: Nach den **Präpositionen *parmi* und *entre*** muss jedoch auch bei Personen eine **Form von *lequel*** verwendet werden.

  Beispiele: Un groupe d'élèves parmi lesquels il y a mon corres René.
  Jeanne et Marie sont de grandes amies entre lesquelles il n'y a jamais de problèmes.

Aufgabe 29* Décris les personnes sur l'illustration suivante.
Forme des phrases avec des prépositions relatives (préposition + pronom relatif). Utilise chaque préposition au moins une fois.

devant, derrière, à côté de, parmi, entre, au-dessus de

ufgabe 30* **Exercice combiné :** Complète les phrases suivantes par les pronoms relatifs justes (avec ou sans préposition).

a) Le film « Les Choristes » ____________________ le titre allemand est « Die Kinder des Monsieur Mathieu » était un grand succès en Allemagne et en France.

b) Au centre du film se trouvent les garçons de l'internat « Fond de l'Etang » ________________ M. Mathieu enseigne le chant.

c) Avec sa musique, M. Mathieu a trouvé ______________ intéresse ses élèves.

d) M. Rachin ______________ est le directeur de l'école n'aime pas que M. Mathieu enseigne le chant aux garçons.

e) Rachin et Mathieu sont des profs ____________________ il y a beaucoup de problèmes.

f) La discipline sévère est tout ________________ le directeur aime.

g) Clément Mathieu est un pédagogue ______________________ les garçons de l'internat ont confiance.

h) Morhange ______________________ M. Mathieu est très fier est le meilleur chanteur.

i) Pepinot est le petit garçon _________________ M. Mathieu quitte l'internat.

ufgabe 31* **Exercice combiné :** Relie les phrases avec le pronom relatif qui convient.

a) Jean-Baptiste Colbert est devenu un des hommes politiques français les plus importants de son époque. *Son père* était simple marchand.

____

____

b) Colbert pouvait multiplier ses activités commerciales. *Ces activités* prouvaient son talent pour l'organisation et les finances.

____

____

c) Colbert était l'homme de confiance du cardinal Mazarin. Mazarin estimait *(schätzen)* beaucoup *son travail.*

____

____

d) Colbert est entré au service du roi Louis XIV. Le cardinal Mazarin l'avait recommandé *(empfehlen) au roi.*

____

____

e) A la cour du roi, il y avait beaucoup d'intrigues entre les ministres. *Parmi ces ministres* se trouvaient Fouquet, Le Tellier et Louvois.

____

____

f) Réduire les importations, soutenir *(fördern)* les manufactures, augmenter les exportations, voilà sa méthode commerciale. On appelle *cette méthode* « le mercantilisme ».

____

____

g) Colbert savait qu'il y avait des dépenses élevées *(hoch)* à la cour royale et pour financer les guerres que Louis XIV menait. *Tout cela* provoquait un déficit budgétaire dangereux pour la stabilité de la France.

____

____

h) Colbert a travaillé pour renforcer l'autorité du roi. Les buts *du roi* étaient le pouvoir absolu et la centralisation de la France.

____

____

3 Adverbialpronomen

3.1 Das Adverbialpronomen y

Was kannst du durch das Adverbialpronomen y ersetzen?

- Das Adverbialpronomen y ersetzt **Ortsangaben.** Diese können **mit unterschiedlichen Präpositionen** eingeleitet sein (z. B. *à, dans, en, entre, sous, sur*). Y hat in diesem Fall die Bedeutung ‚dort' (Frage: ‚wo?') oder ‚dorthin' (Frage: ‚wohin?').

  Beispiel: J'achète mes vêtements dans un magasin très à la mode.
  J'y achète mes vêtements. J'y vais souvent.

  Beachte: Ortsangaben mit *de* können jedoch nicht durch y ersetzt werden. Dafür benötigst du das Adverbialpronomen ***en***.

Aufgabe 32 Trouve les solutions avec les prépositions qui conviennent.

a) La Tour Eiffel s'y trouve.
b) Jeanne d'Arc y a battu les Anglais.
c) Une chanson connue dit qu'on y danse à Avignon.
d) Les touristes y visitent la Joconde.
e) Tu y trouves le Mont Blanc.
f) En 1944, les Alliés y ont débarqué *(sind gelandet)*.
g) La Seine y finit sa course.
h) Le 14 juillet, les troupes français y marchent.

a) à
b) ____
c) ____
d) ____
e) ____
f) ____
g) ____
h) ____

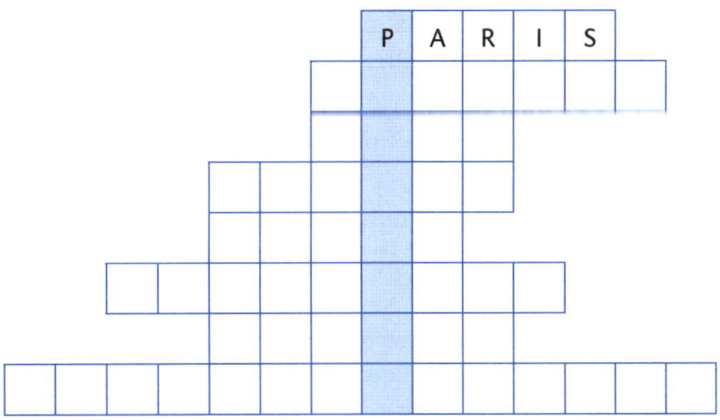

Mot à trouver: Cézanne y a peint beaucoup de tableaux.

- Das Adverbialpronomen y ersetzt zudem alle **Ergänzungen mit *à***. Die deutsche Übersetzung für y kann dabei sehr unterschiedlich sein. Im Französischen gibt es viele Verben, die solche Ergänzungen mit *à* anschließen.

commencer à faire qc	beginnen, etw zu tun
jouer à (un jeu)	etw. spielen
penser à qc	an etw. denken
réagir à qc	auf etw. reagieren
réfléchir à qc	über etw. nachdenken
renoncer à qc	auf etw. verzichten
s'identifier à qc	sich mit etw. identifizieren
s'intéresser à qc	sich für etw. interessieren

Beispiele: Le prof réagit tout de suite aux bêtises des élèves.
Le prof y réagit tout de suite. *(darauf)*

Robespierre s'identifiait aux vertus de la république.
Robespierre s'y identifiait. *(damit)*

Beachte: *Y* kann sich nicht auf Personen beziehen. Hier musst du je nach Fall *à* + Personalpronomen oder die Objektpronomen *lui* und *leur* setzen.

Beispiele: Le chien s'intéresse à la saucisse. – Le chien s'y intéresse.
Le chien s'intéresse à ma sœur. – Le chien s'intéresse à elle.

Aufgabe 33* Traduis les phrases suivantes en allemand.

a) Est-ce que tu pourrais me dire pourquoi tu t'y es identifié ?
b) Il a assisté à plusieurs cours, mais il ne s'y est jamais intéressé vraiment.
c) Il y a deux semaines, il a commencé à y réfléchir.
d) Si vous étiez à ma place, est-ce que vous y réagiriez ?
e) Penses-y.
f) Est-ce que ce sont eux qui y ont joué ?
g) Avant son accident, elle s'y était intéressée beaucoup.
h) On lui a donné l'adresse de l'agence de tourisme et il y a écrit.
i) Quand nous avons fait nos devoirs, nous n'y avons pas fait attention.
j) Il n'y avait pas réagi.
k) On lui a offert des drogues mais il y a renoncé.

Wo steht das Adverbialpronomen y?

Für die Stellung des Adverbialpronomens y gelten dieselben Regeln wie für die direkten und indirekten Objektpronomen.

Beispiele:	Je pense à Noël.	– J'y pense.
	Elle n'est pas allée au cinéma.	– Elle n'y est pas allée.
	Elle a voulu aller à la piscine.	– Elle a voulu y aller.

Aufgabe 34 Les Romard font un voyage à Paris. Pendant leur trajet de la gare à l'hôtel, M. Romard est très nerveux et pose beaucoup de questions à sa femme. Réponds-lui et remplace les expressions soulignées par *y*.

M. Romard : « Nous sommes déjà à la gare de Paris ? »

Mme Romard : « Oui, ______________________________ . »

M. Romard : « Nous allons tout de suite à la sortie ? »

Mme Romard : « Oui, ______________________________ . »

M. Romard : « Tu cherches la ligne 5 sur le plan de métro ? »

Mme Romard : « Non, ______________________________ la ligne 4. »

M. Romard : « Tu as réservé une chambre à l'hôtel près de la Bastille ? »

Mme Romard : « Non, ______________________________ .
Nous passerons les nuits dans une auberge du Ve arrondissement. »

M. Romard : « Tu as pensé à prendre nos papiers ? »

Mme Romard : « Oui, ______________________________ . »

M. Romard : « Mardi, nous allons faire une excursion à Versailles ? »

Mme Romard : « Oui, ______________________________ . »

M. Romard : « Tu veux que nous regardions la collection « Arts de l'Islam » au musée du Louvre ? »

Mme Romard : « Oui, ______________________________ . »

M. Romard : « Tu as trouvé les horaires des musées dans « Paris Spectacle » ? »

Mme Romard : « Oui, ______________________________ . »

M. Romard : « Un de ces jours, tu aimerais certainement te promener sur les Champs-Elysées ? »

Mme Romard : « Oui, ______________________________ , si tu m'y achètes des bijoux. »

Aufgabe 35* **Exercice combiné :** Raconte un peu de tes vacances.

- Où est-ce que tu les as passées ces dernières années *(in den letzten Jahren)* ?
- Qu'est-ce que tu y as fait ?
- Est-ce que les vacances t'ont plu ? Pourquoi ou pourquoi pas ?
- Qu'est-ce que tu penses faire pendant tes prochaines vacances?

3.2 Das Adverbialpronomen *en*

Was kannst du durch das Adverbialpronomen *en* ersetzen?

- Das Adverbialpronomen *en* ersetzt **Ortsangaben mit *de*.**

  Beispiel: Il revient de l'école. – Il en revient.

- Außerdem ersetzt *en* alle **Ergänzungen mit *de*.** Solche Ergänzungen mit *de* hängen von vielen Ausdrücken ab.

dépendre de qc	von etw. abhängen
discuter de qc	über etw. diskutieren
parler de qc	über etw. sprechen
rêver de qc	von etw. träumen
jouer de qc (un instrument)	etw. spielen
avoir besoin de qc	etw. benötigen
avoir envie de qc	Lust haben auf etw.
avoir peur de qc	Angst haben vor etw.
être capable de qc	fähig sein zu etw.

Beachte: *En* kann sich in der Regel nicht auf Personen beziehen. Hier musst du *de* + Personalpronomen setzen.

Beispiele: Je m'occupe des plantes du voisin pendant ses vacances. – Je m'en occupe.
Je m'occupe de mon petit frère pendant l'après-midi. – Je m'occupe de lui.

Aufgabe 36 De quoi *(worüber)* parlent les phrases suivantes ?
Choisis parmi les mots indiqués et écris-les derrières les phrases.

a) Je m'en souviens volontiers.
b) Nous en revenons vers une heure.
c) Le professeur d'histoire en parle.
d) Nos profs nous obligent à en sortir pendant les récréations.
e) Comme je ne sais pas nager, j'en ai peur.
f) Beaucoup d'élèves en sont fascinés à cause des expériences *(Experimente)*.
g) Si tu as fait attention aux cours, tu ne dois pas en avoir peur.
h) J'en ai besoin pour faire un dessin.
i) Notre prof de musqiue aimerait que tous en jouent.
j) La plupart des élèves en rêvent.
k) A la maison, je m'en occupe seulement le soir.

de la salle de classe, du Moyen Age, des contrôles, des dernières vacances, des devoirs, de la piscine, de la chimie, d'une vie sans école, de l'école, d'un crayon, d'un instrument

Aufgabe 37 Coche la bonne traduction des phrases suivantes (☒).

a) Je ne veux plus en parler.
- ☐ Ich werde nicht mehr darüber reden.
- ☐ Ich will nicht mehr darüber sprechen.
- ☐ Ich wollte dort nicht sprechen.

b) Nous en avons besoin.
- ☐ Wir haben Freude daran.
- ☐ Wir besorgten uns etwas davon.
- ☐ Wir brauchen es.

c) Elle ne sait pas en jouer.
- ☐ Sie kann es nicht spielen.
- ☐ Sie spielt es nicht.
- ☐ Sie wird es nicht spielen können.

d) Je n'en ai pas peur.
- ☐ Davor habe ich keine Angst.
- ☐ Dort bekomme ich keine Angst.
- ☐ Dort habe ich keine Angst.

- Auch Nomen, die mit **Teilungsartikel** angeschlossen sind, sowie Ergänzungen mit *de*, die auf **Mengenangaben** folgen, kannst du durch *en* ersetzen.

  Beispiele: J'ai de l'argent. – J'en ai.
  J'ai beaucoup d'argent. – J'en ai beaucoup.

  Nomen, die auf **Zahlenangaben** folgen, können ebenfalls durch das Adverbialpronomen *en* ersetzt werden.

  Beispiel: J'ai acheté trois CD. – J'en ai acheté trois.

Aufgabe 38 Denis et Jacqueline font les courses. Avant d'aller à la caisse, Jacqueline demande à Denis s'ils ont tout acheté. Réponds à ses questions par *oui*. Utilise *en* et les mots sous les images.

a) « Est-ce que nous avons des tomates ? »
« Oui, *nous en avons plusieurs* . »

plusieurs

b) « Est-ce que nous avons de l'eau minérale ? »

« Oui, ____ . »

deux bouteilles

c) « Est-ce que nous avons des œufs ? »

« Oui, ____ . »

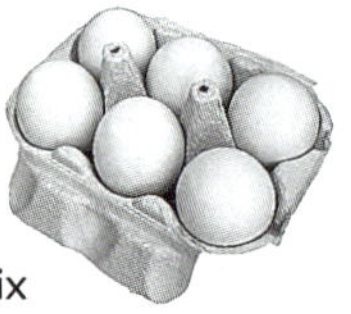

six

d) « Est-ce que nous avons des bananes ? »

« Oui, ____ . »

un kilo

e) « Est-ce que nous avons du chocolat ? »

« Oui, ____ . »

deux cents grammes

Wo steht das Adverbialpronomen *en*?

Für die Stellung des Adverbialpronomen *en* gelten dieselben Regeln wie für die Objektpronomen und das Adverbialpronomen y.

Beispiele: J'ai parlé de mes expériences de baby-sitter. – J'en ai parlé.
Elle n'a pas peur du film Spiderman. – Elle n'en a pas peur.
Il ne veut plus jouer de la guitare. – Il ne veut plus en jouer.

Aufgabe 39 Mme et M. Romard font des projets pour les prochaines journées. Réponds aux questions et aux affirmations de Mme Romard et remplace les expressions soulignées par *en*.

MME ROMARD : « Nous avons déjà discuté des activités pour aujourd'hui ? »

M. ROMARD : « Non, ____ . »

MME ROMARD : « Nous avons besoin d'un bon guide pour découvrir les curiosités de la ville. »

M. Romard : « Oui, ______________________________ . »

Mme Romard : « Je rêverais de faire une promenade en bateau-mouche sur la Seine. »

M. Romard : « Moi aussi, ______________________________ . »

Mme Romard : « Et après, on pourrait visiter la Tour Eiffel. Tu as le courage d'y monter ? »

M. Romard : « Oui, ______________________________ . »

Mme Romard : « Et le soir, on pourrait aussi sortir. Tu as envie d'aller au concert de Céline Dion à l'Olympia ? »

M. Romard : « Non, ______________________________ . Le prix des billets est trop élevé. »

ufgabe 40 **Exercice combiné :** Au fur et à mesure que les journées passent, M. Romard prend goût aux vacances. Réponds aux questions et affirmations de sa femme et remplace les mots soulignés par *y* ou *en*.

M. Romard : « Est-ce que nous avons encore le temps de prendre des photos de l'Arc de Triomphe ? »

Mme Romard : « Oui, ______________________________ . »

M. Romard : « Est-ce que nous allons aussi à Notre-Dame ? »

Mme Romard : « Oui, ______________________________ . »

M. ROMARD : « Est-ce que je peux descendre <u>du bus</u> pour acheter <u>des cartes postales</u> ? »

MME ROMARD : « Oui, ____ . »

M. ROMARD : « Est-ce que les statues de Niki de Saint Phalle se trouvent <u>sur la place de la Concorde</u> ? »

MME ROMARD : « Non, ____ . »

M. ROMARD : « Est-ce qu'on va <u>dans cette direction</u> pour trouver le Père-Lachaise ? »

MME ROMARD : « Oui, ____ . »

M. ROMARD : « Est-ce que nous allons revenir <u>au Louvre</u> ? »

MME ROMARD : « Non, ____ . »

M. ROMARD : « Est-ce que tu pourrais aller <u>au kiosque</u> pour acheter cette revue ? »

MME ROMARD : « Oui, ____ . »

Aufgabe 41* **Exercice combiné :** Le jour après le retour, M. Romard écrit encore deux cartes postales, une à une amie allemande, l'autre à un collègue français. Comme il est peu créatif, il écrit le même texte à tous les deux. Qu'est-ce qu'il a donc écrit à son collègue ? Traduis la carte postale à son amie allemande en français.

Liebe Lisa,
meine Frau und ich haben ein paar Tage in Paris verbracht. Seit Jahren hatte ich vor, dorthin zu fahren. Wir haben dort viele interessante Kirchen und Museen besichtigt. Auch die Pariser waren sehr nett. Ich werde daran denken, wenn ich mich über einen Autofahrer aufrege, dessen Wagen die Nummer 78 hat. Wie du siehst, kommen wir von dort mit vielen guten Erinnerungen zurück. Wir werden sicher noch lange davon sprechen.

Liebe Grüße, François

Lisa Schmitt
Erlenweg 27a
93051 Regensburg
Allemagne

4 Personal- und Objektpronomen

Treffen mehrere Objekt- oder Adverbialpronomen aufeinander, so gibt es eine bestimmte Reihenfolge, in der sie stehen. Am leichtesten kannst du dir diese in Form eines Schemas merken, das im Folgenden schrittweise präsentiert wird.

Wie lautet die Abfolge von *le, la les* + *lui, leur*?
Treffen die direkten Objektpronomen *le, la, les* und die indirekten Objektpronomen *lui* und *leur* aufeinander, so stehen die direkten Objektpronomen vor den indirekten.

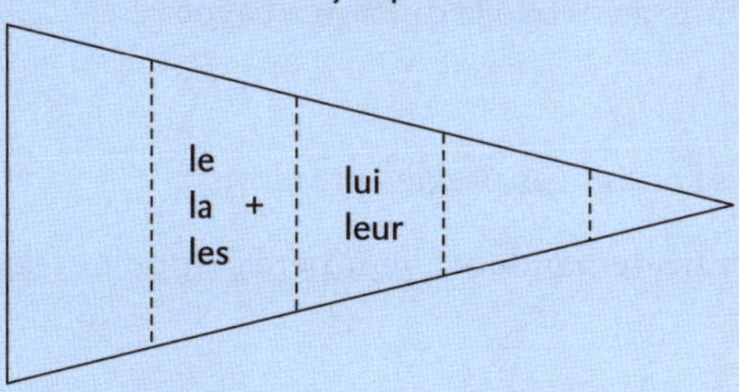

Beispiele:	Je donne la BD à ma sœur.	Je la lui donne.
	Je ne donne pas la BD à ma sœur.	Je ne la lui donne pas.
	Je vais donner la BD à ma sœur.	Je vais la lui donner.
	J'ai donné la BD à ma sœur.	Je la lui ai donnée.

ufgabe 42 Quelles phrases se cachent derrière les phrases avec les pronoms ?
Coche la bonne phrase (☒).

a) Le propriétaire la leur a louée *(vermietet)*.
- ☐ Le propriétaire a loué son bateau à Jean.
- ☐ Le propriétaire a loué sa maison à Jean et Marie.
- ☐ Le propiétaire a loué sa maison à Jean.

b) Ils la lui ont payée.
- ☐ Ils ont payé une caution au propriétaire.
- ☐ Ils ont payée une caution au propriétaire.
- ☐ Ils ont payée une caution à la propriétaire.

c) Il ne la leur a pas rendue *(zurückgegeben)*.
- ☐ Il n'a pas rendu la caution à Jean et Marie.
- ☐ Il n'a pas rendu de la caution à Jean et Marie.
- ☐ Il n'a pas rendu la caution à Marie.

d) L'avocat la lui a écrite.
- ☐ L'avocat a écrit un message au propriétaire.
- ☐ L'avocat a écrit une lettre à Jean et Marie.
- ☐ L'avocat a écrit une lettre au propriétaire.

e) Le propriétaire la leur a envoyée.
- ☐ Le propriétaire a envoyé une photo avec les dégâts à Jean et Marie.
- ☐ Le propriétaire a envoyée une photo avec les dégâts à Jean et Marie.
- ☐ Le propriétaire a envoyé la caution à l'avocat.

Aufgabe 43 Remplace les parties soulignées par des pronoms.

a) Ahmed et Suzanne demandent à leur père de pouvoir sortir.

____

b) Il permet *(erlaubt)* à ses enfants de sortir jusqu'à neuf heures le soir.

____

c) Il donne dix euros aux enfants.

____

d) Ils promettent *(versprechen)* à leurs parents de les dépenser raisonnablement.

____

e) Un vendeur offre deux kilos de glace à Ahmed.

____

f) Il paie la somme de dix euros au vendeur.

____

g) A la maison, les deux ne disent pas à leur parents ce qu'ils ont fait avec l'argent.

____

h) Ceux-ci ne demandent pas à leurs enfants ce qu'ils ont acheté.

____

Wie lautet die Abfolge von *me, te, se, nous, vous* + *le, la, les*?
Treffen die indirekten Objektpronomen *me, te, se, nous, vous* und die direkten Objektpronomen *le, la, les* aufeinander, stehen die indirekten Objektpronomen vor den direkten.

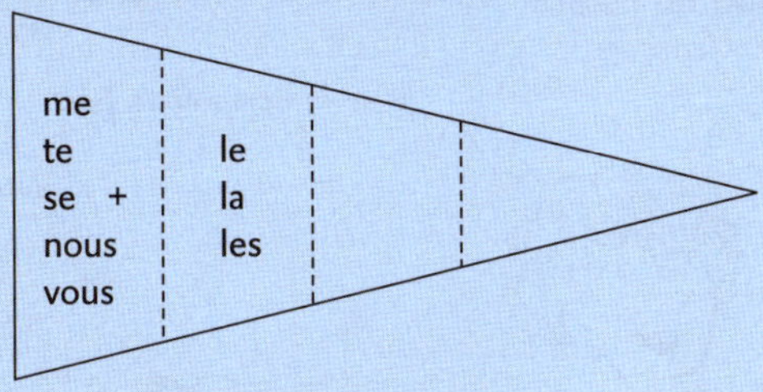

Beispiele: Il nous donne ses CD. Il nous les donne.

Aufgabe 44 Remplace les mots soulignés par des pronoms objets.

a) Elle s'achète ces chaussures. ____________________
b) Tu m'offres les deux billets. ____________________
c) Je vous vends mes BD. ____________________
d) Il va t'envoyer cette carte. ____________________
e) Je me pose ces questions. ____________________
f) Nous nous lavons les mains. ____________________
g) Ils nous ont montré le film. ____________________

Aufgabe 45 Quelles phrases sont correctes, quelles phrases sont fausses ? Coche la bonne case (☒) et corrige la phrase s'il le faut.

	correcte	fausse
a) Il me le demande depuis des semaines.	☐	☐
____________________		
b) Nous vous avons le vendu à un bon prix.	☐	☐
____________________		
c) Je le te vais rendre la semaine prochaine.	☐	☐
____________________		
d) Elles nous les apportent volontiers.	☐	☐
____________________		
e) Il les raconte à nous.	☐	☐
____________________		

Aufgabe 46 Pendant la récréation. Ajoute les réponses. Utilise des pronoms.

Wie lautet die Abfolge von Objektpronomen und Adverbialpronomen?
Die Adverbialpronomen y und *en* lassen sich mit allen Objektpronomen kombinieren. Sie stehen immer nach diesen.

Beispiele: Tu attends ta corres à la gare ? — Oui, je l'y attends.
Catherine leur a offert de l'eau ? — Non, elle ne leur en a pas offert.

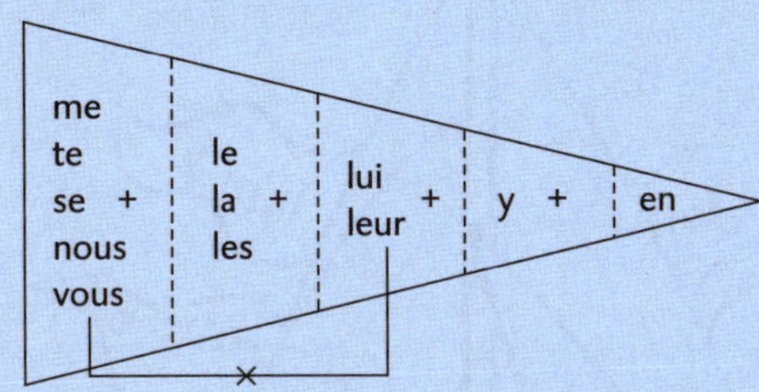

Beachte: Die direkten Objektpronomen *me, te, se, nous, vous* lassen sich weder mit den indirekten Objektpronomen *me, te, se, nous, vous* noch mit *lui, leur* kombinieren!
In diesem Fall wird das indirekte Objekt mit **à + Personalpronomen** angeschlossen.

Beispiel: Denis me présente à ses copains. – Denis me présente à eux.

Aufgabe 47 Donne les réponses et utilise deux pronoms.

a) « Est-ce qu'il y a encore du coq au vin dans le four ? »
« Non, Pauline, il ______________________ . Ton frère a tout mangé. »

b) « Chéri, tu apportes encore du vin pour nous ? »
« Oui, je ______________________ volontiers. »

c) « Pauline, est-ce que tu te sers encore de la salade ? »
« Oui, je ______________________ encore une fois. »

d) « Paul, tu vas chercher encore de l'eau minérale dans le frigo ? »
« Oui, maman, je ______________________ . »

e) « Maman, est-ce que je peux inviter ma copine au dîner ? »
« Non, tu ______________________ . On ne sera pas là. »

f) « Grand-mère a offert des sucreries à Pauline et à Paul ? »
« Oui, elle ______________________ . »

g) « Tu as retrouvé ton couteau et ta fourchette sous ta chaise ? »
« Non, je ______________________ . »

h) « Paul, tu passes ton dessert à ta sœur ? »
« Non, je ______________________ . Elle ne me remercie jamais. »

Aufgabe 48 Des vacances au bord de la mer. Ajoute dans les réponses les pronoms qui conviennent. Tu les trouves tous sur l'illustration.

a) « Est-ce que je vous ai déjà parlé de ma première sortie en mer ? »
« Non, tu ne ________________ as pas encore parlé. »

b) « Est-ce que les pêcheurs ont déjà vendu leurs poissons au marché ? »
« Oui, ils ________________ ont déjà vendus. »

c) « Allons-nous regarder l'arrivée du ferry au port ? »
« Bof, je n'ai pas envie de ________________ regarder. »

d) « Allez-vous acheter des pulls marins à la boutique ? »
« Oui, nous allons ________________ acheter. »

e) « Est-ce que tu peux nous donner de l'argent pour aller visiter l'aquarium ? »
« Bien sûr, je veux bien ______________ donner. »

f) « Quand est-ce que nous avons donné rendez-vous aux amis devant le phare ? »
« C'est exactement à 20 heures que nous ______________ avons donné rendez-vous. »

g) « Avez-vous acheté des souvenirs au musée maritime ? »
« Non, nous n'______________ avons pas encore acheté. »

h) « As-tu envoyé des cartes postales aux grands-parents ? »
« Mais oui, je ______________ ai envoyé hier. »

ufgabe 49* **Exercice combiné :** Traduis. Puis, transforme les phrases et emploie les pronoms qui conviennent.

a) Isabelle schreibt ihrer besten Freundin einen Brief.
Isabelle écrit une lettre à sa meilleure amie.
Isabelle la lui écrit.

b) Der Lehrer fordert einen Schüler auf, den Fehler seinen Klassenkameraden zu erklären.
____
____

c) Luc stellt seine Freundin seinen Eltern vor.
____
____

d) Ich habe euch die Bücher geschickt.
____
____

e) Yvonne wird sich die Hände waschen.
____
____

f) Mein Kater interessiert sich sehr für meine kleine Schwester.

g) Herr Schneider hat seiner Tochter ein Auto gekauft.

h) Der Händler hat mir gestern diese Blumen verkauft.

i) Wann stellst du mich deinen Eltern vor?

j) Meine Frau möchte die Blumen auf den Tisch stellen.

k) Der Reiseführer zeigt den Touristen den Palast, in dem die englische Königin einige Nächte verbracht hat.

l) Marc traf seine Freunde immer in der Bar « Les trois mousquetaires ».

… rund ums Verb

5 Adverbien

Adverbien sind unveränderliche Wörter, die ausdrücken, wie etwas getan wird oder geschieht.

5.1 Funktionen der Adverbien

Was wird durch Adverbien näher bestimmt?
Adverbien bestimmen Verben, Adjektive, andere Adverbien oder ganze Sätze näher:

- Verben
  Beispiel: Il travaille bien.
- Adjektive
  Beispiel: Il est vraiment bon en français.
- Adverbien
  Beispiel: Il travaille vraiment bien.
- ganze Sätze
  Beispiel: Heureusement, il a aussi de bonnes notes.

Aufgabe 50 Est-ce que les adverbes soulignés déterminent des verbes, des adjectifs, des adverbes ou des phrases entières ? Coche la bonne réponse (☒).

	verbe	adjectif	adverbe	phrase
a) Les élèves dorment tranquillement.	☒	☐	☐	☐
b) La grammaire m'intéresse vraiment peu.	☐	☐	☐	☐
c) Nous lisons un roman très intéressant.	☐	☐	☐	☐
d) Mon examen de chimie s'est assez mal passé.	☐	☐	☐	☐
e) Elle a facilement trouvé les Vosges sur la carte.	☐	☐	☐	☐
f) Mes profs sont plutôt sévères.	☐	☐	☐	☐
g) Le conducteur de bus conduit rapidement.	☐	☐	☐	☐
h) Heureusement, le contrôle a été facile.	☐	☐	☐	☐

5.2 Ursprüngliche Adverbien

Die ursprünglichen Adverbien sind Adverbien, die du nicht von anderen französischen Wörtern ableiten kannst. Du musst sie deshalb als eigene Wörter lernen. Zu ihnen gehören zum Beispiel:

- Adverbien des Ortes: *ici, là, partout*
- Adverbien der Zeit: *tôt, tard, bientôt, demain, hier, tout à coup, déjà, encore, toujours*
- Adverbien der Art und Weise: *bien, mal*
- Adverbien der Menge und des Grades: *beaucoup, plus, peu, moins, assez, trop, très*
- Adverbien der Verneinung: *non, jamais, rien*
- Frageadverbien: *comment, où, combien*

Aufgabe 51 Cherche les six adverbes primitifs *(ursprüngliche Adverbien)* qui se cachent dans ces mots croisés. Ecris-les et ajoute leur contraire.

R	D	T	P	A	M	H	U
B	E	A	U	C	O	U	P
C	M	R	A	B	I	E	N
E	A	D	T	O	N	M	A
N	I	E	S	M	S	L	O
E	N	C	O	R	E	D	R

1 ______________ ______________
2 ______________ ______________
3 ______________ ______________
4 ______________ ______________
5 ______________ ______________
6 ______________ ______________

Aufgabe 52* Une copine a écrit une lettre à sa correspondante française. Malheureusement, elle a confondu *(verwechseln)* tous les adverbes. Corrige la lettre et remplace les adverbes par les adverbes justes.

Chère Marianne,

J'espère que tu vas mal. Tu m'as raconté que tu avais eu des vacances. Combien est-ce qu'elles se sont passées ? Moi, je dois aller à l'école. Hier, je vais avoir un contrôle de maths et jusqu'à tout à coup, je n'ai encore rien (nichts) fait. Tu sais, samedi, c'était l'anniversaire de ma meilleure copine. Nos parents nous ont permis d'aller en boîte. Comme nous sommes rentrées beaucoup tôt, j'ai dormi jusqu'à dix heures. Mais après, j'étais peu fatiguée pour travailler pour l'école. J'espère que tout ira assez pour le contrôle.

Je t'embrasse. A déjà, Lilli

5.3 Bildung der abgeleiteten Adverbien

Wie werden die abgeleiteten Adverbien gebildet?
Viele Adverbien (in der Regel handelt es sich dabei um Adverbien der Art und Weise) kannst du auf der Grundlage von Adjektiven bilden. Charakteristisch ist ihre gemeinsame **Endung *-ment*** (vom lateinischen Ablativ *mente* = mit ... Sinn/ Geist).
Da *mens* im Lateinischen feminin ist, erklärt sich auch, warum du bei der Bildung der französischen Adverbien die **weibliche Form des Adjektivs** verwenden musst.

normal, normale – *normalement*
heureux, heureuse – *heureusement*
sec, sèche – *sèchement*

Einige Adjektive unterscheiden nicht zwischen männlicher und weiblicher Form. In diesen Fällen kannst du gleich die Endung *-ment* anhängen.

facile – *facilement*

ufgabe 53 Ajoute les formes féminines des adjectifs et les adverbes.

deutsches Adjektiv	Adjektiv, männlich	Adjektiv, weiblich	Adverb
neugierig	curieux	curieuse	curieusement
vollständig	complet		
schüchtern	timide		
stark	fort		
leise	silencieux		
unglücklich	malheureux		
herkömmlich	traditionnel		
sorgfältig	soigneux		
schwierig	difficile		
ruhig	calme		
gefährlich	dangereux		
kalt	froid		
leicht	facile		
ernst	sérieux		

Aufgabe 54 Mets les adverbes.

Si l'on parle d'ours, on pense ______________ (normale) aux ours blancs ou à ceux qui vivent dans les forêts de l'Amérique du Nord. Mais est-ce que tu savais qu'il y a encore quelques ours dans les Pyrénées ? Au milieu du XXe siècle, ils y avaient presque ______________ (complet) disparu *(verschwunden)*. Mais dans les années 90 du dernier siècle, on a commencé à les réintroduire *(wiedereinführen)*. ______________ (malheureux), il y a beaucoup de personnes qui n'en sont pas contents. Ils disent que les ours sont dangereux pour l'homme. Certes, il y a des cas où des ours ont attaqué des moutons ou ont même blessé des hommes ______________ (sérieux). Mais ______________ (normal), on les rencontre ______________ (difficile). Presque ______________ (timide), l'ours se cache dans les forêts. Si on le rencontre tout de même, il faut prendre quelques précautions. Ne le regardez surtout pas ______________ (curieux) mais retirez-vous ______________ (calme). C'est important parce que l'ours deviendrait ______________ (facile) nerveux si vous couriez. Mais à la fin, est-ce que tu ne trouves pas que c'est beau que ces animaux vivent en Europe ?

Aufgabe 55 Tu n'as pas encore appris les noms suivants. Tu peux tout de même les comprendre parce que tu connais déjà les adjectifs et les adverbes correspondants. Ajoute-les et traduis les noms.

froid, e (kalt)		
froideur: *Kälte*	danger :	difficulté :
froidement		

jalousie :	longueur :	surdité :

Welche Ausnahmen musst du bei der Bildung der Adverbien beachten?
Die überwiegende Zahl der Adverbien wird zwar nach dem Muster ‚weibliche Form des Adjektivs + *ment*' gebildet, aber es gibt auch einige Ausnahmen:

- Endet die maskuline Form des Adjektivs auf einen **hörbaren Vokal**, wird das Adverb von der **maskulinen Form** abgeleitet, weil die feminine Form nichts an der Aussprache ändern würde.

  vrai, vraie – vraiment
  joli, jolie – joliment
  absolu, absolue – absolument

- **Adjektive auf *-ant* bzw. *-ent*** bilden das Adverb mit ***-amment*** bzw. ***-emment***
  Aussprache: [amɑ̃]

  méchant – méchamment
  intelligent – intelligemment
  prudent – prudemment

- Einige Adverbien haben die Endung ***-ément***.

  énorme – énormément
  précis – précisément

- gentil, gentille – **gentiment**

Aufgabe 56 Mets les adverbes qui correspondent aux adjectifs donnés.

deutsches Adjektiv	Adjektiv, männlich	Adjektiv, weiblich	Adverb
genau	précis		*précisément*
höflich	poli		
absolut	absolu		
riesig	énorme		
bösartig	méchant		
intelligent	intelligent		
hübsch	joli		
vorsichtig	prudent		
freundlich	gentil		
offensichtlich	évident		
ausreichend	suffisant		

Aufgabe 57 Transforme les adjectifs indiqués en adverbes. Complète les phrases avec les adverbes qui conviennent.

drôle, suffisant, évident, vrai, gentil, prudent, énorme, absolu

a) Ma voisine me salue toujours ______________________ .
b) Marc n'aime pas rouler ______________________ .
c) Sylvie rit ______________________ .
d) Le chien m'a fait ______________________ peur.
e) ______________________ , c'est faux.
f) C'est ______________________ fou ce qu'il a fait.
g) Cédric ne s'entraîne pas ________________ pour devenir un bon athlète.
h) Tu crois ______________________ ?

Aufgabe 58 **Exercice combiné :** Trouve au moins onze adjectifs et transforme-les en adverbes.

X	U	A	F	A	C	I	L	E	W	O
B	I	E	P	R	U	D	E	N	T	U
C	N	A	R	F	G	E	N	T	I	L
A	E	V	I	D	E	N	T	T	A	O
R	E	R	E	G	E	L	O	E	G	S
S	I	A	V	U	A	M	I	N	O	B
O	D	I	F	F	E	R	E	N	T	A

les adverbes :

______________ ______________
______________ ______________
______________ ______________
______________ ______________
______________ ______________
______________ ______________

Aufgabe 59 **Exercice combiné :** Tonton David a écrit une chanson qui a comme titre « Il marche seul ». Le texte suivant résume son contenu.
Transforme les ajdectifs en adverbes et complète le petit résumé !

Un personnage inconnu marche *machinalement* (*machinal*) dans la rue. Il se demande ________________ (*triste*) où il peut dormir, parce qu'il est sans domicile fixe. Il rêvait de réussir dans la « ville de lumière » : s'habiller ________________ (*élégant*), sortir ________________ (*long*) avec des amis, faire ________________ (*facile*) la connaissance de filles …

Mais maintenant il est ______________________ *(extrême)* triste. Partout, il cherche ______________________ *(désespéré)* un travail pour sortir de sa misère. ______________________, *(malheureux)* il ne trouve pas d'emploi. Il n'a pas d'amis, c'est pourquoi il est ______________________ *(absolu)* seul. ______________________ *(normal)*, il devrait avoir du contact avec sa famille. Il dit ______________________ *(fier)* non à la possibilité de mendier. ______________________ *(final)*, il reste dans la rue sans perspective d'avenir.

ufgabe 60* **Exercice combiné :** Présente une chanson ou un livre. Donne les informations suivantes.

- Qui a écrit le livre ou chanté la chanson ? Quel est le titre et le thème ?
- Quel est le contenu *(Inhalt)* ?
- Est-ce que le livre ou la chanson t'a plu ? Pourquoi ou pourquoi pas ?
- Est-ce qu'on peut le/la recommander *(empfehlen)* ?

ufgabe 61 **Exercice combiné :** *Adjectif* ou *adverbe* ? Mets les formes qui conviennent.

a) **prudent :** Pour être un bon conducteur, il faut être ______________________ et conduire ______________________ .

b) **irrégulier :** « Savoir » est un verbe ______________________ . Il faut le conjuger ______________________ .

c) **bon :** Alice est une ____________ élève. Elle travaille ____________ .

d) **rapide :** Le TGV roule très ______________________ . C'est un train ______________________ .

e) **évident :** La solution du problème est ______________________ . C'est ______________________ facile à comprendre.

f) **curieux :** Notre voisine est ______________________ . Elle écoute ______________________ derrière la porte.

5.4 Stellung der Adverbien

Welche Adverbien können am Satzanfang oder am Satzende stehen?
Am Satzanfang (oder am Satzende) können stehen:

- **Satzadverbien**
  Beispiel: Heureusement, il ne remarque pas que je n'ai pas fait mes devoirs.
- **Orts- und Zeitadverbien**
  Beispiel: Demain, nous partirons en vacances.

Aufgabe 62 Quels adverbes est-ce qu'on pourrait ajouter aux phrases suivantes ? Mets les adverbes à la bonne position.

malheureusement, demain, hier, apparemment, bien sûr, heureusement

a) M. Bertrand a eu un accident. ______

b) L'autre n'a pas fait attention. ______

c) Les deux ne sont pas blessés. ______

d) La voiture de M. Bertrand ne roule plus. ______

e) L'autre doit payer. ______

f) M. Bertrand va avoir une autre voiture. ______

Wo stehen die Adverbien, die ein Adjektiv oder ein anderes Adverb näher bestimmen?
Adverbien, die ein Adjektiv oder ein anderes Adverb näher bestimmen, stehen vor diesen.
Beispiele: Il est complètement désespéré.
Elle parle très bien français.

Aufgabe 63 Mets les adverbes à la bonne position.

a) assez : Je suis content du résultat.

b) complètement : A mon avis, il est fou.

c) très : Elle n'est pas gentille avec son fils.

d) trop : Quelquefois, il est courageux.

e) absolument : C'est un cas rare *(selten)*.

f) vraiment : En maths, mon copain sait peu de choses.

g) assez : Ma mère comprend bien l'italien.

Wo stehen die Adverbien, die Verben näher bestimmen?

- Bei den **einfachen Verbformen** steht das Adverb **nach dem konjugierten Verb.** Die Verben auf *-ment* sind dabei häufig von diesem getrennt.

  Beispiele: Je mange souvent des sucreries.
  Mon frère ne fait pas ses devoirs sérieusement.

ufgabe 64 Mets les mots dans le bon ordre!

a) tranquillement – les – dorment – élèves

___

b) s' – le – professeur – difficilement – énèrve

___

c) problèmes – aux – explique – il – les – calmement – élèves.

___

d) l' – anglais – il – bien – très – parle

___

e) sérieusement – des – de – élèves – occupe – ses – il – s' – problèmes

___

- Bei den **zusammengesetzten Verbformen** stehen
  - **kurze** Adverbien **zwischen konjugiertem Verb und Partizip/Infinitiv,**
    Beispiele: J'ai mal dormi.
    Il va peu manger.
  - **längere** Adverbien sowie *ensemble* in der Regel **nach dem Partizip/Infinitiv.**
    Beispiele: Il nous a expliqué le problème calmement.
    Nous allons le faire ensemble.

ufgabe 65 Mets l'adverbe à la bonne place.

a) Le boxer s'est défendu.

___ courageusement

b) Le bébé a dormi.

___ tranquillement

c) Notre prof a expliqué la grammaire.

____ bien

d) Pierre et Philippe ont travaillé.

____ ensemble

e) J'ai cherché mon chien.

____ désespérément

f) Ma mère a pris son licenciement *(Entlassung)*.

____ mal

g) Mes copains m'ont invité.

____ gentiment

h) Pendant sa maladie, Sophie a dormi.

____ beaucoup

i) Nous avons bu.

____ trop

Aufgabe 66* Traduis les phrases suivantes.

a) Meine Großmutter ist nicht häufig in Urlaub gefahren.
b) Sie hat sich daheim wohlgefühlt.
c) Um sich um ihre Kinder kümmern zu können, hat sie vollständig auf eine andere Arbeit verzichtet *(renoncer à)*.
d) Mit ihrer außergewöhnlichen Intelligenz hat sie leicht mehrere Sprachen gelernt.
e) Meine Mutter sagt, dass sie elegant getanzt hat.

- Beim **Infinitiv** stehen
  - **kurze** Adverbien meist **vor dem Infinitiv**,
    Beispiel: Il sait bien conduire.
  - **längere** Adverbien sowie *ensemble* **nach dem Infinitiv**.
    Beispiele: Il sait conduire prudemment.
    Il nous a promis de conduire lentement.

Aufgabe 67 Un portrait de Monique. Transforme les adjectifs entre guillemets en adverbes et mets-les à la bonne place.

MONIQUE

a) J'aime sortir tous les soirs. (élégant)
b) J'adore le rap français. (absolu)
c) Je sais me faire des amis. (facile)
d) Je voudrais faire ta connaissance. (rapide)
e) Je viens de tomber amoureuse d'un garcon de ma classe. (passionné)
f) Je sais prendre les problèmes. (léger)
g) Je déteste faire le ménage. (soigneux)
h) Je n'ai pas envie d'expliquer ce que je veux. (long)
i) A cause d'un accident de ski, je dois faire de la gymnastique. (régulier)

Aufgabe 68* **Exercice combiné :** Fais un portrait de toi-même. Utilise des phrases avec des adverbes.

5.5 Steigerung und Vergleich von Adverbien

Wie werden Adverbien gesteigert?
Adverbien werden wie Adjektive gesteigert:
- **Komparativ:** ***plus*** bzw. ***moins***
- **Superlativ:** ***le plus*** bzw. ***le moins***

Beispiele: Loic a moins bien travaillé que son frère.
Anouk a couru le plus vite de toute sa classe.

Aufgabe 69 Complète le schéma.

			Steigerung	
Adjektiv (dt.)	**Adjektiv (frz.)**	**Adverb**	**Komparativ**	**Superlativ**
				le plus simplement
ruhig				
		rapidement		
	sec, sèche			
lustig				
			plus lentement	
	froid, e			
schwierig				
	dangereux, se			
		prudemment		
nett				
wirklich			–	–
		évidemment	–	–

Welche Ausnahmen gibt es?
Zu den **Ausnahmen** gehören sehr geläufige Adverbien, weshalb du sie dir gut einprägen solltest.
bien – *mieux* – *le mieux*
peu – *moins* – *le moins*
beaucoup – *plus* – *le plus*
Beispiel: Maintenant, Isabelle a mieux compris le problème de maths.

ufgabe 70 Estelle et Elodie sont des jumelles et se ressemblent beaucoup. Mais elles sont quand même bien différentes.
Emploie le comparatif avec plus (+) ou avec moins (–).

① regarder souvent la télé	② faire vite ses devoirs	③ rentrer tard le soir	④ se lever tôt le matin	⑤ préparer régulièrement les repas

Estelle:
1. – *Elle regarde moins souvent la télé.*
2. – ______
3. + ______
4. + ______
5. – ______

⑥ comprendre facilement la grammaire	⑦ avoir peu envie de danser	⑧ manger beaucoup	⑨ travailler bien à l'école	⑩ dormir profondément (*tief*)

Elodie:
6. – ______
7. – ______
8. + ______
9. + ______
10. – ______

Aufgabe 71 Traduis !

Sprich lauter!

Mache deine Aufgaben regelmäßiger!

Gehe früher nach Hause!

Grüße freundlicher!

Schreibe sorgfältiger!

Arbeite mehr!

Denke öfter nach!

Iss weniger!

Lache häufiger!

Gehe langsamer!

Aufgabe 72* Imagine des activités pour établir *(aufstellen)* un record. Utilise des adverbes au *superlatif + possible.*

a) Je vais jouer le plus longuement possible à mon jeu d'ordinateur préféré.

b) ______

c) ______

d) ______

e) ______

f) ______

Wie kannst du Vergleiche formulieren?
Adverbien werden wie Adjektive verglichen:

plus ... que
moins ... que
aussi ... que

Beispiele: Une voiture va plus vite qu'un cheval.
Un train va moins vite qu'un avion.
Un airbus vole aussi vite qu'un Boeing.

Aufgabe 73 Compare le comportement *(Verhalten)* de Simon et de Louis.

	Simon	Louis
a) saluer gentiment	(–)	(+)
b) parler lentement	(–)	(+)
c) courir vite	(=)	(=)
d) bien jouer de le guitare	(+)	(–)
e) aller souvent en boîte	(=)	(=)
f) réfléchir longuement	(–)	(+)
g) mal accepter une mauvaise note	(=)	(=)
h) jouer élégamment au tennis	(+)	(–)
i) écouter attentivement	(=)	(=)
j) rire drôlement	(+)	(–)

a) *Simon salue moins gentiment que Louis.*
b) ______________________
c) ______________________
d) ______________________
e) ______________________
f) ______________________
g) ______________________
h) ______________________
i) ______________________
j) ______________________

5.6 Ersatzkonstruktionen

Wann müssen oder können andere Konstruktionen dem Adverb vorgezogen werden?
Im Französischen gibt es Konstruktionen, mit denen du Adverbien ersetzen kannst:

d'une facon
d'une manière
d'un ton
d'un air
} + Adjektiv (evtl. mit *accord*)

Diese Ersatzkonstruktionen werden verwendet, wenn

- von einem Adjektiv kein Adverb abgeleitet werden kann (z. B. bei *content, faché, intéressant, satisfaisant, agressif*).
  Beispiel: Les élèves font leurs devoirs d'une manière satisfaisante *(zufriedenstellend)*.
- davon die Rede ist, wie jemand einen anderen ansieht oder in welchem Ton er mit ihm spricht.
  Beispiel: Le gangster s'adresse d'un ton agressif au directeur de la banque.
- in der gesprochenen Sprache so unregelmäßigen Formen ausgewichen werden kann.

Aufgabe 74 Comment est-ce que ces smilies te regardent ? Choisi le bon mot parmi ceux indiqués et utilise la construction avec *d'un air …*

surpris, mécontent, fâché *(verärgert)*, désespéré *(verzweifelt)*, content, fatigué, heureux, innocent *(unschuldig)*, interrogatoire *(fragend)*, amoureux, triste, insolent *(frech)*

Il te regarde …

d'un air heureux ______ ______ ______

______ ______ ______ ______

______ ______ ______ ______

Aufgabe 75 Verwende eine adverbiale Umschreibung!

a) ÉNERVÉ
Les pompiers répondent ____________ aux questions des journalistes.

b) INTÉRESSANT
Francoise et Michelle présentent leur exposé ____________.

c) ENNUYEUX
Le chanteur donne des autographes *(Autogramme)* ____________.

d) AGGRESSIF
Le champion attaque son adversaire ____________.

Aufgabe 76* Imagine la situation suivante : Ton prof veut que tu fasses tes devoirs plus soigneusement. Qu'est-ce qu'il pourrait dire s'il te parle

a) d'un ton gentil : *..., est-ce que je pourrais te parler, s'il te plaît ? Ces derniers temps, tu as fait tes devoirs peu soigneusement. Je sais que parfois, les devoirs ne sont pas très intéressants. Mais tu es un garçon intelligent et il serait vraiment dommage si tu devais redoubler la classe.*

b) d'un ton énervé : ____________

____

____

____

c) d'un ton désespéré : ____________

____

____

5.7 Adverbialer Gebrauch von Adjektiven

Was versteht man unter adverbialem Gebrauch?
Wird vom adverbialen Gebrauch von Adjektiven gesprochen, so heißt das, dass **Adjektive** in bestimmten Fällen die **Funktion eines Adverbs** übernehmen können. Wie du weißt, ist der Unterschied im Gebrauch zwischen Adverbien und Adjektiven normalerweise eindeutig geregelt:

- Adjektive beziehen sich auf ein Nomen.
- Adverbien beziehen sich auf ein Verb, ein Adjektiv, ein anderes Adverb oder einen ganzen Satz.

Allerdings gibt es Ausnahmen von dieser Regel.

Wann wird im Französischen ein Adjektiv wie ein Adverb verwendet?
Die Zahl der Fälle, in denen ein Adjektiv wie ein Adverb verwendet wird, ist sehr gering. Du kennst sie zum Teil bereits aus dem Englischen.

- sentir bon *to smell good*
  sentir mauvais *to smell bad*
- acheter cher
  vendre cher
  coûter cher
- parler fort *to speak loud*
  parler bas *to speak low*
- chanter juste
  chanter faux
- travailler dur

Aufgabe 77* Pour pouvoir faire cette exercice, tu dois connaître les règles du discours indirect *(voir pages 135–149)*

Ta mère rentre du marché. Elle est énervée et fatiguée. Elle te raconte ce qui s'est passé.

„Heute war der Einkauf auf dem Markt einfach schrecklich. Zunächst wollte ich für heute Nachmittag Kuchen kaufen. Als ich an dem Stand mit den Süßwaren war, hatten sie auch wirklich gut riechende Torten. Ich wählte eine davon aus, eine große Schokotorte, und habe nach dem Preis gefragt. Die Verkäuferin hat sehr leise gesprochen. Ich habe 13 Euro verstanden, was ja durchaus gegangen wäre. Beim Bezahlen habe ich jedoch gemerkt, dass sie 30 Euro haben wollte! Da hat sie mir die Torte wirklich teuer verkauft. Beim nächsten Stand wollte ich Fische. Aber die haben so gestunken, dass ich sie lieber nicht genommen habe. Beim dritten Stand hat eine alte Frau neben mir so laut gesprochen, dass ich fast Ohrenschmerzen bekommen hätte. Außerdem habe ich festgestellt, dass der Verkäufer ihr die Erdbeeren zu einem unverschämt hohen Preis verkauft hat. Als dann auch noch ein kleiner Jungen anfing zu singen, und das auch noch ziemlich falsch, habe ich kehrtgemacht. Dann essen wir heute eben nur Torte. Ich habe sie ja auch sehr teuer erstanden."

Ton copain français qui passe ses vacances chez toi, n'a rien compris. Essaie de lui raconter ce que ta mère a dit. Il n'est pas nécessaire que tu traduises tout mot par mot. Il est plus important que tu rendes les informations les plus essentielles *(wichtig)*. Emploie au moins cinq expressions dans lesquelles un adjectif prend la place d'un adverbe.

6 Zeiten

6.1 *Accord* des *participe passé* an vorausgehendes direktes Objekt

Steht ein **direktes Objekt vor** einem ***participe passé***, so muss das *participe passé* in Numerus (Zahl) und Genus (Geschlecht) daran angepasst werden ***(accord)***.

Das direkte Objekt ist dabei in der Regel
- ein Relativpronomen (*que*) oder
- ein direktes Objektpronomen (*me, te, se, nous, vous, le, la, les*).

Beispiele: J'ai perdu la BD que tu m'a prêtée.
Hier, je ne l'ai plus retrouvée.

Aufgabe 78 Est-ce qu'il faut mettre un accord ou non ? Ajoute la forme qui convient.

a) Les chansons qu'ils ont ____________ (chanter) sont de Céline Dion.
b) La lettre que tu as ____________ (écrire) arrivera dans deux jours.
c) Nicole qui a ____________ (acheter) une nouvelle voiture a eu un accident.
d) Le repas que tu as ____________ (préparer) est délicieux.
e) Les photos qu'il m'a ____________ (montrer) ne me plaisent pas.
f) Le seul tableau que ce peintre a ____________ (créer) se trouve au Louvre.
g) La musique que tu as ____________ (écouter) date des années soixante.
h) L'artiste qui a ________ (annoncer) une tournée en France est tombé malade.

Aufgabe 79* Complète les phrases à l'aide des mots indiqués. Il y a plus de mots que de trous *(Lücken)*.

la circulation	*Verkehr*
le climat	*Klima*
la destruction	*Zerstörung*
le développement	*Entwicklung*
l'environnement	*Umwelt*
l'industrie	*Industrie*
la marée noire	*Ölpest*
les ordures (f. pl)	*Abfall*
la pollution	*Verschmutzung*
la protection	*Schutz*
le risque	*Risiko*

a) L' ______________ qui s'est développée au XIXe siècle est une des causes de la ______________ de la nature.
b) Le changement du ______________ et les ______________ qu'on a vues aussi sur les côtes françaises nous incitent *(auffordern)* à faire quelque chose pour la ______________ de l'______________.
c) Mais quoi faire contre la ______________ que notre civilisation a provoquée et que nous provoquons toujours ?

Aufgabe 80 Chantal et René veulent partir en vacances. Avant le départ, Chantal contrôle s'ils ont fait tout ce qu'elle a écrit sur la liste.
Ecris des phrases selon l'exemple. Remplace les mots soulignés par les pronoms qui conviennent et utilise le *passé composé*.

a)	réserver <u>une chambre</u>	✓ (René)
b)	confirmer <u>la réservation</u>	✓ (René)
c)	payer <u>la facture</u>	✓ (moi)
d)	acheter <u>un guide</u>	✓ (mes parents)
e)	acheter <u>des billets de train</u>	✓ (moi)
f)	réserver <u>les places dans le train</u>	✓ (moi)
g)	contrôler <u>nos papiers</u>	✓ (René)
h)	rendre <u>les livres empruntés</u>	✓ (René et moi)
i)	donner <u>le chien</u> à la voisine	✓ (moi)
j)	arroser (gießen) <u>les plantes</u>	✓ (René)
k)	louer <u>des bicyclettes</u>	✓ (René)
l)	retirer (abheben) <u>200 euros</u>	✓ (René et moi)

a) René l'a réservée.
b) ____
c) ____
d) ____
e) ____
f) ____
g) ____
h) ____
i) ____
j) ____
k) ____
l) ____

Aufgabe 81* **Exercice combiné :** Marie a passé une journée au Parc Disney. Mets les formes entre guillemets au *participe passé*. N'oublie pas l'accord s'il le faut.

Il y a peu de temps, j'ai __________ (avoir) une invitation au Parc Disney que je souhaitais depuis très longtemps. Ma copine me l'a __________ (donner) pour mon anniversaire.
Malheureusement, ma mère m'a __________ (obliger) d'emmener ma petite sœur. Le samedi après mon anniversaire, nous sommes __________ (arriver) très tôt devant les portes du Parc qu'on a __________ (ouvrir) ce jour-là déjà à sept heures du matin.
Jusqu'à ce moment-là, ma petite sœur nous a __________ (accompagner) sans rien dire. Mais ensuite, elle __________ (commencer) à nous dire ce qu'elle voulait voir : « Allons chercher la princesse que nous avons __________ (voir) sur l'affiche. » Comme par hasard cette princesse se trouvait près de nous, je l'ai __________ (montrer) à ma sœur. Ensuite, elle voulait voir le château, saluer Mickey, jouer au pirate, etc.
Ma copine Sara, par contre, voulait nous montrer un endroit particulier *(besonderer)* du Parc. Elle l'__________ (découvrir) la dernière fois qu'elle y __________ (être). Tout à coup, nous __________ (être) devant une grande pierre qui représentait une tête de mort. Au moment où je l'ai __________ (voir), j'__________ (avoir) une idée. Maintenant, je savais comment faire pour que *(damit)* ma petite sœur me laisse tranquille ce jour-là …

Aufgabe 82* **Exercice combiné :** Continue l'histoire. Qu'est-ce que Marie pourrait faire pour se débarrasser de sa sœur ?

6.2 Die reflexiven Verben im *passé composé*

Welche Verben gehören zu den „reflexiven Verben"?
Reflexive Verben zeichnen sich dadurch aus, dass sie ein Pronomen, das sog. „Reflexivpronomen", vor sich haben, das auf das Subjekt zurückverweist. Das Reflexivpronomen stimmt also in Person und Numerus mit dem Subjekt überein.

Beispiele: Quand est-ce que tu te lèves ? – Moi, je me lève vers sept heures.
Mais mes parents, ils se lèvent déjà à cinq heures du matin !

Die **Relativpronomen** lauten:

	Singular	Plural
1. Person	***me/m'***	***nous***
2. Person	***te/t'***	***vous***
3. Person	***se/s'***	

Beachte: Das Reflexivpronomen kann sowohl **direktes** als auch **indirektes Objekt** sein:

Beispiele: direktes Objekt: Je me couche très tard le soir.
indirektes Objekt Nous nous écrivons souvent de longs e-mails.

fgabe 83* Coche les verbes (☒) qui ont aussi une forme pronominale *(reflexive Form)*.

☒ laver	☐ courir	☐ arriver	☐ demander
☐ venir	☐ réveiller	☐ regarder	☐ bouger
☐ mettre	☐ lever	☐ naître	☐ contrôler
☐ adresser	☐ mourir	☐ acheter	☐ présenter

Ecris une phrase pour chaque verbe pronominal au présent et indique si le pronom réfléchi remplace un objet direct ou un objet indirect.

a) ______
b) ______
c) ______
d) ______
e) ______
f) ______
g) ______
h) ______
i) ______
j) ______

Wie werden die reflexiven Verben ins *passé composé* gesetzt?

Die reflexiven Verben werden im *passé composé* mit dem Hilfsverb ***être*** gebildet.

Beispiele: Hier, je <u>me</u> <u>suis</u> <u>occupé</u> du chien de mon voisin.
Comme nous <u>nous</u> <u>sommes</u> <u>promenés</u> longtemps, il <u>s'est</u> <u>endormi</u> tôt.

Aufgabe 84* Comment est-ce que tu peux raccourcir ou transformer les phrases suivantes ? Utilise des verbes pronominaux.

a) Georges a joué avec sa sœur, après, il lui a préparé un repas et enfin, il lui a raconté une histoire.	Georges s'est occupé de sa sœur.
b) Il a rit de leur comportement *(Verhalten)* et il a mal parlé d'eux.	
c) Il a cherché un agent de police et il lui a posé une question.	
d) Jacques a dormi. Tout à coup, il a ouvert les yeux.	
e) Après le déjeuner, mon frère a repoussé sa chaise et a quitté sa place.	
f) Il a couru derrière un arbre. Il ne voulait pas que quelqu'un le trouve.	
g) M. Est est allé chez un vendeur de voitures. Deux heures plus tard, il avait une nouvelle voiture.	
h) Le professeur a perdu son calme et a commencé à crier.	

Beachte: Auch die reflexiven Verben musst du wie alle Verben, die das *passé composé* auf *être* bilden, in Person und Numerus an das Subjekt angleichen ***(accord du participe passé)***. Das gilt aber nur, wenn das **Reflexivpronomen** ein **direktes Objekt** ist.

Beispiel: Sara et Monique se sont rencontré<u>es</u> la première fois.
aber: Mais elles se sont écrit depuis des mois.

Aufgabe 85 Souligne les verbes dont le pronom réfléchi est un *objet direct* et coche ceux dont le pronom réfléchi est un *objet indirect*. Fais attention : Il y a des cas où, selon le contexte, les deux sont possibles.

s'éloigner **se disputer** **se laver**
se demander **se sentir** **se balader**
se tromper **s'habituer** **s'agir**
s'écrire **se compliquer**
s'entraîner **s'endormir** **se passer**
s'acheter **se cacher**
se voir **se montrer** **s'amuser** **se dire**

Aufgabe 86 Décrivez la matinée de Chantal au *passé composé*.

a) ______________________ b) ______________________

c) ______________________ d) ______________________

e) ______________________ f) ______________________

g) ______________________ h) ______________________

Aufgabe 87* Quelle matinée ! Pendant la récréation, Lucien raconte à son copain ce qui s'est passé le matin. Ecris ce qu'il a dit.

6 h 20	(la radio) s'allumer – (je) se réveiller – peu après: (je) s'endormir de nouveau
6 h 50	(la mère) réveiller – (je) se lever – (je) se brosser les dents – (je) se laver – (je) s'habiller
7 h 05	(je) prendre le petit déjeuner – (je) renverser (umschütten) le bol de chocolat – (la mère) s'énerver – (nous) se disputer
7 h 15	(je) partir – (je) avoir froid – (je) retourner à la maison – (je) mettre un manteau plus chaud
7 h 45	(je) repartir – (je) courir – (je) ne pas faire attention à une fille en vélo – (elle) tomber – (elle) se blesser – (elle) se plaindre de douleurs dans la jambe – (je) s'inquiéter (sich beunruhigen) – (nous) aller chez un médecin – (elle) ne pas avoir de blessures graves – (elle) s'en réjouir (sich darüber freuen) – (je) m'excuser pour l'accident – après ce choc: (nous) s'acheter des petits pains au chocolat
8 h 40	(je) arriver à l'école – le cours avait déjà commencé – (proviseur) s'adresser à moi – (je) se défendre – (il) me donner une heure de colle (Nachsitzen)

ufgabe 88* Remplis le questionnaire suivant en français. Ecris des phrases complètes.

Fragebogen

a) Wie oft hast du dir heute die Hände gewaschen?

____

b) Wo habt ihr, deine Freunde und du, das letzte Mal Spaß gehabt?

____

c) Wann ist dein Bruder/deine Schwester am Wochenende ins Bett gegangen?

____

d) Hast du schon einmal im Meer gebadet?

____

e) Deine beste Freundin und du, wie viele SMS habt ihr euch gestern geschrieben?

____

f) Hast du dich als Kind für Autos interessiert?

____

g) Hast du dich in den letzten Tagen um deine Hausaufgaben gekümmert?

____

h) Hat sich deine Klasse auf der letzten Schulfahrt wohlgefühlt?

____

i) Wie oft hat dein Sportverein im vergangenen Monat trainiert?

____

j) Was für ein Auto haben sich deine Eltern gekauft?

____

k) Hast du dich schnell an das Französische gewöhnt?

____

l) Wie oft hat sich deine Familie in der letzten Woche gestritten?

____

m) Hat sich gestern jemand über dich lustig gemacht?

____

n) Haben sich im letzten Jahr einige Kameraden das Leben selbst schwer gemacht?

____

o) Was hast du dich in der letzten Zeit am häufigsten gefragt?

____

p) Wo hat sich im vergangenen Schuljahr dein Sitzplatz befunden?

____

6.3 Verwendung von *imparfait* und *passé composé*

Wann wird das *imparfait* und wann das *passé composé* verwendet?
Während sich im Deutschen die Verwendung von Imperfekt und Perfekt fast nur stilistisch und weniger inhaltlich unterscheidet, ist im Gegensatz dazu im Französischen der Gebrauch von *imparfait* und *passé composé* klar abgegrenzt.

Imparfait:

- Zur **Beschreibung** vergangener Handlungen, die zu dem in der Erzählung/dem Bericht relevanten Zeitpunkt schon begonnen haben und immer noch andauern.
  Beispiel: Airbus était une grande entreprise européenne.
- Zur Bezeichnung von gewohnheitsmäßigen, **sich wiederholenden** Handlungen
  Beispiel: Lufthansa achetait chaque année plusieurs avions Airbus.

Passé composé:

- Zur Bezeichung von Handlungen, die neu einsetzen und in der Vergangenheit abgeschlossen sind. Ihre Folgen können aber für die Gegenwart noch von Bedeutung sein.
  Beispiele: En 2005, Airbus a présenté le A 380 au public.
  Peu après, on a eu des problèmes.

Aufgabe 89* Lis le texte et justifie l'emploi du temps.

La ville de Toulouse est la capitale européenne de l'Aéronautique et de l'Espace. Au XXe siècle, Airbus, le principal constructeur aéronautique en Europe, s'y est installé[1]. Depuis sa création en 1970, Airbus a connu[2] un grand succès. Son premier avion a été[3] l'Airbus A 300 qu'on a nommé[4] ainsi parce qu'il pouvait[5] transporter 300 passagers. Cependant, les noms des avions qui l'ont suivis[6] ne se justifiaient[7] plus par le nombre de personnes qui pouvaient[8] y prendre place. Le système était[9] plus simple. On a augmenté[10] le chiffre du modèle précédent de dix. C'est pourquoi les quatre avions qu'on a créés[11] ces dernières décennies s'appelaient[12] A 310, A 320, A 330 et A 340. Par conséquent, un nouvel avion aurait dû porter le nom A 350. Mais on voulait[13] interrompre cette série parce qu'on envisageait[14] la construction d'un modèle qui était de loin le plus grand qu'on ait fabriqué jusque là. On a donc proposé[15] A 360 parce que ce chiffre faisait[16] penser aux 360° d'un tour du monde. Mais cette proposition n'a pas trouvé[17] le consentement général. On a donc choisi[18] un nouveau nom : A 380. Mais qu'est-ce que ce chiffre voulait dire[19] ? D'abord, les deux cercles superposés du chiffre 8 visualisaient[20] les fenêtres de l'avion. Ensuite, le chiffre 8 a une signification particulière dans la tradition orientale. Déjà les ancêtres des Chinois et des Japonais le considéraient[21] comme chiffre porte-bonheur. C'était[22] donc le chiffre idéal pour un avion avec lequel les constructeurs espéraient[23] faire de grands profits en Asie et avec lequel les passagers voyageraient en sécurité. En avril 2005, l'A 380 a décollé[24] pour la première fois de l'aéroport de Toulouse. Mais par la suite, cet avion a posé[25] beaucoup de problèmes. En octobre 2006, Airbus a annoncé[26] qu'il y avait[27] des retards de livraisons de l'A 380. C'était[28] un grand choc pour toute l'entreprise qui devait[29] compter avec plusieurs milliards d'euros de pertes. On a tout fait[30] pour sortir de la crise : d'abord, on a licencié[31] le manager, puis on a commencé[32] à réorganiser le déroulement de la production.

1 neu einsetzende Handlung, die abgeschlossen ist

2 ______

3 ______

4 ______

5 ______

6 ______

7 ______

8 ______

9 ______

10 ______

11 ______

12 ______

13 ______

14 ______

15 ______

16 ______

17 ______

18 ______

Aufgabe 90* Regarde les photos suivantes. Quelle relation ont-elles avec l'exercice 89 ?
Écris une ou deux phrases pour chaque photo avec tes propres mots.

L'hôtel de ville toulousain

A 320

A 380

ufgabe 91* Dans le sud de la France, le rugby est un sport très populaire. Lucien, ton ami français te téléphone et parle avec enthousiasme du match de son équipe. Mets les verbes entre parenthèses dans le temps qui convient *(imparfait ou passé composé)*.
Le texte contient quelques mots que tu ne connais pas encore. Cela ne fait rien. Essaie de comprendre le sens. Il est peut-être plus facile pour toi si tu fais d'abord l'exercice 92.

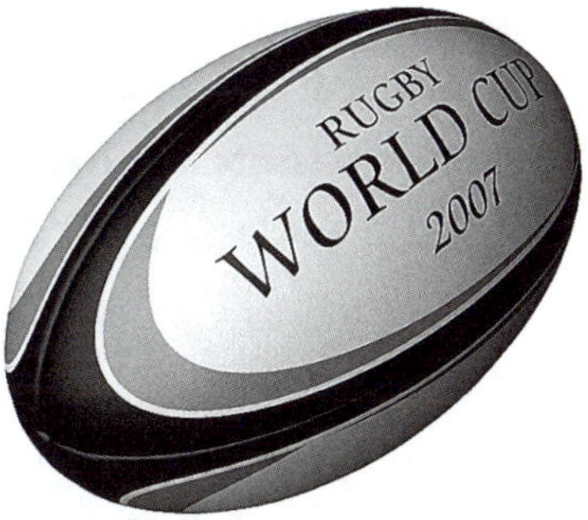

« Tu sais, pour mon anniversaire, mon père m'________________ (offrir) un billet pour pouvoir regarder un match de rugby. Et aujourd'hui, c'________________ (être) le grand jour : Je ________________ (aller) au stade. Tu peux t'imaginer que j'________________ (être) très nerveux avant le match. Mon équipe, celle de Toulouse, ________________ (rencontrer) celle de Narbonne. Les Toulousains ________________ (avoir) l'avantage *(Vorteil)* d'avoir gagné les trois matchs derniers. Les Narbonnais, par contre, ________________ (subir) une grande défaite *(Niederlage)* à domicile le week-end dernier. C'est pourquoi ils ________________ (manquer) un peu de confiance en eux, mais ils ________________ (avoir) une grande volonté pour gagner ce match.

Comme d'habitude, les joueurs toulousains ________________ (porter) des tricots rouges et noirs. Tu te rappelles le jour où nous ________________ (se voir) la première fois ? Ce jour-là, je te/t'________________ (montrer) une photo de mon chien. Il ________________ (être en train) de déchirer *(zerreißen)* mon tricot de supporter *(Fan)*.

Mais je ________________ (vouloir) te parler du match. A la 6e minute, un joueur des Narbonnais ________________ (inscrire) le premier essai. J'________________ très triste. Dans le rugby, un essai est une sorte de but que tu connais du foot. C'est comme cela qu'une équipe peut faire des points. Pendant les minutes, qui ________________ (suivre), les Toulousains ________________ (être) paralysés. Les Narbonnais, par contre, ________________ (avoir) d'autres occasions. A la 26e minute, un joueur narbonnais ____________________ (devoir) quitter le terrain en raison d'une blessure. L'entraîneur le/l'____________________ (remplacer) par un jeune joueur que je ____________________ (ne pas connaître). Après le match, j'____________________ (apprendre), que c'était la première fois qu'il ____________________ (jouer) en première division. Trois minutes après le remplacement, l'équipe de Narbonne ____________________ (se laisser) surprendre. A partir de ce moment, le match ____________________ (tourner) à l'avantage des Toulousains. Ils ____________________ (résister) un peu mieux en mêlée. Juste avant la pause, notre star ____________________ (inscrire) une pénalité et ____________________ (remettre) les deux formations à égalité. En seconde mi-temps, les Toulousains ____________________ (être) l'équipe prédominante. Ils ____________________ (profiter) de la moindre erreur de leurs adversaires. A la 73e minute, un joueur narbonnais ____________________ (donner) l'occasion aux Toulousains d'assurer leur victoire. Plaqué par son adversaire, il ____________________ (perdre) le ballon. A la dernière minute de la rencontre, un joueur narbonnais ____________________ (tenter) une ultime pénalité, mais il l'____________________ (manquer). Après le match, les Narbonnais ____________________ (être) très déçus. Mais nous, les supporters de l'équipe toulousaine, on ____________________ (fêter). »

ufgabe 92* Relis le texte plusieurs fois et coche la bonne réponse (☒).

a) Lucien a regardé
- ☐ un match de foot au stade.
- ☐ un match de rugby au stade.
- ☐ un match de rugby à la télévision.

b) Le résultat du match dernier :
- ☐ Toulouse et Narbonne ont gagné.
- ☐ Toulouse et Narbonne ont perdu.
- ☐ Toulouse a gagné et Narbonne a perdu.

c) Pourquoi est-ce que Lucien parle de son chien ?
- ☐ Parce que le porte-bonheur de l'équipe de Toulouse est aussi un chien.
- ☐ Pour rappeler à son copain qu'il connaît le tricot des Toulousains.
- ☐ Parce que son chien l'a mordu le jour même.

d) Un « essai » est
- ☐ une attaque contre un joueur de l'équipe adversaire.
- ☐ une partie des tricots.
- ☐ une possibilité de faire des points.

e) Au début du match,
- ☐ l'équipe de Toulouse a mieux joué que les Narbonnais.
- ☐ l'équipe de Narbonne a mieux joué que les Toulousains.
- ☐ le niveau des deux équipes était égal.

f) En première mi-temps
- ☐ un joueur narbonnais n'a plus été capable de continuer le match.
- ☐ un joueur toulousain a été blessé.
- ☐ un jeune joueur s'est disputé avec l'entraîneur.

g) Qui a gagné le match ?
- ☐ L'équipe de Toulouse.
- ☐ L'équipe de Narbonne.
- ☐ Aucune des deux équipes. Ils ont eu le même nombre de points.

6.4 Le *plus-que-parfait*

Wann wird das *plus-que-parfait* verwendet?

Das *plus-que-parfait* (wörtlich: ‚mehr als abgeschlossen') bezieht sich auf eine Handlung, die schon vor einer anderen Handlung in der Vergangenheit abgeschlossen worden ist. Deshalb heißt diese Zeit auch ‚Vorvergangenheit'.

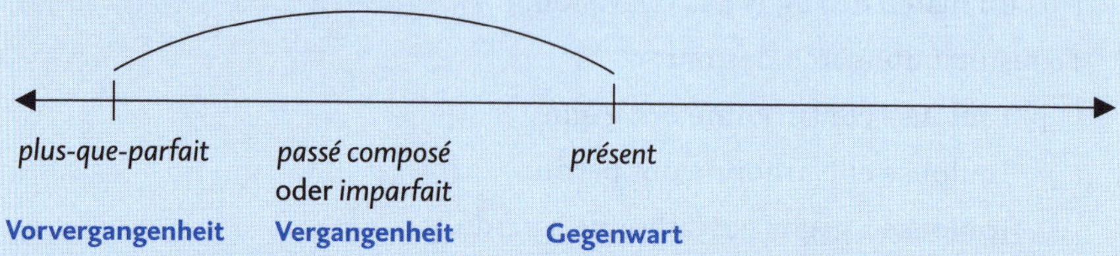

Beispiel: L'année dernière, j'ai passé mes vacances en France parce que mes parents m'avaient offert un cours de langue.

Wie wird das *plus-que-parfait* gebildet?

Das *plus-que-parfait* wird wie das *passé composé* gebildet. Du musst nur die Verben *avoir* bzw. *être* ins *imparfait* setzen: Form von ***avoir / être*** im ***imparfait*** + ***participe passé.***

	passé composé	*plus-que-parfait*
Beispiele:	Ils ont bu de l'orangina.	Ils avaient bu de l'orangina.
	Elles sont allées à l'école.	Elles étaient allées à l'école. (*accord!*)

Aufgabe 93 Traduis les formes suivantes et mets-les au *plus-que-parfait.*

a) ich habe genommen — j'ai pris — j'avais pris
b) ____________ il buvait ____________
c) ____________ tu vis ____________
d) ____________ nous mangeons ____________
e) ____________ vous voyiez ____________
f) ____________ tu lèves ____________
g) ____________ ils meurent ____________
h) ____________ elle va ouvrir ____________
i) ____________ nous courions ____________
j) ____________ il pleuvait ____________
k) ____________ vous interdisez ____________
l) ____________ nous dormons ____________
m) ____________ ils sont ____________

Aufgabe 94 Mets les formes au *plus-que-parfait*.

Molière

Molière __________________ (inviter) beaucoup d'amis. Comme il était très fatigué, il __________________ (aller) au lit très tôt. Quelques heures plus tard, un domestique *(Hausangestellter)* __________________ (venir) dans sa chambre et l' __________________ (réveiller). Les invités __________________ (beaucoup boire) et ils __________________ (commencer) à discuter. Ils __________________ (parler) du sens de la vie. Et comme ils __________________ (trop boire), ils __________________ (dire) que la vie n'avait plus de sens. Ils __________________ (aller) à la rivière. Molière __________________ (se lever) et y __________________ (courir). Heureusement, il __________________ (pouvoir) convaincre ses invités qu'il ne fallait pas se suicider.

Alexandre Dumas

Alexandre Dumas le Grand __________________ (trouver) la matière pour son roman « Le Comte de Monte Cristo » dans l'archive de la police. On __________________ (accuser) un homme d'être un agent anglais et l'on __________________ (mettre) en prison. Il y __________________ (vivre) pendant sept années. Après, il en __________________ (sortir) et __________________ (prendre) possession d'un trésor *(Schatz)* dont le propriétaire __________________ (être) un clergé *(Geistlicher)* mort. Alors l'homme __________________ (tuer) trois personnes pour se venger *(sich rächen)* des années qu'il __________________ (passer) en prison. Finalement, on l' __________________ (aussi tuer).

Aufgabe 95 Traduis les verbes entre guillemets en français et met les formes au *plus-que-parfait.*

Quelle malchance !

a) Le matin, le réveil qu'il ______________ *(kaufen)* la veille ______________ *(nicht klingeln).*

b) Au petit déjeuner, les oeufs qu'il ______________ *(essen)* n'étaient pas assez durs pour lui.

c) La tasse à café qu'il ______________ *(nehmen)* ______________ (*zerbrechen* = se casser).

d) Quand il ______________ *(wollen)* partir avec sa voiture, elle ______________ *(sich nicht bewegen).*

e) Le taxi qu'il ______________ *(rufen)* n' ______________ *(kommen)* que trois heures plus tard.

f) Au travail, les projets que lui et ses collègues ______________ *(machen)* avaient disparus *(verschwinden).*

g) Il ______________ *(müssen)* se défendre auprès de son chef, mais celui-ci ______________ *(nicht zuhören).*

h) Avant de rentrer chez lui, il ______________ *(finden)* une lettre sur son bureau : son chef l'______________ (*entlassen* = licencier).

i) Le soir, il ______________ *(bekommen)* un SMS de sa femme avec qui il ______________ *(heiraten)* l'été dernier. Elle ______________ *(ankündigen)* qu'elle le quittait.

Aufgabe 96* Regardez les douze images. Elles racontent six épisodes. Relie les deux images qui vont ensemble. Qu'est-ce qu'on a fait ? Qu'est-ce qui s'est passé avant ?

A

B

C

D

E

F

G

H

I

J

K

L

(A+G) Le garçon est arrivé au sommet. Avant, il avait monté le mont/la colline à vélo.

Aufgabe 97* Qui avait passé ses vacances où, avec qui et pour combien de temps ? Trouve la bonne solution à l'aide des phrases indiquées. Mets (+) dans la case si la combination est juste, (–) si la combination est fausse.

	copine	copain	famille	parents	seul	3 jours	5 jours	1 semaine	2 semaines	3 semaines	Paris	Chamonix	Corse	Nice	Bruxelles
Jean															
Cécile															
Nicolas															
Yvonne															
Louis															
Paris															
Chamonix															
Corse															
Nice															
Bruxelles															
3 jours															
5 jours															
1 semaine															
2 semaines															
3 semaines															

Vacances

1. Un séjour à Paris avec toute la famille est très cher. C'est pourquoi cette personne était rentrée des vacances plus tôt que Louis.
2. Celui qui était parti avec son meilleur copain avait appris à faire de la voile.
3. La personne qui vient d'ailleurs de Toulouse et qui avait pris le bateau pour arriver à sa destination, n'y était pas restée deux semaines.
4. Louis avait fait de l'escalade dans les Alpes.
5. Jean avait eu des vacances de quinze jours. C'est une fille qui était revenue plus tard que lui.
6. Le couple amoureux avait réservé sa chambre pour une semaine.
7. Celle qui avait préféré voyager seule avait passé plus d'une semaine dans une capitale.
8. Cécile avait accompagné ses parents. Leurs vacances avaient été seulement plus longues de deux jours que celles de Nicolas.

6.5 *Le futur I (le futur simple)*

Was drückt das *futur simple* aus?

Das *futur simple* dient wie das *futur composé* (Präsensform von *aller* + Infinitiv) zur Beschreibung von Handlungen oder Sachverhalten, die erst in der **Zukunft** eintreten.

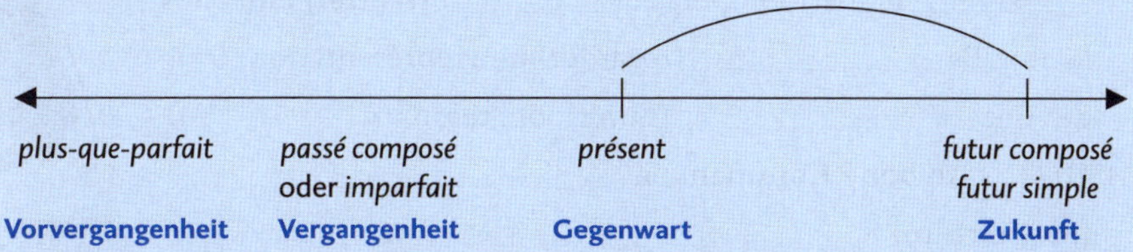

Wo liegt der Unterschied in der Verwendung des *futur simple* und des *futur composé*?

- Das ***futur composé*** ist häufig leichter zu bilden und wird deshalb gern in der **gesprochenen** Sprache verwendet.
- Das ***futur simple*** wird in **geschriebenen** Texten bevorzugt.

Wie wird das *futur simple* gebildet?

Das *futur simple* wird im Gegensatz zum *futur composé* aus einer einzigen Verbform gebildet. Daher auch seine Bezeichnung. Um seine Formen zu erhalten, musst du an den **Infinitiv** die **Endungen *-ai, -as, -a, -ons, -ez, -ont*** anfügen:

Beispiele: 1. P. Sg. *futur simple* von *travailler*: je travaillerai
3. P. Pl. *futur simple* von *finir*: ils finiront

ufgabe 98 Parmi les mots suivants, il y a onze verbes au *futur simple*. Est-ce que tu les reconnais ?

demanderont
tombera
dormais
finissons
travail
penserez
travailleras
partir
invitera
portons
tournerai
choisiront
rencontrerons
quitterai
changeait
aidaient
bougeons
ouvrions
fêterons
monterez

Aufgabe 99 Chantal et Nicole téléphonent. Mets les formes entre guillemets au *futur simple*.

CHANTAL : « Allô ? »

NICOLE : « Allô Chantal, c'est Nicole. Dans deux jours, mes parents __________ (sortir) à l'opéra et __________ (rentrer) tard dans la nuit. Ils __________ (regarder) une représentation de Aïda, ça __________ (durer) longtemps. »

CHANTAL : « Ah bon ? Comment en __________ (profiter) -tu? »

NICOLE : « Ma sœur et moi, nous __________ (inviter) tous nos copains pour faire la fête. »

CHANTAL : « Génial ! Quand est-ce que votre boum __________ (commencer) ?

NICOLE : « La plupart de nos copains __________ (arriver) vers 20 heures. Je vous __________ (donner) à manger et à boire. Tu __________ (préparer) une salade ? »

CHANTAL : « Pas de problème. Et j' __________ (apporter) aussi une mousse au chocolat. Vous __________ (offrir) aussi des boissons alcoolisées ? »

NICOLE : « Mais non, mes parents n'y __________ (consentir = *zulassen*) pas. Mais Christian __________ (jouer) de la guitare électrique. Après, nous nous __________ (sentir) aussi mal et nous __________ (souffrir) d'un mal de tête affreux. »

CHANTAL : « Tu es méchante. »

NICOLE : « Mais non, en fait, je l'aime bien. Tu __________ (dormir) chez moi ? »

CHANTAL : « Volontiers. Merci beaucoup. A vendredi donc. »

Welche Ausnahmen gibt es bei der Bildung des *futur simple* zu beachten?

- **Verben auf *-re*.** Bei der Bildung des *futur simple* verlieren diese Verben das auslautende *-e* des Infinitivs, da es aus Aussprachegründen nicht mehr benötigt wird.

  prendre – nous prendrons   croire – vous croirez

- ***appeler, acheter, (se) lever*** und ***jeter***

appeler	–	nous appellerons	(se) lever	–	vous (vous) lèverez
acheter	–	ils achèteront	jeter	–	tu jetteras

- envoyer – tu enverras

envoyer	–	tu enverras	recevoir	–	vous recevrez
aller	–	j'irai	devoir	–	tu devras
courir	–	je courrai	savoir	–	ils sauront
mourir	–	il mourra	pouvoir	–	nous pourrons
tenir	–	je tiendrai	vouloir	–	il voudra
venir	–	tu viendras	avoir	–	tu auras
falloir	–	il faudra	être	–	il sera
voir	–	vous verrez	faire	–	nous ferons

gabe 100 Qu'est-ce que Michel fera demain ?

a) se lever à neuf heures
b) prendre une tasse de café dans un bar
c) appeler son copain
d) acheter de nouveaux rollers
e) faire la cuisine
f) écrire un SMS à sa copine
g) boire un thé avec elle
h) envoyer un e-mail à son frère
i) aller au cinéma
j) lire un roman

a) *Il se lèvera à neuf heures.*
b) ______
c) ______
d) ______
e) ______
f) ______
g) ______
h) ______
i) ______
j) ______

Aufgabe 101* Transforme les formes du *futur composé* en *futur simple*. Après, écris pour chaque verbe une phrase au *futur simple*.

a) nous allons être ______________________

____

b) elle va avoir ______________________

____

c) tu vas faire ______________________

____

d) elle va savoir ______________________

____

e) ils vont aller ______________________

____

f) vous allez venir ______________________

____

g) vous allez pouvoir ______________________

____

h) tu vas envoyer ______________________

____

i) elles vont tenir ______________________

____

j) ja vais mourir ______________________

____

k) nous allons recevoir ______________________

____

l) tu vas voir ______________________

____

m) nous allons devoir ______________________

____

n) elles vont vouloir ______________________

____

fgabe 102* Les prévisions météo pour demain.

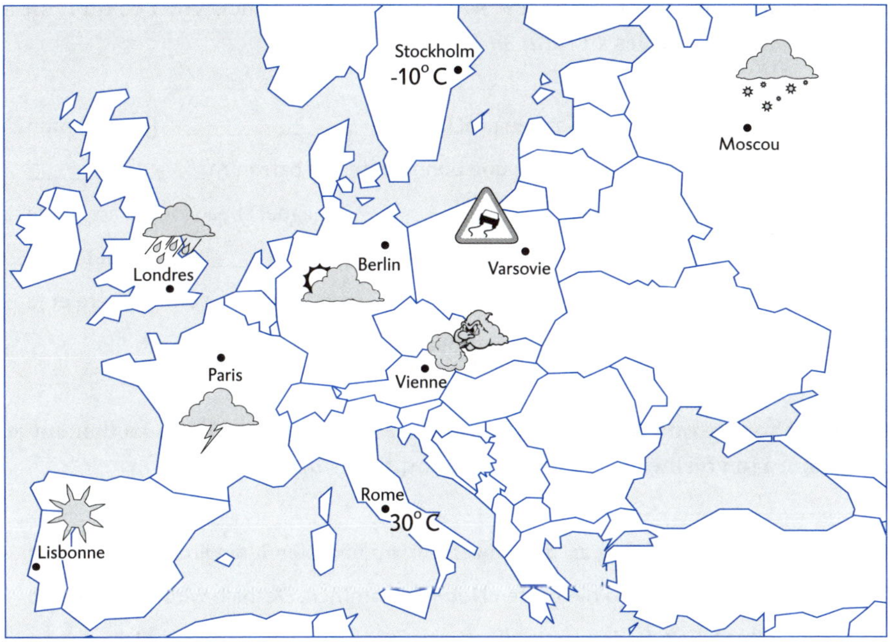

Présente la météo aux téléspectateurs. Utilise le *futur simple* et indique les pays dans lesquels les villes se trouvent.

Voici quelques expressions qui pourraient t'aider:
il fait chaud/froid, il fait ... degrés à, les temperatures montent jusqu'à/tombent à ...
il y a du soleil, le soleil brille
il y a des nuages, les nuages sont nombreux, il y a des éclaircies, il y a du brouillard
il y a du vent, il fait du vent
il pleut, il y a de la pluie
il neige, il y a de la neige, il y a des chutes de neige
il gêle, il y a du verglas
le temps est couvert/variable

Bonsoir mesdames et messieurs. A Berlin, en Allemagne, il y aura des éclaircies.
A Londres,

Aufgabe 103* Raymond est un étudiant qui n'arrive pas à terminer ses études. Après des années et des années à l'université, sa mère se fait du souci. Voici ce qu'il dit à sa mère. Mets les paroles au *futur simple* !

« Ne t'inquiète pas, maman. L'année prochaine, je ________________ (passer) mon examen. J'______________ (avoir) une bonne note. Un patron m'______________ (offrir) un emploi bien payé et je ________________ (gagner) beaucoup d'argent. Je ____________ (mettre) des vêtements élégants et j'______________ (acheter) un grand appartement. Je _____________________ (conduire) une voiture chère et je _________________ (faire) la fête avec beaucoup de jolies copines. »

Sa mère adore ce qu'il dit. Elle est convaincue que tout se réalisera facilement et le raconte à sa voisine. Traduis le texte et utilise le *futur simple* !

„Mein Sohn hat viel Erfolg an der Universität. Im nächsten Juni wird er bereits sein Studium beenden. Er wird die besten Noten bekommen. Deshalb wird er leicht eine gut bezahlte Arbeit finden und sofort viel Geld verdienen. Er wird sich elegant kleiden und in einer großen Villa wohnen. Er wird sich einen großen Wagen kaufen und man wird ihn auf Feste mit vielen hübschen Frauen einladen. Ich werde sehr stolz auf ihn sein."

gabe 104* Votre horoscope pour l'année prochaine. Complète-le avec les formes du *futur simple*. Invente des textes pour les signes astrologiques de la page suivante.

Bélier (21 mars – 20 avril)
Vous ____________________ (rencontrer) une personne mystérieuse qui ____________________ (mettre) fin à votre vie de célibataire.

Taureau (21 avril – 20 mai)
Votre patron vous ____________________ (offrir) une augmentation de salaire dont vos collègues ____________________ (être) très jaloux.

Gémeaux (21 mai – 21 juin)
Vous ____________________ (reprendre) le travail après une longue maladie.On vous ____________________ (aimer) plus qu'avant.

Cancer (22 juin – 22 juillet)
Après un mois de dur travail, vous ____________________ (se reposer) et vous ____________________ (s'occuper) plus de votre famille.

Lion (23 juillet – 23 août)
Vous ____________________ (faire) un voyage autour du monde et vous ____________________ (trouver) beaucoup de nouveaux amis.

Vierge (24 août – 23 septembre)
Vous ____________________ (éclairer) un malentendu *(Missverständnis)* avec votre partenaire. Cela vous ____________________ (aider) à moins vous disputer.

Balance (24 septembre – 23 octobre)

Scorpion (24 octobre – 22 novembre)

Sagittaire (23 novembre – 21 décembre)

Capricorne (22 décembre – 20 janvier)

Verseau (21 janvier – 19 février)

Poissons (20 février – 20 mars)

gabe 105* Un de tes copains passera ses prochaines vacances dans un des lieux suivants. Qu'est-ce qu'il y fera ? Ecris au moins trois phrases et utilise le *futur simple*.

à la plage

en montagne

dans le désert

dans une ville

chez lui

7 Modi

Welche Modi gibt es im Französischen?
Während das Deutsche nur drei Modi kennt (Indikativ, Konjunktiv und Imperativ), werden im Französischen vier Modi unterschieden:
- *indicatif*
- *conditionnel*
- *subjonctif*
- *impératif*

Jeder Modus gibt der Aussage eine andere Nuance. Der Standard-Modus ist der *indicatif*.

7.1 Das *conditionnel*

Wann wird das *conditionnel* verwendet?
Das *conditionnel* wird in Sätzen verwendet,
- die einen **Wunsch**, einen **Vorschlag** oder eine **Bitte** auszudrücken, oder
- die Bedingungen wiedergeben **(Konditionalsätze)**.

Das Französische kennt zwei Stufen des *conditionnel*:
- *conditionnel I* (= *conditionnel simple*)
- *conditionnel II* (= *conditionnel passé*)

Das *conditionnel I* bezieht sich auf die Gegenwart, das *conditionnel II* auf die Vergangenheit.

Wie wird das *conditionnel I* gebildet?
Das *conditionnel I* (*conditionnel simple*) unterscheidet sich vom *futur simple* nur in den **Endungen**. Beim *conditionnel I* lauten sie: ***-ais, -ais, -ait, -ions, -iez, -aient***.

Beispiel: 1. Pers. Sg. *conditionnel I* von *travailler* – je travaillerais
3. Pers. Pl. *conditionnel I* von *finir* – ils finiraient

Aufgabe 106 Traduis les infinitifs suivants. Puis, mets les verbes au *conditionnel I*.

infinitif		conditionnel I	
verstehen	comprendre	ils	comprendraient
korrigieren	______	tu	______
lesen	______	elle	______
buchstabieren	______	vous	______
schreiben	______	nous	______
sprechen	______	je	______
kritisieren	______	il	______

fgabe 107 *Futur simple* ou *conditionnel I* ?

futur simple		conditionnel I
	ils tiendraient, tu verras, elle jetterait, vous pourrez, elles sauront, il recevrait, tu voudrais, je courrais, nous nous lèverons, il faudrait, il aura, vous iriez j'enverrai, nous serions, il mourra, vous achèteriez	*ils tiendraient*

fgabe 108 Sandra passera ses vacances chez sa correspondante française. Qu'est-ce qu'elle aimerait faire ? Utilise des verbes comme *préférer, vouloir, pouvoir, aimer, aimer mieux*, etc. au *conditionnel I*.

a) ______________________________

b) ______________________________

c) ______________________________

d) ______________________________

e) ______________________________

Aufgabe 109* Une soirée devant la télévision

Voilà les Mercier : mère, père, Carole, Thierry, Vincent et la grand-mère. Tous les six voudraient regarder la télévision. Mais chacun d'entre eux s'intéresse à une autre émission. A laquelle ? Ecris-les au-dessous des images.

TF 1	France 2	France 3	Canal +	Arte
20.00 Journal, météo 20.50 Dans la forêt amazonienne. 2/3 National Geographic 22.05 Commissaire Moulin *série*. Mortelle séduction, France 2000	20.00 Journal, météo 20.50 Les mystères de la Bible : l'apocalypse – la fin du monde ? 22.15 Lorsque le monde parlait arabe – il était une fois Bagdad *histoire*	20.20 Plus belle la vie. *série* 20.50 Grand Prix du Japon *reportage* 21.30 Euro millions *jeu* 22.30 Œuvres de Mozart concert 2006	20.00 Tennis : tournoi messieurs de Roland Garros – les deux premiers quarts de finale 22.30 Roswell, les aliens attaquent. *Sci Fi* USA 2002	20.00 Le journal de la culture 20.15 Le commissaire Rimon *dessin animé* 22.00 Un billet de train pour … (15/20) le Mont Blanc 22.55 Météo

Carole

Tournoi de Roland Garros,
Canal + 20.00 h

le père

la mère

Thierry

la grand-mère

Vincent

Les six commencent à discuter. Emploie le *conditionnel simple* !

Je voudrais *(vouloir)* absolument regarder le tournoi de tennis à 20.00 h sur Canal +. J'adore le tennis !

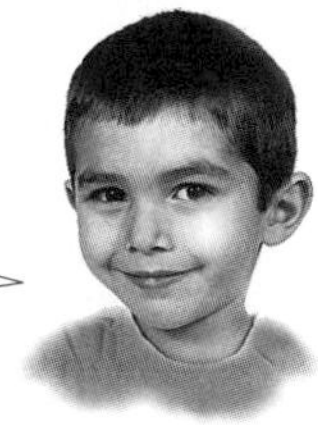

Mais moi, ____________________
(aimer voir) ____________________
____

____________________ *(s'intéresser)*
____
____

Mon fils et moi, on ____________________
(regarder bien) ____________________
____________________ ?

Ah non! Je ____________________
(se décider) ____________________
____

____________________ *(choisir)*
____
____

Wie wird das *conditionnel II* gebildet?

Das *conditionnel II* (*conditionnel passé*) gehört wie das *passé composé* und das *plus-que-parfait* zur Gruppe der zusammengesetzten Verbformen.

Es wird gebildet aus: ***avoir/être* im *conditionnel I* + *participe passé*** (mit *accord*!)

Beispiele: J'aurais regardé la télé.
Je serais allé(e) au ciné.

Aufgabe 110 Mets les formes du *conditionnel I* au *conditionnel II*.

conditionnel I	conditionnel II
tu serais	______
il aurait	______
je ferais	______
nous irions	______
elle achèterait	______
tu partirais	______
ils prendraient	______
vous viendriez	______
il choisirait	______

Aufgabe 111 La mère de Sandrine est en colère.
Mets les formes entre guillemets au *conditionnel II*.

a) Nous ______ *(ne pas faire)* de bêtises.
b) Je ______ *(ne jamais rentrer)* trop tard.
c) Je ______ *(ne pas mentir)* à ma mère.
d) Tu ______ *(ne pas devoir)* faire cela.
e) Je ______ *(ne pas boire)* d'alcool.
f) Mes parents m'______ *(interdire)* cela.
g) J' ______ *(respecter)* mes parents.
h) Je ______ *(ne pas sortir)* avec un mec pareil *(solchem)*.
i) On ______ *(pouvoir)* prévoir ce malheur.

ufgabe 112 Un anniversaire de mariage raté ?

Mets les expressions entre guillemets au *conditionnel II*.

C'est le 30 juillet. Sylvie est très mécontente: elle est convaincue que Yannick a oublié leur anniversaire de mariage. Elle fait des reproches à son mari et lui dit ce qu'il aurait pu faire pour elle.

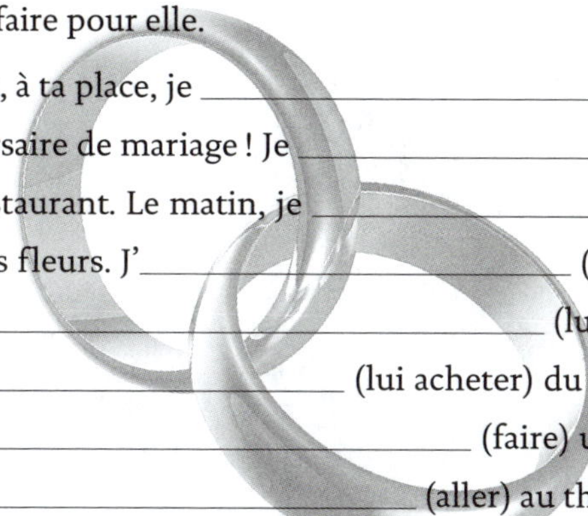

SYLVIE : « Yannick, à ta place, je ______________________ (ne pas oublier) notre anniversaire de mariage ! Je ______________________ (inviter) ma femme au restaurant. Le matin, je ______________________ (lui offrir) des fleurs. J'______________________ (chanter) une chanson d'amour. Je ______________________ (lui écrire aussi) un beau poème. J'______________________ (lui acheter) du parfum. L'après-midi, nous ______________________ (faire) une excursion. Le soir, nous ______________________ (aller) au théâtre ou au cinéma. »

YANNICK : « Mais chérie ! Le mariage, c'était le 30 août, n'est-ce pas ? Attends encore un peu ! »

gabe 113* Qu'est-ce que tu aurais fait dans les situations suivantes ?

a) Céline a eu un contrôle de maths. Malheureusement, elle n'a pas entendu le réveil. Quand elle est arrivée à l'arrêt d'autobus, celui-ci était déjà parti.

Qu'est-ce que tu aurais fait ?

b) Jacques est tombé amoureux de la copine de son meilleur copain. Un jour, elle demande à Jacques s'il a envie d'aller au cinéma avec elle.

Comment est-ce que tu aurais réagi ?

c) Pour les vacances d'été, les parents de Marcel lui font deux propositions. Il pourrait faire un cours de langue de quatre semaines au Québec ou bien passer deux semaines avec ses copains au bord de la mer près de Bordeaux.

Quelles vacances est-ce que tu aurais choisi ?

Aufgabe 114* Voilà Johannes, 17 ans, et Frank, 18 ans, de Francfort. Avec leurs vélos, ils veulent faire un tour en Bretagne et visiter cette belle région. Pour préparer le voyage, ils ont cherché des informations sur Internet. Après, ils ont fixé une route qui commence et finit à Rennes.

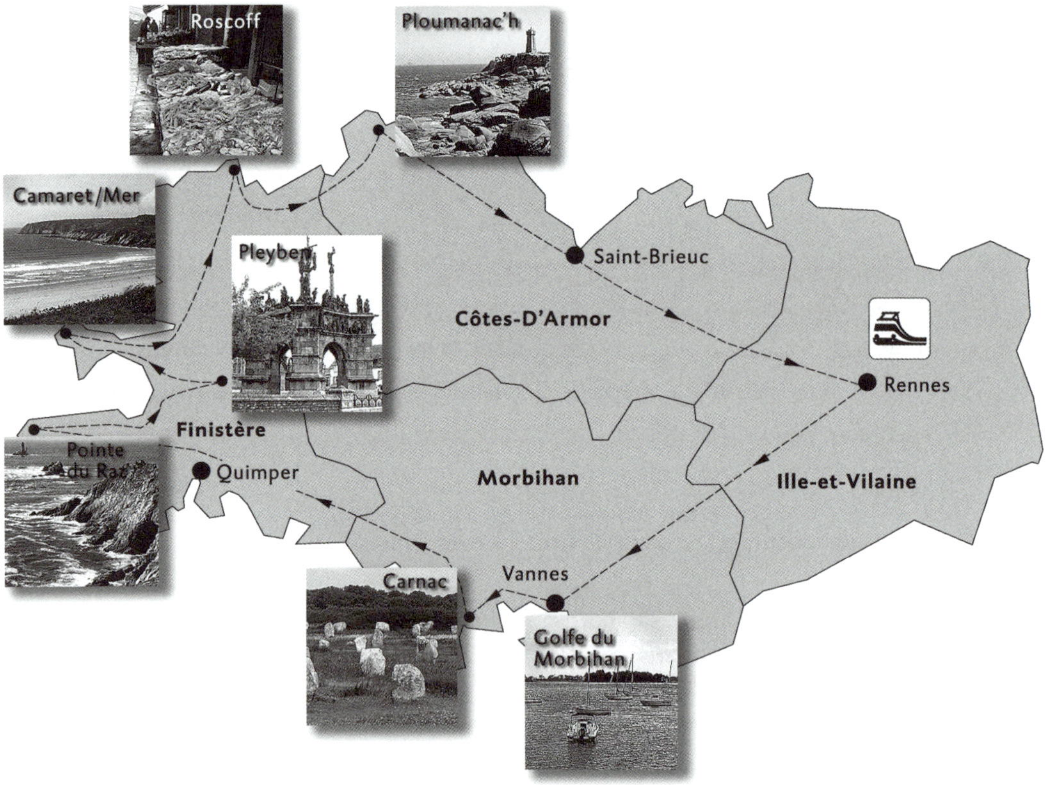

Regarde la carte. Qu'est-ce qu'il feront ? Trouve le bon ordre.

- [1] arriver à la gare
- [ ] escalader des rochers gigantesques
- [ ] manger des poissons et des langoustes dans un port de pêche
- [ ] repartir en Allemagne avec le train
- [ ] faire du bateau
- [ ] regarder les alignements de mégalithes
- [ ] se baigner et se bronzer sur la plage
- [ ] se trouver à un point extrême de la France, à la « fin de la terre »
- [ ] visiter un enclos paroissial célèbre

Trois jours avant le depart à Nantes, c'est le choc ! Johannes a eu un accident de voiture. Maintenant, il est à l'hôpital avec une jambe dans le plâtre *(Gips)*. Aller en Bretagne, c'est impossible ! Les deux jeunes sont très tristes et pensent aux activités qu'ils auraient faits. Utilise le *conditionnel II*.

1 D'abord, nous serions arrivés à la gare de Nantes.
2 Nous ______ sur le golfe du Morbihan.
3 On ______ à Carnac.
4 A la Pointe du Raz, on ______ .
5 A Pleyben, on ______ .
6 Nous ______ .
7 On ______ .
8 Sur la Côte de granite rose, nous ______ .
9 A la fin, après trois semaines en vélo, on ______ .

Alors, que faire ? On partira l'année prochaine, bien sûr !

gabe 115* Invente une situation pour chacune des phrases suivantes.

a) A sa place, je n'aurais pas chanté la Marseillaise.
Pour regarder la finale de la coupe de monde de foot de 2006, ma copine est allée dans une pizzeria.

b) A la place de son copain, Samuel serait resté à la maison.

______

c) Je crois que vous oublieriez même votre propre anniversaire.

______

d) Sans Larisse, Guy aurait brûlé la maison.

______

7.2 Der *subjonctif*

Der *subjonctif* kommt fast ausschließlich **im Nebensatz** (*que*-Satz) vor und wird meistens **automatisch** durch bestimmte Verben, Ausdrücke und Konjunktionen **ausgelöst**. Dieser Modus hat **keine Entsprechung im Deutschen**.

Wie wird der *subjonctif* gebildet?

- Die **regelmäßige Bildung** der Verben auf *-er*, *-re* und *-ir*:
  Stamm der 3. Person Plural des Indikativ Präsens + Endungen
  (Verbform ohne *-ent*) *-e, -es, -e, -ions, -iez, -ent*

  Beispiel: travailler ils travaillent

  que je travaille — que nous travaillions
  que tu travailles — que vous travailliez
  qu' il travaille — qu' ils travaillent

Aufgabe 116 Traduis les *infinitifs* français en allemand. Puis, écris la 3ème personne du pluriel de l'*indicatif présent* et trouve la bonne forme du *subjonctif*.

deutscher Infinitiv	Infinitiv	3. Pers. Pl. Indikativ	subjonctif
suchen	chercher	ils/elles cherchent	que je cherche
	mettre	ils/elles	que nous
	réussir	ils/elles	que vous
	aimer	ils/elles	que tu
	craindre	ils/elles	qu'ils
	sentir	ils/elles	qu'elle
	manger	ils/elles	que je
	attendre	ils/elles	que nous
	dormir	ils/elles	qu'il
	crier	ils/elles	que vous
	vendre	ils/elles	qu'elles
	courir	ils/elles	que nous
	interdire	ils/elles	qu'ils
	vivre	ils/elles	qu'il

- Die Verben, die in der 1. und 2. Person Plural (zum Teil auch in der 3. Person Plural) einen **Wechsel im Verbstamm** haben, behalten diesen Wechsel im *subjonctif* bei.

		indicatif	*subjonctif*
Beispiel:	voir	je vois	que je voie
		tu vois	que tu voies
		il voit	qu il voie
		nous voyons	que nous voyions
		vous voyez	que vous voyiez
		ils voient	qu' ils voient

Weitere Verben, die einen Wechsel im Verbstamm haben, sind z. B. acheter *(kaufen)*, appeler *(rufen)*, boire *(trinken)*, croire *(glauben)*, devoir *(müssen)*, employer *(verwenden)*, espérer *(hoffen)*, jeter *(werfen)*, mourir *(sterben)*, payer *(zahlen)*, préférer *(bevorzugen)*, prendre *(nehmen)*, recevoir *(erhalten)*, tenir *(halten)*, venir *(kommen)*.

ufgabe 117 Traduis les mots allemands en français. Puis, mets-les au *subjonctif* et écris-les dans les mots croisés.

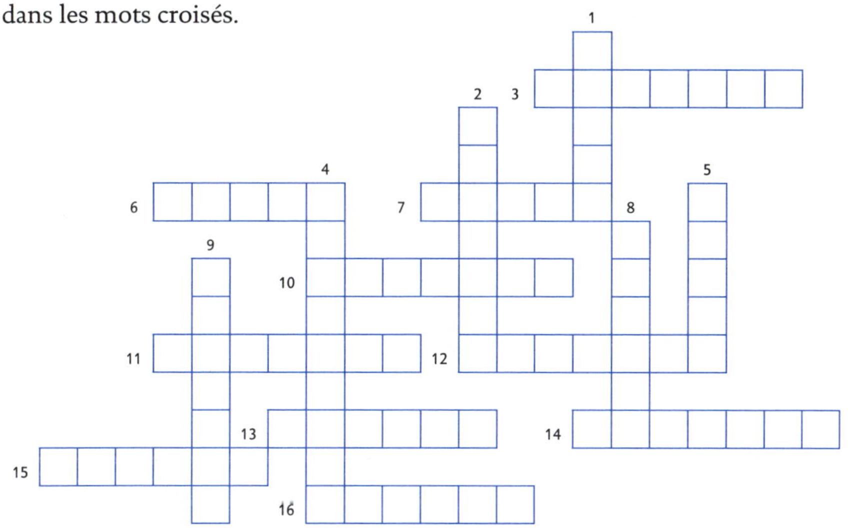

1	er stirbt ________	9	du nimmst ________
2	sie glauben ________	10	er bevorzugt ________
3	wir müssen ________	11	wir kommen ________
4	sie verwenden ________	12	du hältst ________
5	du siehst ________	13	du wirfst ________
6	ich trinke ________	14	er bekommt ________
7	er muss ________	15	ihr bezahlt ________
8	er kommt ________	16	ihr haltet ________

- Verben, deren *subjonctif*-Formen du dir extra einprägen musst:

être	**avoir**	**aller**	**savoir**	**faire**	**pouvoir**	**vouloir**
sois	aie	aille	sache	fasse	puisse	veuille
sois	aies	ailles	saches	fasses	puisses	veuilles
soit	ait	aille	sache	fasse	puisse	veuille
soyons	ayons	allions	sachions	fassions	puissions	voulions
soyez	ayez	alliez	sachiez	fassiez	puissiez	vouliez
soient	aient	aillent	sachent	fassent	puissent	veuillent

Aufgabe 118 Regarde les formes du *subjonctif* et relie-les à l'infinitif correspondant.

qu'elle puisse	aller
qu'ils sachent	avoir
qu'il ait	être
que tu veuilles	faire
que tu sois	pouvoir
qu'ils aillent	savoir
que nous fassions	vouloir

Aufgabe 119 **Exercice combiné :** Quels sont les vœux de Saïd ?
Mets les formes au *subjonctif.*

Je veux

… que mes parents ____________ (avoir) plus de patience.

… que mon chien ____________ (vivre) encore longtemps.

… que ma petite sœur m'____________ (énerver) moins.

… que mes profs me ____________ (donner) de meilleures notes.

… que les contrôles ____________ (être) moins difficiles.

… que mon équipe ____________ (gagner) le prochain match.

… que je ____________ (pouvoir) faire un cours de surf des neiges en hiver.

Wann wird der *subjonctif* verwendet?
Der *subjonctif* wird im Nebensatz automatisch nach bestimmten Auslösern im Hauptsatz verwendet. Diese können sein:

- Verben und Ausdrücke, die einen **Wunsch**, einen **Willen** oder eine **Befürchtung** ausdrücken

vouloir que *(wollen, dass)*
aimer que *(mögen, dass)*
aimer mieux que *(lieber mögen, dass)*
préférer que *(bevorzugen, dass)*
détester que *(verabscheuen, dass)*
désirer que *(wünschen, dass)*
craindre que *(befürchten, dass)*
avoir peur que *(Angst haben, dass)*
interdire que *(verbieten, dass)*
éviter que *(vermeiden, dass)*
permettre que *(erlauben, dass)*
accepter que *(annehmen, dass)*

Beispiel: Le professeur veut que tu fasses tes devoirs régulièrement.
Der Lehrer will, dass du regelmäßig die Hausaufgaben machst.

Hierzu zählen auch einige unpersönliche Wendungen:

il faut que (wird in der Regel mit dem deutschen Verb ‚müssen' übersetzt)
il est nécessaire que *(es ist notwendig, dass)*
il est important que *(es ist wichtig, dass)*

Beispiel: Le professeur dit : « Il faut que tu fasses tes devoirs ! »
Der Lehrer sagt: „Du musst deine Hausaufgaben machen!"

Beachte: Der *subjonctif* wird auch dann verwendet, wenn das einleitende Verb in der Vergangenheit steht.

Beispiel: Le professeur voulait que j'apprenne mieux la grammaire.
Der Lehrer wollte, dass ich die Grammatik besser lerne.

ufgabe 120 Emploie le *subjonctif*.

a) Je veux que vous ______________ (dire) la vérité.
b) Ma mère demande que je ________ (faire) du baby-sitting toute la semaine.
c) J'avais proposé que vous ______________ (acheter) trois tickets à la fois.
d) Désirez-vous que nous ______________ (partir) ?
e) J'aimerais mieux que tu ____________ (ne pas aller) au concert de techno.
f) Les pompiers craignaient que les curieux ______________ (gêner) les travaux.
g) Mes parents préfèrent que je ______________ (ne pas rentrer) trop tard.
h) Il est nécessaire que nous ______________ (protéger) mieux notre environnement *(Umwelt)*.
i) Le médecin aimerait que nous ______________ (arrêter) de fumer.

Aufgabe 121* Pendant les vacances d'été, tu fais un stage sur un terrain de camping au bord de la mer. Comme plusieurs touristes se sont plaints du comportement *(Verhalten)* d'autres clients, le propriétaire veut rédiger un nouveau règlement pour le terrain. Il te demande de t'en occuper.

> payer d'avance *(im Voraus)*, jeter les ordures dans les poubelles réservées à cet effet *(dafür)*, éviter de faire du bruit, rouler à une vitesse limite de 10 km/h, faire du feu, entrer/sortir avec le camping-car pendant la nuit, tenir les chiens en laisse *(Leine)*, baisser la musique après 22.00 heures, se présenter au bureau avant de partir

REGLEMENT DU CAMPING DE QUIBERON

1. Il faut que vous ______________________________

   ____
2. Il est nécessaire que vous ______________________________

   ____
3. Le gérant veut que tous ______________________________

   ____
4. Il faut aussi que, à l'intérieur du terrain de camping, les véhicules ______________

   ____
5. Le gérant ne veut pas que vous ______________________________

   ____
6. Il ne veut pas non plus que vous ______________________________

   ____
7. Il faut que vous ______________________________

   ____
8. Il est important que vous ______________________________

   ____
9. Il est important que tout le monde ______________________________

   ____

BONNES VACANCES !

- Verben und Ausdrücke, die eine **wertende Stellungnahme** ausdrücken

  trouver bon, mauvais, juste … que *(es gut, schlecht, gerecht … finden, dass)*
  il est bon, mauvais, injuste, triste … que *(es ist gut, schlecht, ungerecht, traurig …, dass)*
  être content, heureux, triste … que *(zufrieden, glücklich, traurig … sein, dass)*
  il/cela me plaît que *(es gefällt mir, dass)*
  regretter que *(bedauern, dass)*
  plaindre que *(sich beklagen, dass)*

  Beispiele: Je regrette que Sophie ne vienne pas.
  Ich bedaure, dass Sophie nicht kommt.

  Il est bon que vous ne buviez pas d'alcool à la boum.
  Es ist gut, dass ihr auf der Fete keinen Alkohol trinkt.

ufgabe 122* Lis la lettre suivante et réponds aux questions. Fais des phrases complètes et utilise des expressions avec le *subjonctif*.

Salut Georg,

est-ce que tu vas bien ? Comme tu le sais déjà, mes parents et moi, nous habitons maintenant à Paris. La ville est fascinante et j'aime bien y vivre. Chaque week-end, je peux aller dans un autre cinéma ! Malheureusement, notre appartement est très petit parce que les loyers (Miete) sont chers ici. C'est pourquoi il y a beaucoup de personnes qui vivent dans la rue. Cela me rend triste. Pourquoi est-ce que les hommes politiques ne les aident pas ? Heureusement, mon père a un emploi bien payé. Paris est vraiment un rêve pour moi. Mais la nature me manque quand même un peu. Si je veux faire du sport, je dois aller dans un stade ou sur un terrain de sport. Cela m'énerve. Mais je ne veux pas me plaindre. J'adore ma nouvelle vie. J'espère que tu vas bientôt me rendre visite.

Amicalement,

Marcel

1. De quoi est-ce que Marcel est content ?
2. Qu'est-ce qu'il trouve bon ?
3. Qu'est-ce qui ne lui plaît pas ?
4. De quoi est-ce qu'il est triste ?
5. De quoi est-ce qu'il se plaint ?
6. De quoi est-ce qu'il est heureux ?
7. Qu'est-ce qu'il regrette ?

- nach **bestimmten Konjunktionen**
  Konjunktionen dienen dazu, Haupt- und Nebensätze miteinander zu verknüpfen:

Beispiele:	kausal	parce que/comme	*(weil)*
	temporal	pendant que	*(während)*
		depuis que	*(seitdem)*
		après que	*(nachdem)*

  Durch Konjunktionen wird ein Text abwechslungsreicher und stilistisch schöner.
  Im Französischen gibt es Konjunktion, auf die ein Indikativ folgt (so wie bei den oben genannten), aber auch solche, die einen ***subjonctif*** nach sich ziehen:

Beispiele:	temporal	**jusqu'à ce que**	*(bis)*
		avant que	*(bevor)*
	final	**pour que**	*(damit)*
	konsekutiv	**sans que**	*(ohne dass)*
	konzessiv	**bien que**	*(obwohl)*

Aufgabe 123 *Subjonctif* ou *indicatif*? Mets la bonne forme.

a) Notre professeur était furieux parce que nous ____________ (ne pas avoir fait) nos devoirs.

b) Pour que nous ____________ (travailler) mieux, il a écrit plus de contrôles.

c) Bien que nous ____________ (faire) peu de fautes, il était toujours mécontent de nous.

d) Sans qu'il le ____________ (vouloir), il nous a déprimé.

e) L'autre jour *(kürzlich)*, pendant qu'il ____________ (essayer) de faire son cours, nous avons préféré dormir ou écrire des lettres.

f) Nous avons continué ainsi jusqu'à ce qu'il ____________ (donner) une heure de colle *(jdn. eine Stunde nachsitzen lassen)* à une fille.

g) Ensuite, c'est nous qui étions furieux parce que ce ____________ (ne pas être) juste.

h) Depuis que mon camarade de classe lui ____________ (avoir parlé), notre professeur est plus gentil avec nous.

i) C'est mieux de parler avec les profs avant que la situation ____________ (devenir) intolérable.

Aufgabe 124* Relie les phrases qui vont ensemble. Puis, fais des deux phrases une seule. Pour cela utilise des subordonnées *(Nebensatz)* qui sont introduites par *(die eingeleitet werden durch)* une conjonction.

1	Rachel et Monique ont fini leurs devoirs.	A	Pendant ce temps, son grand frère regarde la télé.
2	Marie aime le soleil.	B	Ils espèrent qu'il va avoir de meilleures notes en français.
3	Julie a passé la nuit chez son copain.	C	Après, leurs copines leur rendent visite.
4	Les parents de Michel lui paient un cours de langue à Lyon.	D	Ses parents ne le savaient pas.
5	François n'a pas beaucoup d'argent.	E	Avant, ses parents lui avaient acheté une nouvelle bicyclette.
6	Louis a fait un grand tour de vélo en Italie.	F	Voilà pourquoi elle passe souvent ses vacances en Espagne.
7	Denis fait la vaisselle.	G	Il a quand même acheté une grande voiture.

1C Après que Rachel et Monique ont fini leurs devoirs, leurs copines leur rendent visite.

Was musst du beachten, wenn das Subjekt von Haupt- und Nebensatz identisch ist?
Bei den Ausdrücken, die einen Wunsch, einen Willen oder eine Befürchtung wiedergeben, musst du eine **Infinitvkonstruktion** verwenden, wenn das Subjekt von Haupt- und Nebensatz identisch ist. Dies gilt in der Regel auch bei den Ausdrücken der wertenden Stellungnahme und bei den Konjunktionen.

Beispiele:

Pierre désire que Richard prenne le dernier gâteau.
Subjekt Hauptsatz ≠ Subjekt Nebensatz

Pierre désire prendre le dernier gâteau.
Subjekt Hauptsatz = Subjekt Nebensatz

Manon rentre sans que son mari lui dise « bonsoir ».
Subjekt Hauptsatz ≠ Subjekt Nebensatz

Manon rentre sans dire « bonsoir » à son mari.
Subjekt Hauptsatz = Subjekt Nebensatz

Aufgabe 125 Subordonnée *(Nebensatz)* avec *que* ou infinitif ?

a) Nous proposons ___d'aller voir___ (nous, aller voir) un film avec Gérard Depardieu.

b) Le ministre veut ______________ (les citoyens, consommer) plus.

c) Pour ______________ (leur fils, pouvoir participer) à l'échange scolaire, les parents renoncent à leurs vacances d'été.

d) Plusieurs clients quittent le restaurant sans ______________ (ils, payer).

e) Après plusieurs d'années Mathilde est heureuse ______________ (elle, retrouver) sa copine.

f) Nicolas préfère ______________ (son frère, promener) le chien.

g) Mathieu joue souvent au loto pour ______________ (il, faire fortune).

h) Je suis content ______________ (je, recevoir) un baiser de Martina, la plus belle fille de ma classe.

i) Ma correspondante est rentrée avant ______________ (elle, avoir appris) notre langue.

j) M. et Mme Blanc ont peur ______________ (leur fille, faire) des bêtises.

… rund um den Satz

8 Fragesätze

Im Französischen gibt es viele Möglichkeiten, Fragesätze zu formulieren. Grundsätzlich gilt zu unterscheiden, ob sie mit einem Fragewort eingeleitet werden (Ergänzungsfrage) oder nicht, und damit eine Antwort mit „Ja“ oder „Nein“ erfordern (Entscheidungsfrage).

- **Ergänzungsfrage**
  Beispiel: Il va où ?
  Où est-ce qu'il va ?
- **Entscheidungsfrage**
  Beispiel: Il a fait ses devoirs ?
  Est-ce qu'il a fait ses devoirs ?

8.1 Die Fragen mit *qui est-ce qui, qui est-ce que, qu'est-ce qui* und *qu'est-ce que*

Qui est-ce qui* und *qui est-ce que

Mit den beiden Frageformen ***qui*** *est-ce qui* und ***qui*** *est-ce que* fragst du nach **Personen**.

- *qui est-ce qui* ersetzt das Subjekt
  Beispiel: Qui est-ce qui a dit ça ?
- *qui est-ce que* ersetzt das Objekt
  Beispiel: Qui est-ce que tu as rencontré ?

Qu'est-ce qui* und *qu'est-ce que

Mit den beiden Frageformen ***qu'****est-ce qui* und ***qu'****est-ce que* fragst du nach **Sachen**.

- *qu'est-ce qui* ersetzt das Subjekt
  Beispiel: Qu'est-ce qui ne te plaît pas ?
- *qu'est-ce que* ersetzt das Objekt
  Beispiel: Qu'est-ce que tu aimerais faire cet après-midi ?

Aufgabe 126 Regarde le dessin. Complète les questions et donne les bonnes réponses.

a) ______________________ représente cette scène ? – ______________________

b) ______________________ le chien mord ? – ______________________

c) ______________________ fait Marie ? – ______________________

d) ______________________ est couché sur la serviette ? – ______________________

e) ______________________ le maître observe ? – ______________________

f) ______________________ François tient dans la main ? – ______________________

g) ______________________ flotte sur l'eau ? – ______________________

h) ______________________ est assis près de Sara ? – ______________________

i) ______________________ tu vois dans l'eau ? – ______________________

j) ______________________ se trouve à côté de la chaise du maître ? –

____

8.2 Die Inversionsfrage mit einem Pronomen als Subjekt

Ist das **Subjekt** einer Ergänzungs- oder Entscheidungsfrage ein **Personalpronomen**, dann kannst du diese Frage auch mit **Inversion** bilden. Das heißt, du **vertauschst die Stellung von Subjekt und Verb** und verbindest diese mit einem **Bindestrich**.

Beispiele: Connais-tu ce garçon ?
Comment as-tu connu ce garçon ?

Wie beim Imperativ musst du beim Aufeinandertreffen zweier Vokale ein *-t-* einfügen.

Beispiele: A-t-il parlé avec elle ?
Combien de fois a-t-elle essayé de lui téléphoner ?

ufgabe 127 Rebecca et Laura vont aller à la boum de leur copine Jessica. Rebecca pose beaucoup de questions à sa copine. Mais Laura, elle, était en train d'écrire un message sur son portable et n'a pas fait attention.
Reformule les questions de Rebecca et utilise l'inversion.

a) Est-ce que nous prenons le bus ?

b) Pourquoi est-ce que tu n'as pas encore acheté de cadeau ?

c) Alors, qu'est-ce que nous apporterons ?

d) Est-ce qu'elle aime les livres ou est-ce qu'elle préfère les DVD ?

e) Est-ce qu'elle va nous offrir des cocktails ?

f) Est-ce que tu vas aussi fêter tes 15 ans ?

g) Quels garçons est-ce qu'elle a invités ?

h) A quelle heure est-ce qu'ils vont arriver ?

i) Laura, est-ce que tu écoutes ?

Aufgabe 128 Les questions suivantes, sont-elles corrèctement formulées ? Corrige-les si elles sont fausses.

	juste	faux
a) Vous avez-vous déjà pris le déjeuner ?	☐	☐
b) A-t-il pas fait la cuisine ?	☐	☐
c) Pourquoi n'est-il pas rentré à la maison ?	☐	☐
d) Que nous allons faire ?	☐	☐

Aufgabe 129* Les parties soulignées sont les réponses à des questions. Formule ces questions. Emploie l'inversion et des pronoms personnels.

Le Naufrage du Pétrolier « Erika »

Noël 1999. Le pétrolier « Erika » parti de Rotterdam est en route pour l'Italie. Dans la Manche et dans la Biscaye, il y a une terrible tempête. Au sud de la Bretagne, le pétrolier se trouve en difficulté parce qu'il est vieux de 25 ans et en mauvais état. La situation devient de plus en plus dangereuse et le capitaine cherche du secours.
A minuit, les gardes-côtes reçoivent son SOS. Ils arrivent à sauver l'équipage mais l'« Erika » se casse en deux parties, perd beaucoup de pétrole et coule finalement devant la côte bretonne. Ce naufrage a provoqué une gigantesque marée noire qui, par la suite, a causé la mort d'innombrables oiseaux et d'animaux marins.
L'« Erika » transportait le pétrole Total-Fina. Mais la compagnie française a reconnu très tardivement sa responsabilité dans cette catastrophe écologique. Finalement, les responsables ont payé des millions pour nettoyer les plages, les ports et les rochers pollués.

Wo stehen bei der Inversionsfrage die Objekt- und die Adverbialpronomen?
Bei der Inversionsfrage bleibt die Stellung der Objekt- und Adverbialpronomen dieselbe wie im Aussagesatz.

Beispiele:	Il y rencontrera son grand-père.	→	Y rencontrera-t-il son grand-père ?
	Il lui parlera de ses vacances.	→	Lui parlera-t-il de ses vacances ?
	Il ne l'a pas encore vu.		Ne l'a-t-il pas encore vu ?

gabe 130* La Française Juliette Binoche est une actrice célèbre. Elle a joué, entre autre, dans le film « Le Chocolat » de Claude Chabrol. Une journaliste qui veut l'interviewer a pris des notes.
Formule ses questions. Remplace les mots soulignés par des pronoms et emploie l'inversion.

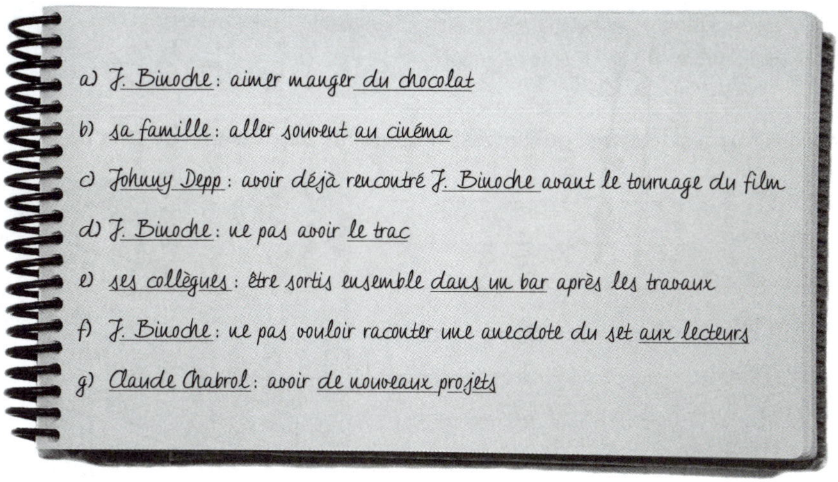

a) Aimez-vous en manger ? ____________________

b) ____________________

c) ____________________

d) ____________________

e) ____________________

f) ____________________

g) ____________________

8.3 Das Fragepronomen *lequel*

Wie lauten die Formen des Fragepronomens *lequel*?
Das Fragepronomen *lequel* wird wie ein Adjektiv flektiert (gebeugt).

- Die Formen lauten:

	maskulin	feminin
Singular	***lequel***	***laquelle***
Plural	***lesquels***	***lesquelles***

- Das Fragepronomen *lequel* kann auch **mit Präpositionen** kombiniert werden.

  Beispiel: Tu veux sortir avec une amie. Avec laquelle?

  Handelt es sich dabei um ***à*** oder ***de***, so verschmilzt es mit diesen.

	maskulin	feminin	maskulin	feminin
Singular	***auquel***	***à laquelle***	***duquel***	***de laquelle***
Plural	***auxquels***	***auxquelles***	***desquels***	***desquelles***

Beispiel: Vous irez au cinéma? Auquel?

Aufgabe 131 Mets des formes de *lequel* qui correspondent aux expressions de gauche.

une voiture ______________________
sur une moto ______________________
au feu rouge ______________________
de la bicyclette ______________________
les chauffeurs ______________________
dans la rue ______________________
du train ______________________
de l'essence ______________________
aux bateaux ______________________
des camions ______________________
au péage ______________________
à la station ______________________

Wann wird *lequel* als Fragepronomen verwendet?
Dieses Fragepronomen dient dazu, jemanden aus einer vorgegebenen Auswahl von Personen oder Sachen wählen zu lassen.

Beispiele: Le vendeur a quinze saveurs de glace. Lesquelles?
Voilà quelques tablettes de chocolat. Laquelle est-ce que tu veux?

fgabe 132* Regarde les photos. Complète les questions avec une forme de *lequel* et donne des réponses.

a) Sur les photos, il y a plusieurs animaux. ____________________?

____

b) Sur une des photos, tu trouves des tortues. ____________________?

____

c) Un des chats a un comportement *(Verhalten)* inhabituel. ________________?

____

d) Le cochon d'inde sur la photo en haut s'intéresse à une boisson.

____________________?

____

e) La photo avec le cochon d'inde et le cheval fait allusion à *(anspielen auf)* un personnage typique. ________________ ?

____

f) Le chien sur la photo porte deux choses sur la tête. ____________________ ?

____

g) Si tu avais la possibilité d'avoir un des animaux représentés, ____________ est-ce que tu aimerais t'occuper ?

____

Aufgabe 133* **Exercice combiné :** Est-ce que tu connais le cinéma français ? Complète les questions et trouve la bonne réponse.

1. ____________________ a inventé le cinéma ?	
☐ Jean-François Champollion	☐ les frères Wright
☐ les frères Lumière	☐ Edouard Cinéma

2. ____________________ on appelle aussi le cinéma ?	
☐ le septième art	☐ le cici
☐ la lumière mouvante	☐ le CN

3. _________________ se trouve au centre du film « Le Grand bleu » de Luc Besson ?	
☐ la planète Terre	☐ la mer
☐ le ciel	☐ un rêve d'une petite fille

4. ____________________ se trouve le plus grand cinéma d'Europe ?	
☐ à Strasbourg	☐ à Paris
☐ à Toulouse	☐ à Lille

5. ____________ des acteurs français suivants a joué dans le film « Da Vinci Code » ?	
☐ Jean-Paul Belmondo	☐ Jean Réno
☐ Mathieu Kassovitz	☐ Gérard Depardieu

6. Au festival de Cannes, _______________ est decerné *(wird verliehen)* au meilleur film ?

- ☐ une palme
- ☐ un ours
- ☐ un lion
- ☐ un oscar

7. _______________________ a joué le rôle d'Obélix dans les film d'Alain Chabat ?

- ☐ Jean Dujardin
- ☐ Daniel Auteuil
- ☐ Gérard Depardieu
- ☐ Christian Clavier

8. _______________________ le titre d'un film de Claude Chabrol (paru en 2000) contient ?

- ☐ un mot allemand
- ☐ le mot « chocolat »
- ☐ une erreur
- ☐ seulement des images

9. _______________________ l'actrice Cathérine Deneuve a-t-elle été liée ?

- ☐ Gérard Depardieu
- ☐ Steven Spielberg
- ☐ François Mitterand
- ☐ Marcello Mastroianni

10. Le film « Le fabuleux destin d'Amélie Poulain » se joue dans une grande ville. ______ ?

- ☐ Paris
- ☐ Lyon
- ☐ Marseille
- ☐ Bordeaux

11. _______________________ tu ne trouves pas sur le lieu du tournage ?

- ☐ le metteur en scène
- ☐ l'acteur
- ☐ la costumière
- ☐ l'animateur

12. ___________________ des sociétés de production de cinéma suivantes est française ?

- ☐ Paramount Pictures
- ☐ Warner Bros. Entertainment
- ☐ EON Productions
- ☐ Gaumont

13. ___________________ est « Vercingétorix » dans le film de Jacques Dorfmann (2001) ?

- ☐ un chien gaulois légendaire
- ☐ un chef gaulois, adversaire de César
- ☐ un ami d'Obélix
- ☐ l'amant de Cléopâtre

9 Konditionalsätze

Was sind Konditionalsätze?
Ein Konditionalsatz (*proposition conditionnelle*) besteht aus
- einem **Nebensatz (*si*-Satz)**, der eine Bedingung ausdrückt, und
- einem **Hauptsatz**, der die Folge angibt.

Welche Arten von Konditionalsätzen gibt es?
Im Französischen kannst du zwei Arten von Bedingungssätzen unterscheiden:
- erfüllbare Bedingungen
- unerfüllbare Bedingungen (in der Gegenwart oder in der Vergangenheit)

Jeder dieser Bedingungssätze hat im Französischen eine **typische Zeitenabfolge**.

9.1 Erfüllbare Bedingungen (realer Bedingungssatz)

Welche Zeiten stehen in den *si*-Sätzen, die eine erfüllbare Bedingung beinhalten?
Ist die Bedingung erfüllbar, steht
- im ***si*-Satz** das ***présent***,
- im **Hauptsatz** das ***futur simple***.

Beispiel: Si j'ai de l'argent, j'achèterai une nouvelle voiture.

Von dieser Zeitenfolge sind Bedingungen ausgenommen, deren Erfüllung sich auf die Gegenwart und nicht auf die Zukunft bezieht, z. B. bei Imperativen:

Beispiel: Si vous avez faim, mangez une pomme.

Aufgabe 134 Mets la conjonction *si* à la bonne place.

a) ______ le professeur a de la fièvre, ______ il restera à la maison.
b) ______ les parents se fâcheront, ______ Pol rentre avec un mauvais bulletin.
c) ______ tu manges trop de frites à la cantine, ______ tu deviendras gros !
d) ______ les élèves veulent organiser une fête, ______ le professeur les aidera.
e) ______ quelqu'un t'offre des drogues, ______ dis non.
f) ______ nous vous demanderons, ______ nous ne comprenons pas ce qu'il dit.
g) ______ tu sais bien parler le français, ______ tu apprendras plus facilement l'espagnol et l'italien.
h) ______ son copain lui donnera les devoirs d'anglais, ______ elle lui explique le problème de maths.

ufgabe 135 Carole va chez une voyante. Mais celle-ci ne dit que des choses évidentes.
Forme des phrases avec *si*.

a) *Si vous partez en vacances, vous ne serez pas à la maison.*

b) ______________________________

c) ______________________________

d) ______________________________

e) ______________________________

fgabe 136* Qu'est-ce que tu feras s'il pleut le week-end ? Et s'il fait beau ou s'il neige ?

a)  S'il pleut, ______________________________

____

____

b)  S'il fait beau, ______________________________

____

____

c)  S'il neige, ______________________________

____

____

9.2 Unerfüllbare Bedingungen (irrealer Bedingungssatz)

Welche Zeiten stehen im irrealen Bedingungssatz der Gegenwart?
Bei einer unerfüllbaren Bedingung der Gegenwart steht
- im ***si*-Satz** das ***imparfait***,
- im **Hauptsatz** das ***conditionnel I***.

Beispiel: Si j'avais de l'argent, j'achèterais une nouvelle voiture.

Beachte: Im Französischen darf im Gegensatz zum Deutschen **kein *conditionnel* und kein *futur simple* im *si*-Satz** stehen.

Aufgabe 137 Complète les phrases avec *si*. Mets la forme du verbe qui convient.

a) S'ils avaient de la chance, ils gagneraient (gagner) un jour au loto.

b) S'ils gagnaient au loto, ils ______ (être) millionaires.

c) S'ils ______ millionnaires, ils ______ (profiter) de la vie.

d) S'ils ______ de la vie, ils ______ (partir) pour faire un voyage autour du monde.

e) S'ils ______ pour faire un voyage autour du monde, ils ______ (visiter) tous les pays exotiques.

f) S'ils ______ tous les pays exotiques, ils ______ (rencontrer) beaucoup de gens sympa.

g) S'ils ______ beaucoup de gens sympa, ils ______ (se faire) partout des amis.

h) S'ils ______ partout des amis, ils ______ (s'amuser) bien avec eux.

i) S'ils ______ bien avec eux, ils ______ (ne plus s'ennuyer).

j) S'ils ______, ils ______ (aller) très bien.

k) S'ils ______ très bien, ils ______ (ne plus jamais rentrer) chez eux.

gabe 138* Qu'est-ce que tu ferais si tu avais la possibilité de visiter les pays suivants ? Forme des propositions conditionnelles. Fais attention aux prépositions que tu mets devant les noms de pays.

Si je faisais un voyage en France,

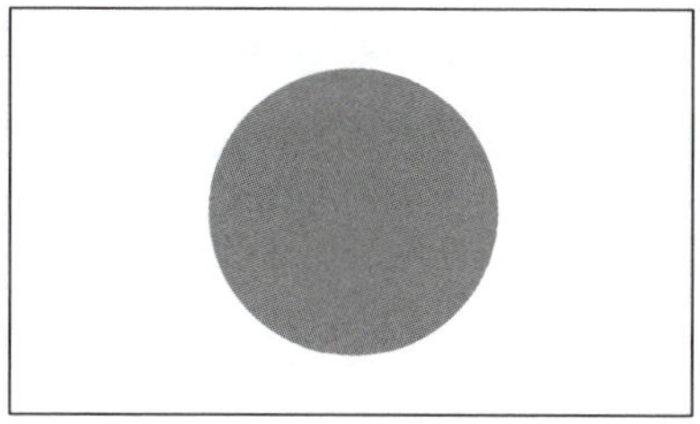

______________________________ ______________________________

______________________________ ______________________________

______________________________ ______________________________

Welche Zeiten stehen im irrealen Bedingungssatz der Vergangenheit?
Bei einer unerfüllbaren Bedingung der Vergangenheit steht
- im ***si*-Satz** das ***plus-que-parfait***,
- im **Hauptsatz** das ***conditionnel II***.

Beispiel: Si j'avais eu de l'argent, j'aurais acheté une nouvelle voiture.

Aufgabe 139 Jérôme croit tout savoir faire. Forme des propositions conditionnelles au passé. Mets les formes qui conviennent.

a) Si je ______________________ (ne pas être) malade,
j'______________________ (gagner) la course.

b) Si j'______________________ (vivre) au Moyen Age,
j'______________________ (inventer) l'électricité.

c) Si j'______________________ (faire) la cuisine,
le repas ______________________ (être) meilleur.

d) Si j'______________________ (participer) au safari,
j'______________________ (tuer) le lion.

e) Si je ______________________ (ne pas oublier) mon porte-monnaie,
je m'______________________ (acheter) la Ferrari.

f) Si j'______________________ (être) sur le terrain de foot,
j'______________________ (marquer) le but.

ufgabe 140 **Exercice combiné :** Sophie écrit une lettre à sa copine Louise qui vit à Bruxelles et lui parle de la visite de sa correspondante française.
Mets les formes qui conviennent.

Chère Louise,

Comment vas-tu ? La semaine dernière, ma correspondante Sandrine de Nantes est venue me voir. Si je n'avais pas eu de photo d'elle, je ______________________ (ne pas la reconnaître). Sandrine est une fille gentille, mais elle sait ce qu'elle veut. Je pense que si notre accueil ne lui avait pas plu, elle ______________________ (rentrer) tout de suite. Malheureusement, ma mère ne savait pas que Sandrine était végétarienne. Si elle l' ______________________ (savoir), elle ne nous aurait pas préparé de steaks. Ma correspondante ne parle pas très bien allemand. Si, en été, elle ______________________ (voyager) seule à Berlin, elle ne comprendra rien. Si j'étais à sa place, je ______________________ (se servir) d'un dictionnaire. Mais je crois que tout le monde a été content. Et je suis sûre que nous n'aurions pas autant (so) rigolé si l'échange ______________________ (ne pas être) si bien préparé.
Et toi, est-ce que tu aurais envie de me rendre visite ? Viens en août, si tu ______________________ (vouloir). Je m'en réjouirais.

Je t'embrasse
Sophie

ifgabe 141* **Exercice combiné :** Lis d'abord le texte.

La Pucelle d'Orléans

Rue de Rivoli, à Paris, on fête le souvenir de Jeanne d'Arc le deuxième dimanche en mai : Fille d'un paysan, Jeanne est née à Domrémy en Lorraine, en 1412. A l'âge de treize ans, elle aurait entendu des voix surnaturelles qui lui demandaient de sauver sa patrie.
A l'époque, la France se trouvait en guerre (la Guerre de Cent Ans) et souffrait de l'occupation anglaise. C'est pourquoi tout le monde en France était au désespoir. Les Anglais avaient même pris la ville de Paris et le candidat français à la couronne, Charles VII, préférait vivre au château de Chinon.
Jeanne s'est mise en route. Elle voulait encourager Charles à aller à Reims pour devenir le roi légitime de France. Mais quand elle y est arrivée, celui-ci s'est caché. Mais Jeanne l'a reconnu tout de suite parmi ses courtisans.

« Elle est vraiment envoyée par Dieu » pensait Charles et l'a mise à la tête d'une armée pour chasser les Anglais qui assiégeaient Orléans. Jeanne a libéré la ville. Victoire ! Elle était devenue une héroïne et l'espoir de tous les patriotes français.
Après plusieurs victoires sur les ennemis anglais, son succès s'est arrêté brusquement : On l'a capturée et livrée aux Anglais ! Pour se débarrasser de leur ennemie dangereuse, ils lui ont fait un procès. Au tribunal, on a accusée Jeanne d'avoir porté des vêtements masculins et d'avoir présenté ses visions comme des messages divins. En 1432, on l'a condamnée et brûlée vive sur la place du Vieux Marché à Rouen. Charles VII n'a rien fait pour la secourir ! Aujourd'hui, les Français adorent Jeanne d'Arc, sainte depuis 1920. Elle est un des symboles nationaux de leur patrie.

Trouve les mots dans le texte qui font partie de la même famille que les mots indiqués et traduis-les.

a) occuper *(besetzen)* : ______________________
b) l'espoir *(Hoffnung)* : ______________________
c) le courage *(Mut)* : ______________________
d) la reine *(Königin)* : ______________________
e) la chasse *(Jagd)* : ______________________
f) le siège *(Belagerung)* : ______________________
g) libre *(frei)* : ______________________
h) vaincre *(besiegen)* : ______________________
i) l'ami *(Freund)* : ______________________
j) le danger *(Gefahr)* : ______________________
k) Dieu *(Gott)* : ______________________

Trouve les mots qui correspondent à la définition.

légitime	patriote	courtisan
secourir	couronne	
capturer		accuser

l) un symbole du pouvoir royal : ______________________

m) qc qui est conforme au droit : ______________________

n) qn qui vit à la cour d'un roi : ______________________

o) qn qui aime très fort son pays : ______________________

p) arrêter un ennemi : ______________________

q) dire que qn est coupable : ______________________

r) venir en aide à qn : ______________________

gabe 142* Est-ce que les affirmations *(Behauptungen)* suivantes sont justes ? Coche la bonne case (☒) et corrige les affirmations s'il le faut.

	juste	faux
a) Jeanne est née à Paris. ______________________	☐	☐
b) Elle a vécu au XVème siècle. ______________________	☐	☐
c) A l'époque, les Français avaient occupé toute l'Angleterre. ______________________	☐	☐
d) Charles VII était désespéré de la situation de la France. ______________________	☐	☐
e) Sans qu'il le sache, Jeanne se trouvait à la tête de ses troupes. ______________________	☐	☐
f) Il a envoyé une armée pour sauver la fille. ______________________	☐	☐
g) Jeanne d'Arc est morte d'une maladie grave. ______________________	☐	☐

Aufgabe 143 **Exercice combiné :** Unis les parties de la phrase qui correspondent. Mets les verbes à la bonne forme. Vérifie l'accord !

A Si Jeanne (ne pas avoir) de visions surnaturelles,

B Moi, si (être) à la place de Jeanne d'Arc,

C Si Jeanne (ne pas être) à la tête des troupes françaises,

D Si le film avec Milla Jovovich dans le rôle de Jeanne d'Arc (passer) à la télé,

E Si Jeanne (ne pas aider) sa patrie,

F Si Jeanne (être plus prudent),

G Si Jeanne (ne pas reconnaître) Charles,

H Si nous (aller) à Paris,

I Si Jeanne (recevoir) plus de soldats,

1	les Anglais (ne pas perdre) Orléans.
2	nous le (regarder) certainement.
3	il (ne pas lui donner) son armée.
4	nous (aller voir) sa statue, rue de Rivoli.
5	les ennemis (ne pas l'arrêter).
6	je (ne pas faire) confiance à Charles VII.
7	les Anglais (quitter) aussi Paris.
8	on (ne pas connaître) cette jeune fille lorraine.
9	la France (rester) sous dominance anglaise.

A 8 Si Jeanne n'avait pas eu de visions surnaturelles,
on n'aurait pas connu cette jeune fille lorraine.

gabe 144* **Exercice combiné :** Traduis en français.

a) Wenn M. Lamy nicht zu schnell gefahren wäre, hätte es keinen Unfall gegeben.

b) Wenn ich morgen nicht mehr krank bin, besuche ich dich.

c) Du würdest bessere Noten haben, wenn du besser arbeiten würdest.

d) Wenn Sylvie mehr Geld verdienen würde, würde sie in die Alpen zum Skilaufen fahren.

e) Wenn wir vorsichtiger gewesen wären, hätten wir keine Probleme mit der Gesundheit gehabt.

f) Selbst wenn du mir eine Million anbieten würdest, würde ich es meinen Eltern nicht sagen.

g) Wenn sich Nathalie heute besser fühlt, besucht sie mich.

h) Wenn wir letztes Jahr nach Arras gefahren wären, hätten wir sicher seinen Turm besichtigt.

Aufgabe 145* Prends la place de ces trois personnages. Présente cinq idées.

a)

Le petit Jacques est convaincu de devenir plus tard président de la république. Il a déjà beaucoup d'idées de ce qu'il fera lorsqu'il dirigera le pays.

Décris ce qu'il fera. Utilise la proposition conditionnelle.

Exemple : *Si j'étais président de la République, je voyagerais dans le monde entier.*

b)

Pour la première fois, la jeune Céline a enregistré des chansons sur cassette et les a envoyées à une maison de disque. Maintenant, elle rêve de devenir une vedette de rock.

Décris ce qu'elle raconte à sa copine. Utilise la proposition conditionnelle.

Exemple : *Si mes chansons plaisaient à la maison de disque, elle m'inviterait.*

c)

Peu avant sa mort, un vieux millionnaire mécontent pense à sa vie.

Ecris ce qu'il pourrait écrire dans son journal intime *(Tagebuch)*. Utilise la proposition conditionnelle.

Exemple : *J'aurais été plus heureux dans ma vie, si j'avais travaillé moins.*

Wie werden die Konditionalsätze im Englischen gebildet?
Im Englischen gilt dieselbe vorgeschriebene Zeitenfolge wie im Französischen:

Beispiele:	**Typ 1**	Si j'ai assez d'argent, *If I have enough money,*	j'achèterai une nouvelle voiture. *I'll buy a new car.*
	Typ 2	Si j'avais assez d'argent, *If I had enough money,*	j'achèterais une nouvelle voiture. *I would buy a new car.*
	Typ 3	Si j'avais eu assez d'argent, *If I had had enough money,*	j'aurais acheté une nouvelle voiture. *I would have bought a new car.*

gabe 146* Traduis de l'anglais en français.
Coche (☒) le type de proposition conditionnelle.

	Typ 1	Typ 2	Typ 3
a) If my friend comes today, we will go to the beach. *Si mon ami vient aujourd'hui, nous irons / on ira à la plage.*	☒	☐	☐
b) If it rained tonight, I would stay at home.	☐	☐	☐
c) What will you do, if she doesn't come?	☐	☐	☐
d) If we had known your birthday, we would have offered you a gift.	☐	☐	☐
e) If John worked hard, he would be more successful.	☐	☐	☐

9.3 Unterschied zwischen *si* und *quand*

Welchen Unterschied gibt es zwischen den beiden Konjunktionen *si* und *quand*?
Die beiden Konjunktionen *si* und *quand* können im Deutschen mit ‚wenn' wiedergegeben werden. Dieses ‚wenn' ist im Deutschen aber doppeldeutig: es kann sowohl in Konditionalsätzen als auch in Temporalsätzen verwendet werden.
Im Französischen werden diese beiden Satztypen durch die Konjunktionen eindeutig voneinander abgegrenzt. So steht

- in **Konditionalsätzen** die Konjunktion ***si*** (verbindliche Zeitenfolge),
- in **Temporalsätzen** die Konjunktion ***quand*** (ohne festgelegte Zeitenfolge).

Beispiel: Wenn es regnet, nehme ich einen Regenschirm.

- Konditionalsatz:
  (Falls es regnet/Sollte es regnen, nehme ich einen Regenschirm.)
  S'il pleut, je prendrai un parapluie.
- Temporalsatz:
  (Immer wenn/Dann wenn es regnet, nehme ich einen Regenschirm.)
  Quand il pleut, je prends un parapluie.

Aufgabe 147 Laure déteste l'école. Mets la bonne conjonction (*si* ou *quand*).

a) __________ le professeur explique un problème, Laure n'écoute pas.
b) __________ elle faisait attention, elle aurait de meilleures notes.
c) __________ le professeur était plus gentil, elle le respecterait plus.
d) __________ Laure rentre de l'école, elle regarde la télé.
e) __________ elle avait eu des frères ou des sœurs, elle aurait joué avec eux.
f) __________ elle va au lit, elle n'a pas encore fait ses devoirs.

Aufgabe 148* Traduis les phrases suivantes.

a) Wenn es am Wochenende regnet, werde ich mein Zimmer aufräumen.

____

b) Wenn du Lust hast, könnten wir ins Stadion gehen.

____

c) Wenn ich in die Disco gehe, bin ich am nächsten Morgen immer müde.

____

d) Hilfst du mir, wenn ich dich ins Kino einlade?

____

10 Indirekte Rede

Die indirekte Rede (*discours indirect*) dient dazu, das wiederzugeben, was gesagt wird oder wurde. Alle Arten von Sätzen können in die indirekte Rede umgewandelt werden: Aussagesätze, Fragesätze und Imperativsätze.

10.1 Indirekte Aussagesätze

Wie wird ein indirekter Aussagesatz gebildet?

Bei der Umwandlung der direkten Rede in die indirekte Rede wird der in Anführungszeichen gesetzte Satz zu einem mit der Konjunktion ***que*** eingeleiteten Nebensatz.

Beispiel: Je dis à Sophie : « J'ai faim. » Je dis à Sophie que j'ai faim.

Mit welchen Verben kann die indirekte Rede eingeleitet werden?

Die indirekte Rede kann außer mit *dire* auch mit anderen Verben eingeleitet werden. Achte darauf, für Abwechslung zu sorgen.

ajouter	*hinzufügen*	expliquer	*erklären*	raconter	*erzählen*
annoncer	*ankündigen*	imaginer	*sich vorstellen*	remarquer	*bemerken*
apprendre	*erfahren*	indiquer	*angeben*	répéter	*wiederholen*
déclarer	*erklären*	jurer	*schwören*	répondre	*antworten*
entendre dire	*hören*	mettre en relief	*hervorheben*	souligner	*unterstreichen*
être d'avis	*der Meinung sein*	penser	*denken*	trouver	*finden*

Beachte: Bei *trouver bon/mauvais/normal* usw. steht der *subjonctif.*

fgabe 149 Quel verbe pourrait introduire le discours indirect dans les phrases suivantes ? Choisi parmi les verbes indiqués et mets-les dans la forme qui convient.

répéter, annoncer, être d'avis, jurer, trouver, apprendre, promettre, déclarer

a) Les élèves ________________ qu'ils ont trop de devoirs.
b) La cliente ________________ que les fruits sont trop chers.
c) Le prof ________________ que la classe va écrire un contrôle.
d) Depuis un an, le ministre ____________ que la situation va bientôt changer.
e) Le propriétaire ________________ que le loyer n'augmentera pas.
f) Le vendeur ________________ que la voiture n'a pas encore eu d'accident.
g) La police ________________ à cette femme que son mari a volé l'argent.
h) La mère ________________ que son bébé n'a pas envie de boire du lait.

Wie werden die Zeiten in der indirekten Rede gesetzt?

Regel 1: Steht das **einleitende Verb** des Hauptsatzes in einer Zeit der **Nicht-Vergangenheit** (*présent, futur, conditionnel simple*), so bleiben die **Zeiten und Modi** der direkten Rede bei der Umformung in die indirekte Rede **unverändert**.

Beispiel:	Je dis : « J'ai soif. »	Je dis que j'ai soif.
	Je dirai : « J'ai soif. »	Je dirai que j'ai soif.

Aufgabe 150 Le professeur veut aller avec sa classe au théâtre pour regarder une pièce de Molière. Molière, de son vrai nom Jean-Baptiste Poquelin, a vécu de 1622 à 1673. Il est l'auteur de comédies célèbres, acteur et directeur de troupe à la cour de Louis XIV, le roi Soleil.
Transforme le *discours direct* en *discours indirect*.

a) Le professeur annonce aux parents de ses élèves :
« La classe ira voir une pièce de Molière au théâtre. »

b) Il ajoute : « Les pièces de Molière sont toujours très amusantes. »

c) Il souligne : « Les élèves vont beaucoup aimer *Le Malade imaginaire*, sa meilleure comédie. »

Et les élèves, qu'est-ce qu'ils en diront ?

d) Les élèves déclareront : « C'est une bonne idée. »

e) Le délégué de la classe promettera : « La classe ne fera pas de bêtises. »

f) Un garçon proposera : « Toute la classe pourrait aller au MacDo après la représentation. »

Regel 2: Steht das **einleitende Verb** des Hauptsatzes in einer Zeit der **Vergangenheit** *(imparfait, passé composé, plus-que-parfait, conditionnel passé)*, so stehen in der indirekten Rede folgende Zeiten und Modi:

- Beim Präsens und den zusammengesetzten Zeiten *futur composé* und *passé composé* musst du die konjugierte Form ins *imparfait* setzen:

  Beispiele: J'ai dit : « J'ai soif. » — J'ai dit que j'avais soif. *(imparfait)*
  J'ai dit : « Je vais avoir soif. » — J'ai dit que j'allais avoir soif.
  J'ai dit : « J'ai eu soif. » — J'ai dit que j'avais eu soif. *(plus-que-parfait)*

- Da beim *imparfait* und *plus-que-parfait* die konjugierte Form bereits im *imparfait* steht, bleiben diese beiden Zeiten unverändert.

  Beispiele: J'ai dit : « J'avais soif. » — J'ai dit que j'avais soif. *(imparfait)*
  J'ai dit : « J'avais eu soif. » — J'ai dit que j'avais eu soif. *(plus-que-parfait)*

- Das *conditionnel* bleibt ebenfalls unverändert (da auch hier die Endung mit der *imparfait*-Endung identisch ist).

  Beispiel: J'ai dit : « J'aurais (eu) soif. » — J'ai dit que j'aurais (eu) soif.

- Beim *futur simple* wird die *présent*-Endung in die *imparfait*-Endung umgewandelt.

  Beispiel: J'ai dit : « J'aurai soif. » — J'ai dit que j'aurais soif. *(conditionnel)*

Steht das einleitende Verb in einer Zeit der Vergangenheit, können in der indirekten Rede also nur ***imparfait***-Formen bzw. -Endungen vorkommen.

Aufgabe 151 Ton copain Michel t'a raconté l'histoire suivante. Mets-la au discours indirect.

Après six ans, le chat de Jean a apporté pour la première fois une souris vivante à la maison. Il voulait faire un cadeau aux parents de Jean. Ils dormaient déjà quand le chat est entré dans leur chambre à coucher. Ils se sont réveillés et ont fait la chasse à la souris. Si celle-ci ne s'était pas caché dans la terre d'une plante qui se trouvait près de la fenêtre, ils n'auraient jamais réussi à attraper l'animal. Ses parents ont mis la plante avec la souris sur la terrasse. Le chat s'en est allé triste.

Michel a raconté que, après six ans, le chat de Jean …

Was muss du bei den Pronomen beachten?
Bei der Umformung von der direkten Rede in die indirekte Rede findet ein Perspektivenwechsel statt. Aus diesem Grund musst du die verschiedenen Pronomen je nach Sinnzusammenhang anpassen:

- **Personalpronomen**
  Beispiel: Luc dit : « Je rentrerai à la maison à huit heures. »
  Luc dit qu'il rentrera à la maison à huit heures.
- **Possessivpronomen**
  Beispiel: Pierre dit: « Ce sont mes CD. »
  Pierre dit que ce sont ses CD.
- **Objektpronomen**
  Beispiel: Il dit : « Je te montrerai mes CD. »
  Il dit qu'il me montrera ses CD.

Aufgabe 152 Vos parents étaient partis pour le week-end. Comme vous étiez seuls, vous avez fait une grande fête. Le lendemain, les voisins ont sonné à votre porte. Mets leurs paroles au discours indirect. Utilise des mots différents pour introduire le discours indirect.

a) Normalement, nous ne nous plaignons pas.

b) La musique était trop forte.

c) La prochaine fois, nous appelerons la police.

d) Vous avez bu trop d'alcool.

e) Les escaliers étaient sales.

f) Nous informerons vos parents.

g) Il faut avoir du respect envers les autres.

a) *Ils ont dit que …* __________

b) __________

c) __________

d) __________

e) __________

f) __________

g) __________

ufgabe 153 Est-ce que vous aimez le sport ? Un magazine pour les jeunes a interviewé des garçons et des filles de 12 à 14 ans à ce sujet. Mets leurs réponses au discours indirect.

a) **LAURENT :**	Le sport est ma vie. Pour le sport je renoncerais même à tous mes CD.
b) **BARABARA :**	Quand j'étais enfant, j'ai fait beaucoup de sport. Mais depuis un an, je n'en fais plus souvent.
c) **YVES :**	J'adore surtout le foot. Dans quelques années, je jouerai dans l'équipe nationale.
d) **FABIEN :**	Je n'ai jamais compris pourquoi tout le monde aime le sport. Il est plus intéressant de jouer sur l'ordinateur.
e) **CAROLINE :**	Normalement, je m'entraîne au moins trois fois par semaine. Mais malheureusement, je me suis cassée la jambe pendant le dernier match.
f) **PHILIPPE :**	A l'âge de trois ans, mes parents m'ont appris à faire du ski. Depuis ce temps, j'aime bien faire ce sport.

a) *Laurent a souligné que …* ____________________

____

b) ____________________

____

c) ____________________

____

d) ____________________

____

e) ____________________

____

f) ____________________

____

Aufgabe 154 Une classe française est en route pour l'échange scolaire. Mets les paroles des élèves au *discours indirect*.

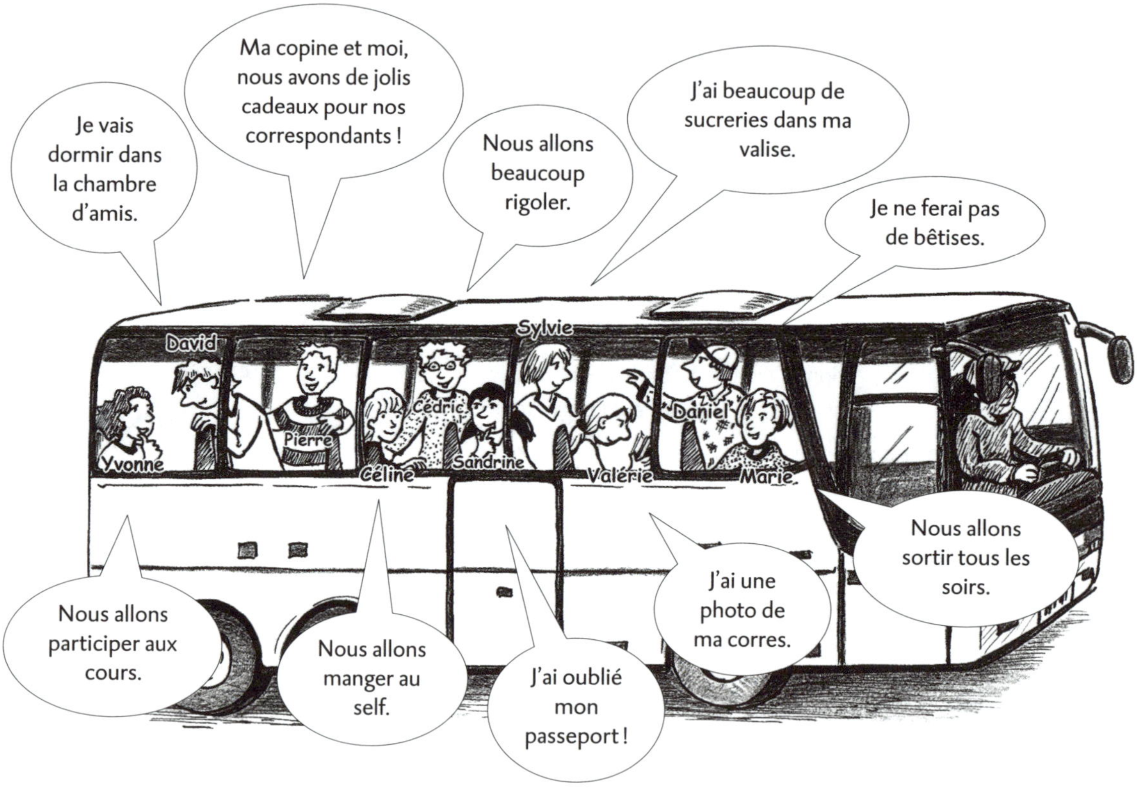

David ______________________________

Pierre ______________________________

Cédric ______________________________

Sylvie ______________________________

Daniel ______________________________

Marie ______________________________

Valérie ______________________________

Sandrine ______________________________

Céline ______________________________

Yvonne ______________________________

fgabe 155* Tu trouves ici quelques citations de Français célèbres.
Mets-les au *discours indirect.*

Descartes (1596–1650)	« Je pense, donc je suis. »

Descartes a dit qu'il pensait, et que donc il était.

Chateaubriand (1768–1848)	« Je m'ennuie de la vie. »

Voltaire (1696–1778)	« Un jour tout sera bien, voilà notre espérance. Tout est bien aujourd'hui, voilà l'illusion. »

Louis XIV (1638–1715)	« L'Etat, c'est moi ! »

La Bruyère (1645–96)	« Il n'y a pour l'homme que trois évènements : naître, vivre et mourir. Il ne se sent pas naître, il souffre à mourir et il oublie de vivre. »

Voltaire (1696–1778)	« Si Dieu n'existait pas, il faudrait l'inventer. »

Corneille (1606–84)	« Il faut bonne mémoire après qu'on a menti. »

Balzac (1799–1850)	« La gloire est le soleil des morts. »

Guitry (1885–1957)	« On se dit au revoir quand on espère bien qu'on ne se reverra jamais, et on se revoit volontiers quand on s'est dit adieu. »

les frères **Goncourt** (1822–96/1830–70)	« L'histoire est un roman qui a été, le roman est de l'histoire qui aurait pu être. »

Sartre (1905–80)	« L'enfer, c'est les autres. »

____

Musset (1810–57)	« La vie est un sommeil, l'amour est le rêve. Et vous auriez vécu si vous aviez aimé. »

____

Aufgabe 156* Luc a écrit un e-mail à sa sœur qui est fille au pair dans une famille allemande. Marque les phrases au discours indirect avec un crayon. Puis transforme-les en discours direct pour savoir ce que Luc, Jérôme et leurs parents ont dit.

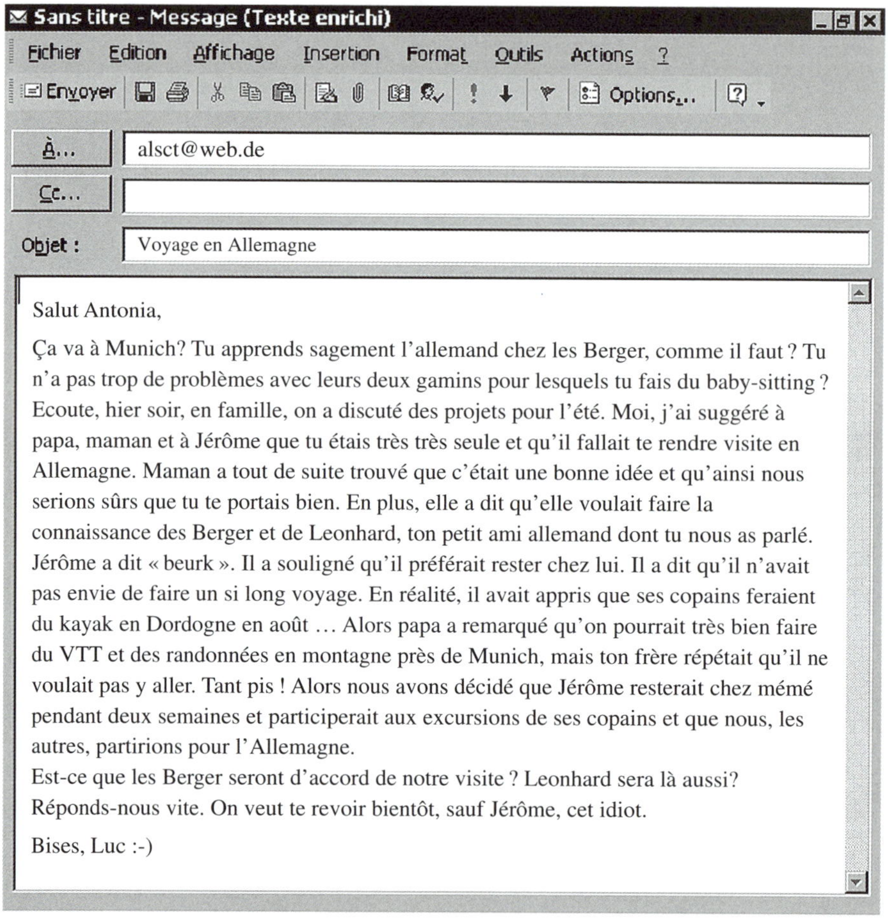
Sans titre - Message (Texte enrichi)

Fichier Edition Affichage Insertion Format Outils Actions ?

Envoyer Options...

À... alsct@web.de

Cc...

Objet : Voyage en Allemagne

Salut Antonia,

Ça va à Munich? Tu apprends sagement l'allemand chez les Berger, comme il faut ? Tu n'a pas trop de problèmes avec leurs deux gamins pour lesquels tu fais du baby-sitting ? Ecoute, hier soir, en famille, on a discuté des projets pour l'été. Moi, j'ai suggéré à papa, maman et à Jérôme que tu étais très très seule et qu'il fallait te rendre visite en Allemagne. Maman a tout de suite trouvé que c'était une bonne idée et qu'ainsi nous serions sûrs que tu te portais bien. En plus, elle a dit qu'elle voulait faire la connaissance des Berger et de Leonhard, ton petit ami allemand dont tu nous as parlé. Jérôme a dit « beurk ». Il a souligné qu'il préférait rester chez lui. Il a dit qu'il n'avait pas envie de faire un si long voyage. En réalité, il avait appris que ses copains feraient du kayak en Dordogne en août … Alors papa a remarqué qu'on pourrait très bien faire du VTT et des randonnées en montagne près de Munich, mais ton frère répétait qu'il ne voulait pas y aller. Tant pis ! Alors nous avons décidé que Jérôme resterait chez mémé pendant deux semaines et participerait aux excursions de ses copains et que nous, les autres, partirions pour l'Allemagne.
Est-ce que les Berger seront d'accord de notre visite ? Leonhard sera là aussi? Réponds-nous vite. On veut te revoir bientôt, sauf Jérôme, cet idiot.

Bises, Luc :-)

gabe 157* Antonia a répondu à l'e-mail de son frère. Traduis ce qu'elle a écrit en français.

Unbenannt - Nachricht (Rich-Text)

Datei Bearbeiten Ansicht Einfügen Format Extras Aktionen ?

Senden Optionen…

An… manlsct@wanadoo.fr

Cc…

Betreff: Re: Voyage en Allemagne

Hallo Luc,

vielen Dank für deine E-Mail. Mir geht es sehr gut in München. Alles läuft gut bei den Bergers und ich lerne leicht deutsch. Ihr werdet sehen! Ich habe den Bergers angekündigt, dass ihr im August kommen werdet. Sie haben geantwortet, dass sie sich sehr über euren Besuch freuen. Herr Berger hat sogar vorgeschlagen, dass wir alle zusammen an einem Wochenende in die Alpen fahren könnten. Was Leonhard betrifft, er ist ein bisschen schüchtern, aber ich schwöre euch, dass er da sein wird, um eure Bekanntschaft zu machen. Seid ihr einverstanden? Sag mir schnell, wann ihr genau ankommen werdet.

Alles Gute,
Antonia :-)

fgabe 158* Réponds en quelques phrases aux questions suivantes.
Utilise le discours indirect.

a) Qu'est-ce que tes profs disent de votre classe ?

____

____

b) Qu'est-ce que tes parents ont dit quand tu as voulu sortir la dernière fois ?

____

____

c) Qu'est-ce que tu dirais si un bon copain te demandait 100 euros ?

____

____

Was musst du bei den adverbialen Bestimmungen beachten?
Wie die Pronomen werden auch die adverbialen Bestimmungen in der indirekten Rede an die Perspektive des Erzählers angepasst:

- **Ortsangaben**

ici	→ là
	→ là-bas
	→ à cet endroit

- **Zeitangaben**

hier	→ la veille
hier soir	→ la veille au soir
aujourd'hui	→ ce jour-là
demain	→ le lendemain
demain matin	→ le lendemain matin
après-demain	→ le surlendemain
maintenant	→ à ce moment
la semaine prochaine	→ la semaine suivante

Wo stehen die Orts- und Zeitangaben in der indirekten Rede?
Die Orts- und Zeitangaben werden in der indirekten Rede in der Regel an das Satzende gestellt. Die Stellung am Satzanfang dient der besonderen Hervorhebung.

Aufgabe 159 A La Rochelle, il y a un grand aquarium où l'on peut voir beaucoup d'animaux qui vivent dans les mers de notre planète. Pendant un échange scolaire à La Rochelle, un groupe d'élèves a visité l'aquarium rochelais. Comme il pleuvait du matin au soir ce jour-là, les jeunes sont restés longtemps « vingt mille lieues sous la mer ».

Voilà ce qu'ils ont raconté à Alain, qui n'a pas participé à l'excursion parce qu'il était malade. Mets les paroles de ses copains au discours indirect.

a) CHARLOTTE : « Aujourd'hui, j'ai vu Nemo, le petit poisson clown ! »

____

b) EDITH : « L'audioguide raconte des anecdotes étonnantes sur la vie des animaux marins ! »

____

____

c) SYLVIE : « J'ai laissé mes impressions sur le livre d'Or de l'aquarium. »

____

d) THOMAS : « Les billets d'entrée ne sont pas chers. »

____

e) DANIEL : « J'ai aussi des poissons tropicaux chez moi. »

____

f) FRÉDÉRIC : « Je me suis perdu parmi les 65 aquariums. »

____

g) KEVIN et LUC : « Dans la boutique, nous avons acheté des cartes postales et des petits cadeaux pour nos parents. »

____

____

h) ADELINE : « Je n'oserais pas plonger parmi les requins. »

____

i) MARC : « J'ai pris un ascenseur pour arriver au fond de la mer. »

____

j) VICTOR : « L'année dernière, mon copain y est aussi allé avec la famille de son correspondant ! »

____

____

k) YAN : « Le prof nous a demandé de ne pas prendre de photos. »

____

l) ANNE : « Je vais bientôt y retourner. »

____

Aufgabe 160 Le jeudi avant Pâques, Valérian a parlé de ce qu'il avait déjà fait mercredi et ce qu'il allait encore faire les jours qui venaient. Commence les phrases par *il a dit que …* et utilise *la veille, ce jour-là,* etc. au lieu de *mercredi, jeudi* etc.
Fais attention de mettre les verbes du discours indirect au temps qui convient.

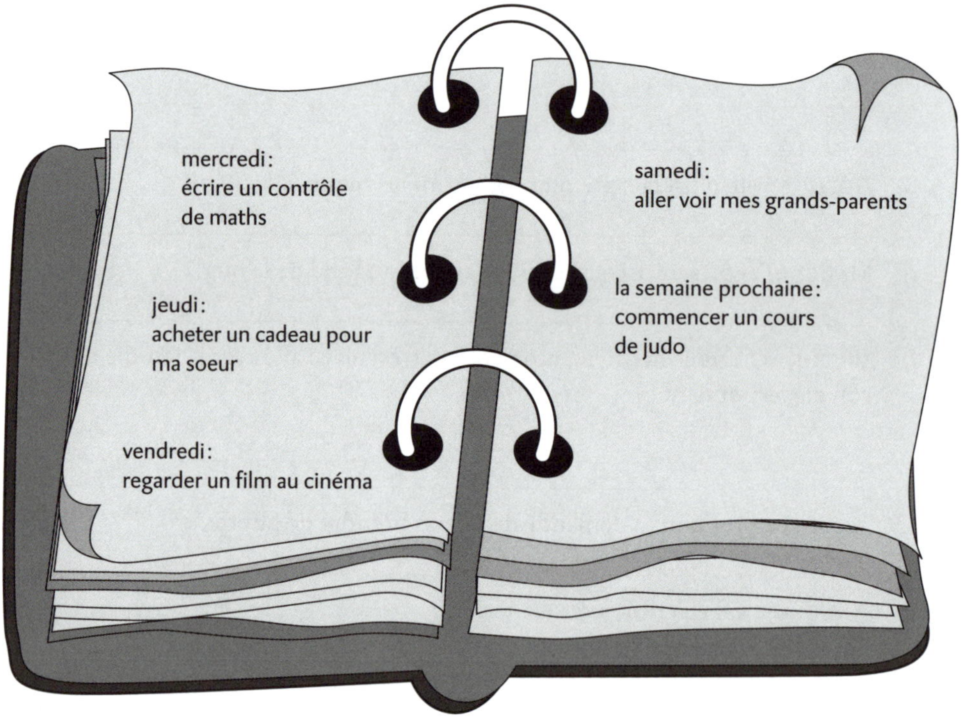

a) ______________________________

____

b) ______________________________

____

c) ______________________________

____

d) ______________________________

____

e) ______________________________

____

10.2 Indirekte Fragen

Indirekte Fragen geben das wieder, was andere (oder du selbst) fragen oder gefragt haben. Die Regeln, die für die **Umformung der Zeiten** aus einem direkten in einen indirekten Aussagesatz aufgestellt wurden, gelten ebenfalls für die Bildung der indirekten Fragen.

Für die richtige Umformung der direkten Frage in die indirekte Frage ist es wichtig, die beiden Arten von Fragen zu unterscheiden:

- **Entscheidungsfragen** (ohne Fragewort)
- **Ergänzungsfragen** (mit Fragewort)

Wie werden Entscheidungsfragen in die indirekte Rede umgeformt?
Entscheidungsfragen werden in der indirekten Frage mit *si* eingeleitet. Die Satzstellung im *si*-Satz entspricht der des Aussagesatzes. Das *est-ce que* der direkten Frage entfällt.

Beispiel: Thierry demande à Sophie : « Est-ce que tu as faim ? » / « As-tu faim ? »
Thierry demande à Sophie si elle a faim.

fgabe 161 Mets les phrases suivantes au *discours indirect.*

a) Jean-Pierre a demandé à une copine : « Tu es encore malade ? »

____

b) Le prof a demandé aux élèves : « Vous avez compris ma question ? »

____

c) Une cliente a demandé à la vendeuse : « Avez-vous la jupe en taille 38 ? »

____

d) Le chauffeur de taxi a demandé à un voyageur : « Vous avez besoin d'un taxi ? »

____

e) Une femme s'est demandé : « Est-ce que mon mari m'aime encore ? »

____

f) La vedette a demandé à son public : « Vous souhaitez écouter mon nouvel album ? »

____

g) Le touriste a demandé à l'information : « Est-ce qu'il y aura une visite guidée à 15 heures ? »

____

Wie werden Ergänzungsfragen in die indirekte Rede umgeformt?
Soll eine Ergänzungsfrage in die indirekte Rede umgewandelt werden, so bleiben die Fragepronomen in der Regel erhalten:

Beispiele: Philippe leur demande : « Où est-ce que vous irez ? »
Philippe leur demande où ils iront.

Isabelle demande : « Qui est arrivé ? »
Isabelle demande qui est arrivé.

Aufgabe 162 Ton correspondant David te rend visite. Ta grand-mère, elle aussi, passe quelques jours chez vous et fait sa connaissance. Elle pose beaucoup de questions. Comme David ne parle pas bien allemand, tu fais l'interprète. Introduis tes phrases avec *elle veut savoir* ou *elle te demande.*

	la grand-mère	toi
a)	Wo wohnst du?	*Elle te demande …*
b)	Wie viele Geschwister hast du?	
c)	Wie alt bist du?	
d)	Seit wann bist du in Deutschland?	
e)	Warum sprichst du kein Deutsch?	
f)	Wie findest du die deutschen Gerichte?	
g)	Welche deutsche Stadt würdest du gerne besichtigen?	
h)	Wem hast du schon Postkarten geschrieben?	

Wie werden Fragen mit *qu'est-ce qui* bzw. *qu'est-ce que* in die indirekte Rede gesetzt?
Möchtest du direkte Fragen mit *que* in die indirekte Frage umwandeln, so musst du *ce qui* bzw. *ce que* verwenden:

- *qu'est-ce qui* → ***ce qui*** (für Subjekt)
- *qu'est-ce que* → ***ce que*** (für Objekt)

Beispiel: Je me demande : « Qu'est-ce qui s'est passé ? »
Je me demande ce qui s'est passé.
J'aimerais savoir : « Qu'est-ce que tu fais ? »
J'aimerais savoir ce que tu fais.

fgabe 163 La mère pose toujours des questions à sa fille. Mets les phrases suivantes au discours indirect et introduis-les par *elle demande …*

a) « Qu'est-ce que c'est ? »
Elle demande …
b) « Qu'est ce que tu vas faire ? »
c) « Qu'est ce qui se trouve dans ton sac à main ? »
d) « Qu'est-ce que tu regardes à la télé ? »
e) « Qu'est-ce que tu as écrit dans ton journal intime ? »

abe 164* Traduis les phrases suivantes.

a) Ich frage dich, was du morgen machst.
b) Paul will wissen, was dich interessiert und was du gerade liest.
c) Du weißt noch nicht, was morgen passieren wird.
d) Erklär mir, was du zu Weihnachten haben möchtest.

a)
b)
c)
d)

Aufgabe 165* **Exercice combiné :** Lis le texte et réponds aux questions que le professeur a posées à sa classe.

Le Québec

Le Québec est une province de l'est du Canada. Elle se trouve entre la province de l'Ontario, la baie d'Hudson et le Saint-Laurent, un des grands fleuves de la planète. Au sud-est, elle a des frontières communes avec les Etats-Unis. Le Québec est trois fois plus grand que la France métropolitaine. La capitale de la province du Québec s'appelle aussi Québec. Mais la plus grande ville est Montréal.

Avant l'arrivée des Français, le territoire appartenait à des tribus *(Stämme)* indiennes. En 1534, presque une demi-siècle après la découverte de l'Amérique par Christophe Colomb, Jacques Cartier a mis pied dans cette région. C'était un explorateur français qui a pris possession du territoire au nom du roi de France.

Aujourd'hui, le Québec est le seul territoire en Amérique du Nord – hormis *(außer)* l'archipel français de Saint-Pierre-et-Miquelon – qui n'est pas anglophone. Plus de 80 % des Québecois parlent français.

a) Qu'est-ce que le Québec ?
RÉPONSE : ______________________________

b) Où est-ce que se trouve le Québec ?
RÉPONSE : ______________________________

c) Comment s'appelle la capitale du Québec ?
RÉPONSE : ______________________________

d) Qui vivait sur le territoire du Québec avant l'arrivée des Français ?
RÉPONSE : ______________________________

e) Qui était Jacques Cartier ?
RÉPONSE : ______________________________

f) Pour qui est-ce qu'il est allé en Amérique du Nord ?
RÉPONSE : ______________________________

g) Quelle langue parle la majorité *(Mehrheit)* des Québecois ?
RÉPONSE : ______________________________

Maintenant, mets les questions du professeur au *discours indirect.*

Le prof a demandé
a) ce qu'était le Québec.
b)
c)
d)
e)
f)
g)

ufgabe 166 **Exercice combiné :** Qu'est-ce que le prof a demandé ?
Transforme ces questions indirectes en questions directes.

a) Le prof a demandé aux élèves s'ils avaient fait leurs devoirs.
Le prof a demandé aux élèves : « Est-ce que vous avez fait vos devoirs ? »

b) Le prof voulait savoir pourquoi il y avait trop de fautes dans leurs contrôles.

c) Il a demandé aux parents de ses élèves si leurs enfants faisaient régulièrement les exercices.

d) Il voulait savoir s'il fallait faire plus d'exercices.

e) Il se demandait s'il était trop sévère.

f) Le prof voulait savoir de ses élèves ce qu'on pourrait faire pour changer la situation.

g) Il leur a demandé s'ils étaient prêts à mieux participer au cours.

Aufgabe 167* **Exercice combiné :** 10 questions pour un champion. Coche la bonne réponse (☒).

1.

Quelle ville ne se trouve pas au bord de la mer ?	
☐ Marseille	☐ Bordeaux
☐ Brest	☐ Lyon

50 €

2.

Comment est-ce qu'on appelle aussi l'équipe française de foot ?	
☐ les Bleus	☐ les Rouges
☐ les Tricolores	☐ les Noirs

100 €

3.

Où est-ce qu'on fabrique traditionnellement le Camembert ?	
☐ en Bretagne	☐ en Normandie
☐ en Provence	☐ en Alsace

200 €

4.

Le pont du Gard, qu'est-ce que c'est ?	
☐ un château	☐ une forteresse
☐ un aqueduc romain	☐ une cathédrale

500 €

5.

Quel fleuve est aussi une frontière ?	
☐ la Seine	☐ le Rhin
☐ le Rhône	☐ la Loire

1.000 €

6.

Où séjourne le parlement européen ?	
☐ à Bruxelles	☐ à Genève
☐ à Strasbourg	☐ à Luxembourg

5.000 €

7.

Quand est-ce qu'on a construit le tunnel sous la Manche ?	
☐ 1968	☐ 1981
☐ 1994	☐ 2004

10.000 €

8.

Comment est-ce que s'appellent les habitants de Toulouse ?	
☐ Toulousains	☐ Toulouses
☐ Toulousiers	☐ Toulouseurs

25.000 €

9.

Qui n'a jamais été premier ministre français ?	
☐ Georges Pompidou	☐ Jacques Chirac
☐ François Mitterand	☐ Dominique de Villepain

50.000 €

10.

Qui, parmi les chanteurs français, a été champion de poker ?	
☐ Manu Chao	☐ Jean Ferrat
☐ Thomas Fersen	☐ Patrick Bruel

100.000 €

Transforme les questions au discours indirect.

1. *Le showmaster a demandé au candidat …* ____________________
____
2. ____________________
____
3. ____________________
____
4. ____________________
____
5. ____________________
____
6. ____________________
____
7. ____________________
____
8. ____________________
____
9. ____________________
____
10. ____________________
____

Aufgabe 168* **Exercice combiné :** Les SMS, c'est cool. Est-ce que tu comprends le langage des SMS ? Traduis les messages SMS en français parlé.

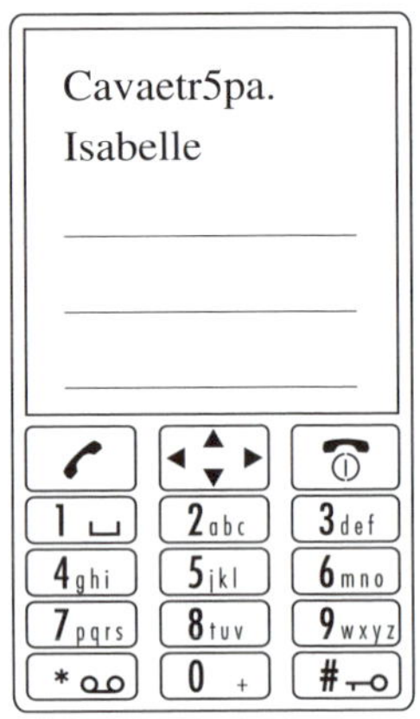

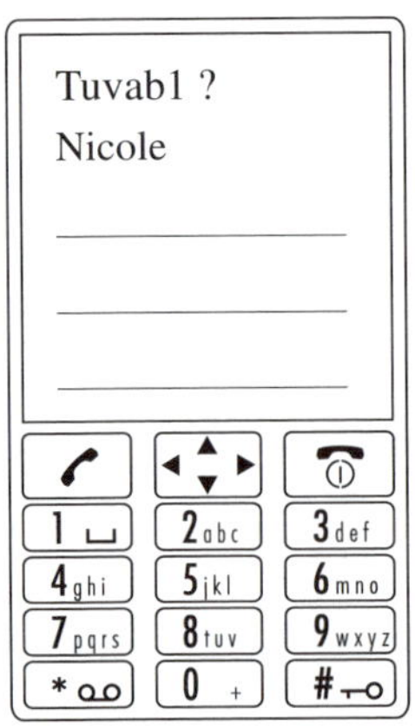

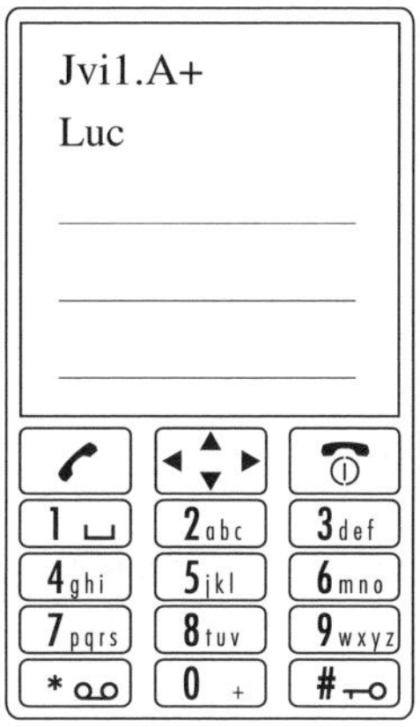

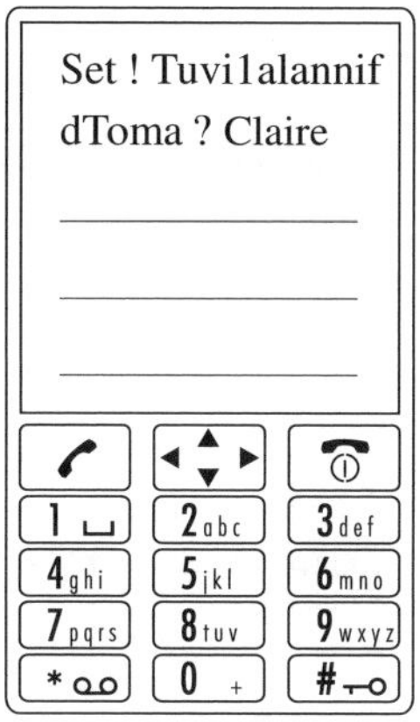

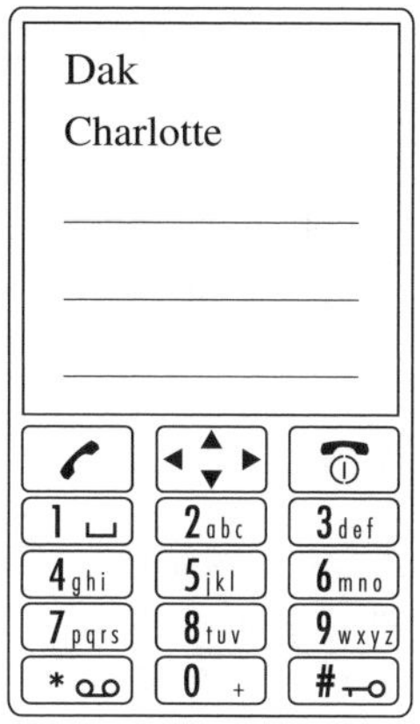

Mets les dialogues de l'exercice au discours indirect.

a) *Raoul voulait savoir d'Olivier ce qu'il y avait de neuf.*
Il a répondu que …

b) *Jean …*
Il …

c) *Simon …*
Elle …

d) *Nicole …*
Elle

e) *Emma …*
Il …

f) *Claire …*
Charlotte …

11 Infinitivkonstruktionen

In französischen Sätzen werden häufig Infinitive verwendet. Es gibt
- Infinitive, die von Hilfsverben oder anderen Verben abhängen und
- Infinitivkonstruktionen, die einen Nebensatz ersetzen.

11.1 Infinitive nach Hilfsverben und anderen Verben

Infinitive, die von Hilfsverben oder anderen Verben abhängen, werden auf verschiedene Weise angeschlossen:
- **ohne Präposition**
- mit der **Präposition *à***
- mit der **Präposition *de***
- mit der **Präposition *par***

Wie du die Infinitive anschließen musst, hängt von dem vorausgehenden Verb ab. Es gibt dafür keine Regeln, weshalb du jede Konstruktion einzeln lernen musst.

Welche Verben schließen den folgenden Infinitiv ohne Präposition an?
Zu dieser Gruppe zählen alle Hilfsverben, aber auch andere Verben:

devoir faire qc	*etw. tun müssen/sollen*
il faut faire qc	*etw. tun müssen*
pouvoir faire qc	*etw. tun können (aufgrund der äußeren Umstände)*
savoir faire qc	*etw. tun können (aufgrund seines Könnens/Wissens)*
vouloir faire qc	*etw. tun wollen*
oser faire qc	*sich trauen, etw. zu tun*
aimer faire qc	*gerne etw. tun*
adorer faire qc	*etw. sehr gerne tun*
préférer faire qc	*bevorzugen, etw zu tun*
laisser faire qc	*etw. tun lassen*

Beispiele: Marcel devrait faire ses devoirs. Mais il préfère jouer au foot.

Aufgabe 169* Théo parle de ce qu'il fait pendant la journée. Traduis le texte suivant.

a) **le matin**

Am Morgen muss ich um sechs Uhr aufstehen. Wenn meine Mutter mich in die Schule fährt, kann ich bis halb sieben im Bett bleiben.

____

____

____

b) **l'après-midi**

Am Nachmittag mache ich gerne Sport. Ich kann gut schwimmen.

c) **le soir**

Am Abend schaue ich gerne einen Film im Kino an. Leider bevorzugen es meine Freunde, in die Diskothek zu gehen. Ich traue mich nicht, meine Eltern zu fragen, ob ich sie begleiten kann. Sie werden mich nicht in die Diskothek gehen lassen.

Welche Verben schließen den folgenden Infinitiv mit der Präposition *à* an?
Zu diesen Verben zählen unter anderem:

commencer à faire qc	*beginnen, etw. zu tun*
continuer à faire qc	*fortfahren, etw. zu tun; etw. weiterhin tun*
réussir à faire qc	*gelingen, etw. zu tun*
s'habituer à faire qc	*sich daran gewöhnen, etw. zu tun*

Beispiel: Adeline commence à pleurer.

fgabe 170 Traduis les phrases suivantes.

a) Mein Bruder hat begonnen, Gitarre zu spielen.

b) Ich weiß nicht, ob er weiterhin auch Klavier spielen wird.

c) Ich habe mich daran gewöhnt, die Wohnung zu verlassen, wenn er spielt.

d) Denn es gelingt mir nicht, zu lesen, für die Schule zu arbeiten oder fernzusehen.

Welche Verben schließen den folgenden Infinitiv mit der Präposition *de* an?
Zu diesen Verben zählen unter anderem:

essayer de faire qc	*versuchen, etw. zu tun*
arrêter de faire qc	*aufhören, etw. zu tun*
finir de faire qc	*aufhören, etw. zu tun*
avoir besoin de faire qc	*etw. tun müssen*
demander à qn de faire qc	*jdn. bitten, etw. zu tun*
proposer à qn de faire qc	*jdm. vorschlagen, etw. zu tun*
interdire à qn de faire qc	*jdm. verbieten, etw. zu tun*
venir de faire qc	*gerade etw. getan haben*
être en train de faire qc	*gerade dabei sein, etw. zu tun*
être content de faire qc	*zufrieden sein, etw zu tun*

Beispiel: Finalement, il a arrêté de m'énerver.

Beachte: Die Konstruktion *venir de faire qc* kommt nur im *présent* oder im *imparfait* vor.

Beispiel: Je viens de réussir à mon bac. *Ich habe gerade mein Abitur bestanden.*
Je venais de réussir à mon bac. *Ich hatte gerade mein Abitur bestanden.*

Aufgabe 171* Ecris une phrase pour chaque verbe.

a) venir de : ______________________________
____

b) demander de : ______________________________
____

c) essayer de : ______________________________
____

d) être en train de : ______________________________
____

e) interdire de : ______________________________
____

f) proposer de : ______________________________
____

Welche Verben schließen den folgenden Infinitiv mit der Präposition *par* an?
Hier musst du dir insbesondere zwei Verben merken:

commencer par faire qc	*anfangen, etw. zu tun (in einer Reihenfolge)*
finir par qc	*enden mit etw. (in einer Reihenfolge)*

Beispiel: Dans la salle de bain, il commence par se laver et finit par se brosser les dents.

ufgabe 172 **Exercice combiné :** Sans préposition ou avec préposition ? Mets les verbes dans la bonne colonne *(Spalte)*.

demander	commencer	oser	arrêter	savoir	finir
essayer	être en train	interdire	réussir	oublier	apprendre
devoir	être content	préférer	vouloir	s'habituer	pouvoir
continuer	avoir besoin	aimer	proposer	venir	renoncer

infinitif sans préposition	infinitif avec *à*	infinitif avec *de*	infinitif avec *par*

ufgabe 173 **Exercice combiné :** Mets les prépositions qui conviennent (ø, *à*, *de* ou *par*).

Je viens ___ acheter un nouveau logiciel. Hier soir, j'ai essayé _____ l'installer sur mon ordinateur. Malheureusement, je n'ai pas réussi _____ remettre l'ordinateur en marche. Mais il ne faut pas _____s'énerver trop tôt ! Car tout à coup, il a commencé _____ booter tout seul. Je dois _____ apprendre _____ avoir plus de patience. J'ai écrit un e-mail à mon corres. Jérémie était en train _____ naviguer sur Internet quand il a reçu l'e-mail. Il a préféré _____ télécharger une chanson, puis il m'a répondu. Nous étions contents _____ être de nouveau en contact.

11.2 Infinitivkonstruktionen anstelle von Nebensätzen

Wann steht im Französischen eine Infinitivkonstruktion anstelle eines Nebensatzes?
Infinitive sind im Französischen ein elegantes Mittel der Satzverkürzung. Damit Infinitive einen Nebensatz ersetzen können, gilt in der Regel, dass das **Subjekt des Nebensatzes mit dem des übergeordneten Satzes identisch** ist.

Wie werden Infinitivkonstruktionen mit *après* und *avant* verwendet?
Zwei Handlungen, die nacheinander geschehen sind, können durch ***avant de* + Infinitiv** bzw. ***après + avoir/être + participe passé*** verbunden werden (sofern das Subjekt der beiden Handlungen identisch ist!).

Beispiele: Chloé monte dans l'avion. Avant, Chloé doit éteindre son portable.
→ Avant de monter dans l'avion, Chloé doit éteindre son portable.
Bevor Chloé ins Flugzeug steigt, muss sie ihr Handy ausschalten.

Chloé éteint son portable. Après, Chloé monte dans l'avion.
→ Après avoir éteint son portable, Chloé monte dans l'avion.
Nachdem Chloé ihr Handy ausgeschaltet hat, steigt sie ins Flugzeug.

Aufgabe 174 Utilise les constructions *avant de* ou *après avoir/être*.

a) Avant ______________________ (boire un bon vin), les grands-parents descendent à la cave.

b) Après ______________________ (passer son bac), Pascal fait un tour du monde.

c) Après ______________________ (aller au café), nous allons au ciné.

d) Avant ______________________ (aller chercher sa copine à la gare), Antonin achète des fleurs.

e) Après ______________________ (arriver au théâtre), Nadine remarque qu'elle a perdu son billet d'entrée.

f) Avant ______________________ (sortir), Jacques met son manteau.

g) Après ______________________ (avoir l'accident), Danielle n'ose plus faire du ski.

h) Avant ______________________ (s'habiller), Nicole se lave rapidement.

fgabe 175* Friderike et Barbara de Berlin passent quelques jours à Paris. Hier, elles ont visité beaucoup de lieux. Décris leur journée. Choisis parmi les constructions *après avoir* et *avant de*.

sortir du musée du Louvre

rester un peu auprès de la pyramide en verre

visiter le petit arc de triomphe sur la place du Carroussel

se reposer au jardin des Tuileries

aller à l'Obélisque sur la place de la Concorde

se promener sur les Champs-Elysées

monter à l'arc de triomphe sur la place de l'étoile

rentrer à l'hôtel en métro

1. Après être sorties du musée, Friderike et Barbara ...

2.

3.

4.

Aufgabe 176* M. Lagrange a fait les courses. Décris le chemin qu'il a pris. Utilise des phrases avec *avant de* et *après avoir/être*.

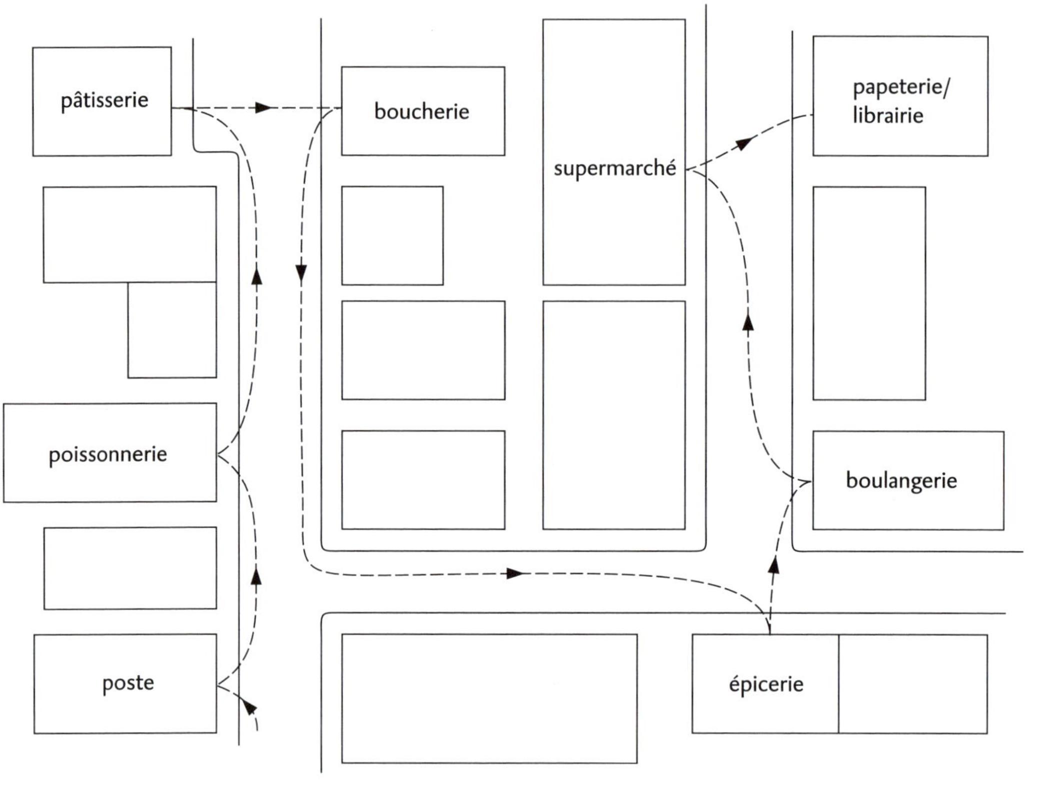

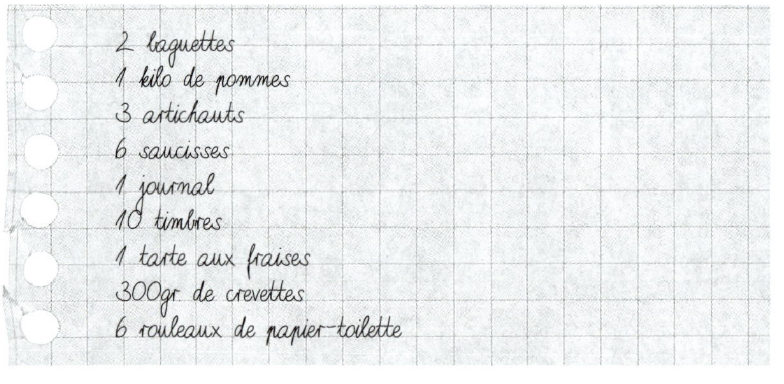

Voilà des verbes que tu peux utiliser :

acheter, entrer, choisir, prendre, quitter, commander, chercher, acheter

1. *Après avoir acheté des timbres à la poste, M. Lagrange est entré dans ...*

2.

3.

4.

Wie werden Infinitivkonstruktionen mit *pour* verwendet?
Infinitivkonstruktionen mit *pour* haben einen finalen Sinn, das heißt, sie drücken einen **Zweck** oder eine **Absicht** aus.

Beispiel: Le film commence à 20 h. On veut arriver à l'heure. Nous nous dépêchons.
Nous nous sommes dépêchés pour arriver à l'heure.
oder Pour arriver à l'heure, nous nous sommes dépêchés.
Wir haben uns beeilt, um pünktlich zu kommen.

Da der Zusammenhang, der von *pour* eingeleitet wird, noch nicht realisiert ist, kann diese Konstruktion nur mit dem **Infinitiv Präsens** gebildet werden. Die **Subjekte** beider zu verknüpfenden Sätze **müssen übereinstimmen**.

Aufgabe 177 Relie les phrases avec une construction avec *pour*.

a) Lucien invite tout le monde au café. Il veut se faire des amis.

b) Hélène part pour le Japon. Elle veut apprendre le japonais.

c) Estelle travaille beaucoup à l'école. Elle veut réussir au bac.

d) Léon aide son oncle au stand. Comme ça, il peut gagner un peu d'argent.

e) Victor s'entraîne chaque jour. Il veut devenir un grand footballeur.

Aufgabe 178* Ecris les solutions dans les mots croisés. Le mot à trouver est le mot général (au pluriel) pour tous les objets qui servent à arriver à un but.

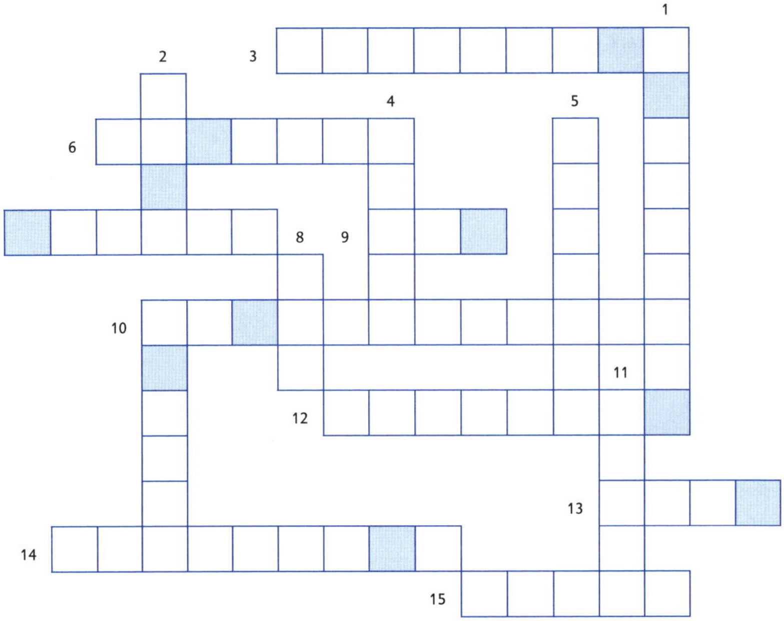

le mot à trouver 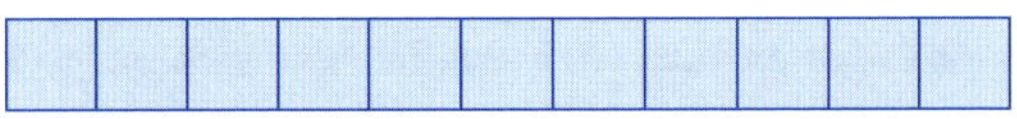

1 On les prend pour monter d'un étage à l'autre.
2 On les construit pour pouvoir traverser une rivière.
3 On l'utilise pour se protéger *(sich schützen)* contre la pluie.
4 On y va pour passer son bac.
5 On s'en sert pour savoir quand les trains arrivent et partent.
6 On le lit pour apprendre les nouvelles.
7 On y regarde pour savoir l'heure.
8 On s'y couche pour bien dormir.
9 On l'utilise pour ouvrir une porte.
10 On le fête pour rappeler la date de naissance de quelqu'un.
11 On l'allume pour écouter de la musique ou les informations.
12 Des personnes dont on a besoin pour éteindre un incendie.
13 Une partie du corps dont on a besoin pour manger.
14 On les met pour ne pas être nu.
15 Un véhicule *(Fahrzeug)* pour voler dans l'air.

fgabe 179* Victor a beaucoup de projets. Mais pourquoi est-ce qu'il veut les réaliser ? Invente des raisons. Utilise la construction avec *pour*.

a) Pour ______________________________, il va changer d'emploi.

b) Pour ______________________________, il n'ira plus à la cantine.

c) Pour ______________________________, il va l'été prochain en Espagne.

d) Pour ______________________________, il veut vendre sa voiture.

e) Pour ______________________________, il range régulièrement sa chambre.

Wie werden Infinitivkonstruktionen mit *sans* verwendet?

Infinitivkonstruktionen mit *sans* haben modalen Charakter, das heißt sie drücken aus, wie etwas gemacht wird.

Beispiele: Luc s'amuse bien à Rome. Et il ne dépense pas beaucoup d'argent.
Luc s'amuse bien à Rome sans dépenser beaucoup d'argent.
Luc hat großen Spaß in Rom, ohne viel Geld auszugeben.

Luc s'est bien amusé à Rome. Et il n'a pas dépensé beaucoup d'argent.
Luc s'est bien amusé à Rome sans avoir dépensé beaucoup d'argent.
Luc hatte großen Spaß in Rom, ohne viel Geld ausgegeben zu haben.

Die **Subjekte** beider zu verknüpfenden Sätze **müssen übereinstimmen**!

fgabe 180 Relie les deux phrases avec une construction avec *sans*!

a) Les jeunes traversent la rue. Ils ne font pas attention au trafic.

____

b) Gilles fait de l'escalade. Il ne pense pas au danger.

____

c) Monique a passé toute la journée à la plage. Elle ne s'est pas baignée une seule fois.

____

____

Aufgabe 181* Lis le texte suivant. Forme au moins cinq phrases avec *sans* pour rendre *(wiedergeben)* le contenu *(Inhalt)* de l'histoire.

> Chantal et Raymond qui sont toujours très confus veulent partir en vacances. Le matin du départ, ils quittent la maison et oublient d'amener leurs valises ce qu'ils ne vont remarquer que trop tard. Ils montent dans la voiture et partent. Après quelques kilomètres, la voiture s'arrête. Ils n'ont pas fait le plein *(volltanken)*! A la frontière franco-allemande, on ne les arrête pas. Ils ont de la chance parce qu'ils n'ont pas leurs papiers sur eux. Le soir, ils arrivent à Marseille. Comme ils n'ont pas réservé de chambre, ils doivent passer la nuit dans un hôtel très cher. Pour ne pas dépenser trop d'argent, ils renoncent au dîner et vont tout de suite au lit. Ils s'endorment à neuf heures le soir et dorment jusqu'à dix heures le matin. Ils n'ont même pas entendu le réveil qui a sonné à sept heures. Ils se lèvent et veulent prendre l'autobus pour aller au port. Ils y montent sans billets parce qu'ils n'ont pas envie de les acheter. Malheureusement, on les contrôle. Ils doivent payer 200 euros. Maintenant, ils n'ont plus envie de continuer leur voyage. Même s'ils n'ont rien vu de la ville, ils rentrent à la maison.

a) *Ils quittent la maison sans amener leurs valises.*

b) ______

c) ______

d) ______

e) ______

f) ______

g) ______

h) ______

11.3 Verneinung von Infinitiven und Stellung der Pronomen

Wie werden Infinitive verneint?
Wenn Infinitive verneint werden sollen, musst du im Französischen beide **Negationspartikel direkt vor den Infinitiv** stellen.
Beispiel: Il joue au malade pour ne pas travailler.

gabe 182* Quand est-ce que tu agirais ainsi *(so handeln)* ?
Complète les phrases avec *pour ne pas*.

a) Je passerais toute la journée au lit pour ne pas devoir aller voir ma tante. .
b) Je mentirais à mon copain ______ .
c) Je me réveillerais à quatre heures du matin ______ .
d) Je renoncerais au déjeuner ______ .
e) Je vendrais mes CD préférés ______ .
f) Je ferais la cuisine pour mon frère ______ .

Wo stehen die Pronomen, wenn ein Infinitiv im Satz vorkommt?
Allgemein gilt, dass die Objekt- und Adverbialpronomen vor dem konjugierten Verb stehen und von einer eventuellen Negation mit eingeschlossen werden.
Beziehen sich die Pronomen aber inhaltlich auf einen Infinitiv im Satz, so stehen die **Pronomen vor dem Infinitiv**.

Beispiele: Je ne sais pas où se trouvent mes chaussettes. Je vais les chercher.
Avant de les chercher dans l'armoire, je regarde dans la machine à laver.
Après ne pas les avoir trouvés dans la machine, je les vois sous la table.

Durch die Dazunahme von Negation und Pronomen können die Infinitivkonstruktionen häufig sehr komplex werden. In der gesprochenen Sprache werden in diesem Fall die Konjunktionen *pour que*, *avant que* und *après que* bevorzugt.

gabe 183* Fais des propositions avec *avant de* (2x), *après avoir/être* (2x), *pour* (1x) et *sans* (1x). Remplace les mots soulignés par des pronoms.

a) Brian a rencontré la jolie Angélina. Avant, il était très malheureux.
Avant de l'avoir rencontrée, Brian était très malheureux.
______

b) Angélina a donné rendez-vous à Brian au café en face de l'hôtel de ville. Avant, elle a beaucoup réfléchi.

____

____

____

c) Brian n'a pas trouvé ce café sur son plan. Puis, il s'est adressé à l'office du tourisme.

____

____

d) Angélina a mis son portable dans son sac. Elle ne voulait pas perdre son portable dans le métro.

____

____

e) Brian a mis ses lunettes de soleil. Puis, il est allé au rendez-vous.

____

f) Angélina a salué Brian. Elle n'a pas fait la bise à Brian.

____

Aufgabe 184* **Exercice combiné :** Laquelle des phrases suivantes est-ce que tu peux traduire par *avant de, après avoir/être, sans* ou *pour* + infinitif ? Coche-les ([✗]). Les lettres indiquent ce qui est important de connaître pour pouvoir utiliser une construction avec l'infinitif. Puis, traduis les cinq phrases en français.

a) **avant de**

- [O] Bevor der Kellner ihm die Rechnung gibt, verlässt er das Café.
- [S] Bevor er in die nächste Bar geht, ruft er seine Freundin an.
- [R] Bevor er dort ankommt, ist seine Freundin schon da.

b) **après avoir/être**

- [U] Nachdem Anne ein Zimmer reserviert hatte, kaufte sie einen Führer.
- [B] Nachdem sie zurückgekehrt war, gab ihr Mann ihr einen Brief.
- [J] Nachdem sie ihn gelesen hatte, musste sie auf die Reise verzichten.

c) **pour**

[E] Michel besucht seine Großmutter, damit er dort reiten kann.

[A] Michel besucht seine Großmutter, damit sie nicht allein ist.

[T] Michel besucht seine Großmutter, damit seine Eltern Freunde aus Amerika einladen können.

d) **sans**

[T] Jean müsste eine Klassenarbeit über den „Fremden" von Camus schreiben, ohne dass er den Roman gelesen hat.

[L] Daher bleibt er zu Hause, ohne dass seine Eltern es wissen.

[R] Am nächsten Tag geht er wieder in die Schule, ohne dass ihn jemand fragt, wo er war.

☐ ______________________________

☐ ______________________________

☐ ______________________________

☐ ______________________________

☐ ______________________________

fgabe 185* **Exercice combiné :** Traduis la recette suivante (brownies) en allemand.

INGRÉDIENTS *(Zutaten)*
175g de beurre
400g de sucre
150g de farine
100g de cacao
1 sachet *(Päckchen)* de sucre vanillé
1 œuf
150g de cerneaux de noix *(Nusskerne)*

PRÉPARATION : Avant de commencer, préchauffe *(vorheizen)* le four *(Ofen)* à 150 °C et beurre *(zu « le beurre »)* deux moules *(Backform)* ronds (22 cm). Prends une casserole qui est assez grande pour y mettre tous les ingrédients. Après avoir fait fondre *(zerlaufen)* le beurre dans cette casserole, laisse-le devenir froid. Après avoir ajouté tous les ingrédients, mélange-les bien. Mets la pâte dans les moules et fais-la cuire *(zu « la cuisine »)* 20 à 25 minutes. Pour ne pas avoir de brownies mous *(weich)*, laisse-les devenir froids avant de les servir.

Aufgabe 186 **Exercice combiné :** Trouve la solution aux problèmes de maths suivants.

additionner :	*addieren*	diviser :	*dividieren*
soustraire :	*subtrahieren*	multiplier :	*multiplizieren*

a) **324**

- Divise le chiffre par 4.
- Après l'avoir divisé une autre fois par 9, additionne 17.
- Avant de le multiplier par 5, soustrais 8.

Résultat : ______________

b) **7**

- Après avoir multiplié ce chiffre par 13, soustrais 11.
- Avant d'additionner 8, divise le chiffre par 8.
- Pour avoir le résultat final, divise le chiffre par 3.

Résultat : ______________

c) **1027**

- Avant de soustraire 2, multiplie le chiffre par 2.
- Après l'avoir divisé par 12, additionne 9.
- Pour finir, divise le chiffre une autre fois par 12.

Résultat : ______________

Traduis les indications suivantes en français avant de faire le calcul *(Rechnung)*.

d) **113**

- Zähle 3 hinzu, bevor du die Zahl durch 4 teilst.

  ____

- Multipliziere die Zahl mit 3.

  ____

- Nachdem du sie mit 2 multipliziert hast, teile sie durch 6.

  ____

Résultat : ______________

Lösungen

Aufgabe 1

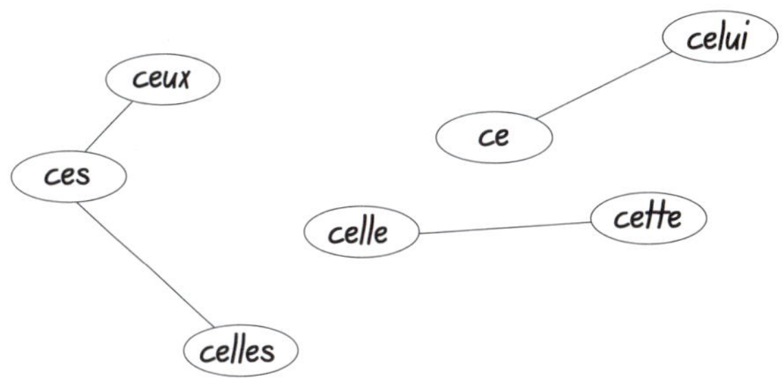

Et quelle est la forme correspondante de *cet*? **celui**

Aufgabe 2

cette auberge	*celle-ci*	*celle-là*	ces maisons	*celles-ci*	*celles-là*
cet appartement	*celui-ci*	*celui-là*	ces restaurants	*ceux-ci*	*ceux-là*
ce bar	*celui-ci*	*celui-là*	cet hôtel	*celui-ci*	*celui-là*

Aufgabe 3 a)

b)

Est-ce que vous pourriez promener ma chienne ?
Votre chienne !?! Celle-ci ou celle-là ?

c)

Tu as réussi à[1] pêcher[2] quelques poissons ?
Oui, ceux-là sont à moi[3]. Papa a pêché celui-ci.

d)

Tu vois la fille aux cheveux noirs[4]? Je suis amoureux d'elle[5].
De qui est-ce que tu parles? De celle-ci ou de celle-là?

e)

On pourrait aller manger quelque chose dans un bar. Qu'est-ce que tu en[6] penses?
C'est une bonne idée. Est-ce qu'on va dans celui-ci ou dans celui-là?
Bar

Hinweise:

1 *réussir à faire qc*
(Zum Anschluss von Infinitiven an Verben siehe S. 156–159.)

2 *la pêche :* die Fischerei; *le pêcheur :* der Fischer
→ *pêcher un poisson :* einen Fisch fangen

3 *être à qn :* jdm. gehören

4 Wird ein Körperteil als Attribut hinzugefügt, musst du *à* + bestimmten Artikel setzen (z. B. auch: *un garçon aux yeux bleus*).

5 *être amoureux, se de qn*

6 Das Adverbialpronomen *en* ersetzt Ergänzungen mit *de* (siehe S. 36).

Aufgabe 4 CÉLINE : « Je voudrais compléter ma collection de MC Solaar, mais je ne trouve pas le[1] CD qui me manque. »

MARIE : « Lequel ?[2] **Celui que** tu as perdu dans le bus ? »

CÉLINE : « Oui, **celui qui** a paru en 2001[3]. C'est mon album préféré. Tu le préfères aussi ? »

MARIE : « Non, je préfère **celui qui** se trouve là-bas. C'est son CD actuel. »

CÉLINE : « Tu te souviens de[4] son dernier concert ? »

MARIE : « Bien sûr, c'est **celui dont** je me souviens le mieux[5]. Et cela à cause de ces deux garçons ! »

CÉLINE : « Tu parles de **ceux qui** nous ont invitées à[6] boire des cocktails ? »

MARIE : « Non, non, je parle de **ceux qui** m'ont draguée quand j'ai voulu acheter deux coca[7] pour nous. En plus, j'ai raté l'interprétation de deux nouvelles chansons. »

CÉLINE : « Ah oui, je m'en[8] souviens. Ce sont **celles qui** n'avaient pas encore été publiées[9]. »

MARIE : « Exactement. Tiens, voilà une vendeuse ! Demande-lui[10] où[11] se trouve l'album que tu recherches. »

Hinweise:

1 Hier steht ausnahmsweise kein de nach der Verneinung, da das folgende Substantiv genau bestimmt ist (hier durch einen Relativsatz).

2 Zu Fragepronomen lequel siehe S. 118.

3 Bei der Angabe von Jahreszahlen steht immer *en* oder *en l'an* (z. B. en 2010/en l'an 2010).

4 *se souvenir de qc ;* aber: *se rappeler qc*

5 *Le mieux* ist der Superlativ zum Adverb *bien (bien, mieux, le mieux)* (siehe S. 61).

6 *inviter qn à faire qc*
(Zum Anschluss von Infinitiven an Verben siehe S. 156–159.)
7 Das Substantiv *coca-cola* und seine Abkürzung *coca* sind unveränderlich.
8 Das Adverbialpronomen *en* ersetzt Ergänzungen mit *de* (siehe S. 36).
9 *public, que :* öffentlich → *publier :* veröffentlichen
10 Im bejahten Imperativsatz werden die Pronomen nachgestellt.
11 Zur indirekten Frage siehe S. 147–155.

Aufgabe 5*

Pierre de Coubertin	C'est **celui qui** a crée les Jeux Olympiques modernes.
Charles de Gaulle	C'est **celui avec qui** le chancelier allemand Adenauer a fondé[1] l'amitié franco-allemande.
Jean-Baptiste Poquelin	C'est **celui que** tout le monde connaît sous le nom de Molière.
Jeanne d'Arc	C'est **celle qui** a sauvé[2] les Français des Anglais.
François Champollion	C'est **celui qui** a déchiffré[3] les hiéroglyphes égyptiens.
les frères Lumière	Ce sont **ceux à qui** nous devons le cinéma.
Marie Curie	C'est **celle à qui** on a donné au début du XXème siècle[4] deux fois un prix Nobel (physique et chimie).
Gustave Eiffel	C'est **celui dont** le monument est le plus célèbre de Paris.
Albert Uderzo et René Goscinny	Ce sont **ceux qui** ont crée les personnages d'Astérix et d'Obélix.
Louis Braille	C'est **celui qui** a inventé l'écriture[5] pour les aveugles.

Hinweise:

1 *fondateur, trice :* Gründer, in → *fonder :* (be)gründen
2 *sauver qn de qn*
3 *le chiffre :* Zahl, Ziffer → *déchiffrer :* entziffern
4 Die Jahrhunderte werden meist mit römischen Zahlen geschrieben.
5 *écrire :* schreiben; *l'écrivain (m.) :* der Schriftsteller, die Schriftstellerin
→ l'écriture (f.) : die Schrift

Aufgabe 6*

a) « C'est **celui en/à la** tête du classement général. »
b) « Non. Autrefois, c'était **celui avec** la lanterne rouge. Mais aujourd'hui, elle n'existe plus. »
c) « C'est **celui au** maillot vert. »
d) « Ce sont **ceux de** son équipe. »
e) « Ce sont **celles de** montagne. »
f) « Dans **celle derrière** le peloton. »

Aufgabe 7

1 C Je parle de ceux qu'aiment les singes.
2 D J'aime bien celui qu'Adame et Eve ont mangé.
3 F Comment s'appellent ceux qui se trouvent dans le chocolat ‚mon chéri' ?
4 B Je déteste celui dont la traduction allemande est *Pflaume*.
5 E Celui à la forme ovale et de couleur verte te plaît ?
6 A Dans notre jardin, nous avons aussi ceux à points jaunes.

Aufgabe 8*

Individuelle Lösung (vergiss nicht die Ergänzungen zum Demonstrativpronomen!)

la matière la plus détestée
C'est **celle que** … enseigne.
C'est **celle dans laquelle** je m'endors presque toujours.
C'est **celle à** cinq lettres : maths.

tes chaussures les plus vieilles
Ce sont **celles de** foot, de basket, de danse …
Ce sont **celles aux** lacets *(Schnürsenkel)* rouges.
Ce sont **celles qui** se trouvent dans mon armoire à gauche.

la fille la plus sympathique de ta classe
C'est **celle aux** cheveux roux/noirs/blonds/bruns/…
C'est **celle qui** est assise près de la porte/à côté de Marie …
C'est **celle avec** beaucoup d'humour.

ton sport préféré
C'est **celui où** on joue en équipe.
C'est **celui après lequel** on est fatigué.

le prof idéal
C'est **celui qui** est toujours gentil/a beaucoup de patience/…
C'est **celui au** sourire permanent.
C'est **celui qui** donne de bonnes notes.

les meilleures places dans la salle de classe
Ce sont **celles au** fond de la salle.
Ce sont **celles près de** la porte.
Ce sont **celles qui** sont toujours occupées tout de suite.

Aufgabe 9

a) **C'est** vous qui avez des vacances.
b) **C'est** nous qui devons aller à l'école.
c) **C'est** au Québec que vous allez.
d) **Ce sont** des cartes postales que vous écrivez.
e) **C'est** le paysage qui vous plaît le plus.
f) **Ce sont** des caribous[1] que vous voyez.
g) **C'est** un beau séjour que vous passez.
h) **Ce sont** de[2] bons souvenirs que vous avez.

Hinweise:

1 Substantive auf *-ou* bilden den Plural in der Regel auf *-ous* (Ausnahme: *des bijoux*)

2 Der unbestimmte Artikel *des* wird in der Regel auf *de* verkürzt, wenn dem Substantiv ein Adjektiv vorausgeht.

Aufgabe 10

Mme Cheverry : « J'en ai vraiment[1] marre. **C'est moi qui fais tout.** Je vais donc écrire une liste sur laquelle[2] vous allez trouver tous les travaux que vous avez à faire. » Elle écrit : « **C'est toi qui promènes[3] le chien. C'est Paul qui met la table. C'est Sylvie qui fait la vaisselle.** En plus, **ce sont eux qui donnent à manger au chien. C'est nous deux qui faisons les courses** … » Paul et Sylvie entrent dans la cuisine, des rollers et un skate à la main. « Maman, quand nous sommes rentrés de l'école, nous avons renversé le coca dans le frigo. Est-ce que tu l'as nettoyé ? » « Moi ? **C'est toi qui le nettoies.** Et à partir de maintenant, **c'est vous qui vous occupez de tous les appareils de cuisine.** Et en plus, **c'est vous qui faites la cuisine.** Et **c'est moi qui me repose** et **qui fais du skateboard.** »

Hinweise:

1 Zur Bildung von Adverbien von Adjektiven, die auf einen hörbaren Vokal enden, siehe S. 53.

2 Zur Verwendung von *lequel* in Relativsätzen siehe S. 27–32.

3 *se promener :* spazieren gehen
→ *promener un chien :* einen Hund Gassi führen

Aufgabe 11 Individuelle Lösung

Hinweis: Achte darauf, dass das Verb im Relativsatz in Genus und Numerus mit dem Subjekt übereinstimmt. Beachte außerdem, dass es *c'est nous* und *c'est vous*, aber *ce sont eux* heißt.

faire la vaisselle	C'est mon frère qui fait la vaisselle.
mettre la table	C'est moi qui mets la table.
faire les courses	Ce sont mes parents qui font les courses.
faire la cuisine	C'est ma mère qui fait la cuisine.
préparer le petit déjeuner	C'est moi et mon frère qui préparons le petit déjeuner.
passer l'aspirateur	C'est ma mère qui passe l'aspirateur.
faire la lessive	C'est ma mère qui fait la lessive.
nettoyer la salle de bain	C'est ma sœur aînée qui nettoie la salle de bain.
repasser le linge	C'est ma grand-mère qui repasse le linge.
ranger la chambre	C'est moi qui range la chambre.
sortir les ordures	C'est ma petite sœur qui sort les ordures.
laver la voiture	Ce sont mon père et mon frère qui lavent la voiture.
donner à manger au chien	Ce sont mes sœurs qui donnent à manger au chien.
réparer les bicyclettes	C'est mon frère qui répare les bicyclettes.

Aufgabe 12* **C'est Pierre qui** lit une BD.
C'est Nicolas qui mange et boit.
C'est Magali qui écrit (une lettre).
Ce sont Henri et Michel qui jouent au foot[1]./**C'est Henri qui** joue au foot[1] avec Michel./...
C'est Nicole qui écoute de la musique[2].
Ce sont Roland et Sylvie qui jouent aux cartes[1]./**C'est Roland qui** joue aux cartes[1] avec Sylvie./...

Hinweise:

1 *jouer à qc* (bei Sport oder Spielen)
jouer de qc (bei einem Instrument) (z. B.: *jouer de la guitare*)

2 *écouter de la musique*; aber: *écouter la radio*

ıfgabe 13*

L'AGENT : « Comment est-ce que je peux vous aider ? »
TOI : **„Wie kann ich Ihnen helfen?“**
LA FEMME : „Ich will einen Diebstahl zur Anzeige bringen.“
TOI : **« C'est un vol que je veux dénoncer. »**
L'AGENT : « Qu'est-ce qu'on vous a volé ? »
TOI : **„Was hat man Ihnen gestohlen?“**
LA FEMME : „Man hat mir die Handtasche geklaut.“
TOI : **« C'est mon sac à main qu'on m'a volé. »**
L'AGENT : « Est-ce que le sac à main a une particuliarité ? »
TOI : **„Hat die Handtasche eine Besonderheit?“**
LA FEMME : „Wenn man sie ansieht, springt eine Blume ins Auge.“
TOI : **« Quand on l'a regarde, c'est une fleur qui saute aux yeux. »**
L'AGENT : « Vous avez eu de l'argent dedans ? »
TOI : **„Hatten Sie Geld drin?“**
LA FEMME : „Nein, aber meine Ausweise und mein Handy befanden sich in der Tasche.“
TOI : **« Non, mais ce sont mes papiers et mon portable qui se trouvaient dans le sac. »**
L'AGENT : « Où est-ce que le vol s'est passé ? »
TOI : **„Wo hat sich der Diebstahl ereignet?“**
LA FEMME : „In einer Bar am Strand.“
TOI : **« Dans un bar à la plage. »**
L'AGENT : « Est-ce que c'est le bar qui s'appelle *Chez l'ogre* ? »
TOI : **„Ist das die Bar, die ‚Chez l'ogre' (‚Zum Menschenfresser') heißt?“**
LA FEMME : „Nein, es war die Bar, die sich rechts von dieser befindet.“
TOI : **« Non, c'est[1] le bar qui se trouve à droite de celui-ci. »**
L'AGENT : « D'accord. Je le connais. Le vol s'est passé aujourd'hui ? »
TOI : **„Okay. Ich kenne sie. Hat sich der Diebstahl heute ereignet?“**
LA FEMME : „Nein, er hat sich bereits gestern Abend ereignet.“
TOI : **« Non, il s'est passé hier soir déjà. »**
L'AGENT : « À quelle heure ? »
TOI : **„Um wie viel Uhr?“**
LA FEMME : „Um halb neun habe ich bemerkt, dass meine Tasche nicht mehr da war.“
TOI : **« C'est à huit heures et demie[2] que j'ai remarqué que mon sac à main n'était plus là. »**
L'AGENT : « Pourquoi n'avez-vous pas déclaré le vol tout de suite ? »
TOI : **„Warum haben Sie den Diebstahl nicht sofort angezeigt?“**

LA FEMME : „Habe ich doch gemacht. An der Telefonzelle habe ich einen Ihrer Kollegen getroffen. An ihn habe ich mich gewandt. Aber leider verstand er kein Deutsch."

TOI : **« Mais je l'ai fait. C'est à la cabine téléphonique que j'ai rencontré un de vos collègues. C'est à lui que je me suis adressée. Mais malheureusement, il ne comprenait pas l'allemand. »**

L'AGENT : « Vous avez remarqué une personne qui pourrait être le voleur ? »

TOI : **„Haben Sie eine Person bemerkt, die der Dieb sein könnte?"**

LA FEMME : „Ja, ich habe zwei Jugendliche gesehen. Sie haben mich nach der Uhrzeit gefragt. Ohne auf eine Antwort zu warten haben sie sich plötzlich umgedreht und sind weggelaufen."

TOI : **« Oui, ce sont deux adolescents que j'ai vus[3]. Ils m'ont demandé l'heure. C'est sans attendre[4] une réponse qu'ils se sont tout à coup retournés et qu'ils ont filé. »**

L'AGENT : « Qu'est-ce qu'ils ont porté comme vêtements ? »

TOI : **„Was für Kleidung trugen sie?"**

LA FEMME : „Sie hatten blaue Jeans und schwarze Jacken an. Bei diesem Wetter!"

TOI : **« Ce sont des jeans bleus et des vestes noirs qu'ils ont portés. Par ce temps ! »**

L'AGENT : « J'ai pris des notes et je vais m'en occuper. Pour être sincère, je ne crois pas que nous trouvions[5] les deux jeunes. Mais peut-être[6] qu'ils ont jeté le sac à main et qu'ils ont laissé au moins les papiers dedans. Si ceux-ci réapparaissent, nous vous informerons. »

Hinweise:

1 Die *mise en relief* wird in der Regel nur mit dem Präsens gebildet.

2 Steht *demi* nach, so wird es angeglichen; steht es allerdings voraus und wird mit einem Bindestrich mit dem Substantiv verbunden, dann bleibt es unverändert (z. B.: *Ils vont se rencontrer dans une demi-heure.*).

3 Bei der *mise en relief* ist *que* nur dann ein Relativpronomen, wenn es ein direktes Objekt hervorhebt (ansonsten ist *que* Konjunktion, z. B.: *C'est hier soir que j'ai vu Denis.*). Zur Angleichung des *participe passé* siehe S. 68.

4 Auch Infinitivkonstruktionen (siehe dazu S. 160–170) können hervorgehoben werden. Zu *sans* + Infinitiv siehe S. 165.

5 Nach *ne pas croire que* steht der *subjonctif.*

6 Steht *peut-être* voran, wird es in der gesprochenen Sprache mit dem Rest des Satzes durch *que* verbunden.

ufgabe 14

F C'est **ce qui** sert à[1] effacer des fautes écrites avec un crayon.

G C'est **ce que** le prof prend pour[2] écrire au tableau.

D C'est **ce qui** est nécessaire pour[2] dessiner des lignes.

H C'est **ce que** tu prends pour[2] noter tes devoirs.

C C'est **ce qui** sert à[1] nettoyer le tableau.

B C'est **ce qu'**on utilise pour[2] dessiner.

A C'est **ce que** tu peux employer pour[2] réviser la grammaire.

E C'est **ce qu'**on utilise pour[2] écrire une lettre.

Hinweise:

1 *servir à faire qc*

2 Zu *pour* + Infinitiv (als Ersatz für einen Nebensatz) siehe S. 163.

fgabe 15*

CHANTAL : « C'est terrible **ce qui** s'est passé ce matin[1]. J'étais au lit et dormais quand j'ai entendu sonner mon réveil **qui** se trouve à côté de mon lit. Tu sais, c'est un vieux truc **qui** fait beaucoup de bruit et **que**, jusqu'à maintenant, j'ai toujours très bien entendu. J'étais encore couchée au lit quand la porte **qui** donne sur[2] la terrasse s'est ouverte[3] lentement. **Ce que** j'ai vu m'a fait peur : Un grand chien noir aux yeux bleus[4] venait d'entrer[5] dans ma chambre. Je voulais crier mais je ne pouvais pas. Après, j'ai voulu bouger **ce qui** m'était impossible. Mais le chien **qui** m'avait tourné le dos ne s'intéressait plus à moi[6]. Il avait trouvé **ce qu'** il cherchait : quelque chose à manger. Près de la fenêtre se trouve la cage de mon hamster **que** mes parents m'ont acheté le mois dernier[7]. Le chien s'est approché lentement de[8] mon chéri **qui** voulait se cacher. Là, le chien s'est mis à sauter …

MARIE : « Et après ? »

CHANTAL : « Rien. Quand le chien s'est mis à sauter, moi **qui** étais[9] toujours au lit, je suis arrivée à crier finalement. Et pendant que je criais … je me suis réveillée[3]. **Ce que** je t'ai raconté, je l'ai rêvé ! Le réveil **que** j'ai entendu dans mon rêve a vraiment sonné mais j'ai continué à dormir … La porte **qui** s'était ouverte[3] dans mon rêve était bien fermée. Le hamster, lui, courait tranquillement sur la roue dans sa cage **ce qui** m'a beaucoup calmé. Je déteste faire[10] des rêves qui sont tellement réalistes ! »

Hinweise:

1 *ce matin :* heute morgen; aber: *ce matin-là :* an jenem Morgen

2 *donner sur qc :* auf/zu etw. gehen

3 Reflexive Verben werden im *passé composé* und im *plus-que-parfait* mit *être + accord* gebildet (siehe dazu auch S. 72/73).
4 Wird ein Körperteil als Attribut hinzugefügt, steht *à* + bestimmter Artikel.
5 *venir de faire qc :* gerade etw. getan haben
être en train de faire qc : gerade (dabei sein) etw. tun
6 Die direkten Objektpronomen *me, te, se, nous, vous* können nicht mit den gleichlautenden indirekten Objektpronomen verbunden werden. Daher wird das indirekte Objekt mit *à* + betontes Personalpronomen nachgestellt (siehe dazu S. 45).
7 *le mois dernier :* im letzten Monat
8 *s'approcher de qc/qn*
9 Hängt das Relativpronomen *qui* von einem betonten Personalpronomen ab, dann richtet sich das Verb des Relativsatzes nach der Person des Personalpronomens (vgl. dazu auch die Anmerkungen zur *mise en relief* S. 9).
10 *détester faire qc* (Zu weiteren Verben, die einen Infinitiv ohne Präposition anschließen, siehe S. 156.)

Aufgabe 16

Aufgabe 17

a) *Mon premier match de volley* **dont** je me souviens volontiers a fini par[1] une victoire pour mon équipe.

b) En 1783, les frères Montgolfier ont fait *une découverte* **dont** on parle encore beaucoup.

c) Mon père aime parler de *nos vacances d'il y a huit ans*[2] *sur la Côte d'Azur* **dont** je me souviens encore très bien.

d) *Le bruit* **dont** les voisins se plaignent vient de la fête de Thomas.

e) *Le bébé* **dont** Marius s'occupe crie de toutes ses forces.

Hinweise:

1 *finir par qc :* mit etw. enden;
aber: *finir qc :* etw. beenden (z. B.: *Il a fini ses devoirs.*)

2 vor (zeitlich – Zeitspanne): *il y a* (z. B.: *il y a deux ans*)
vor (zeitlich – Zeitpunkt): *avant* (z. B.: *avant le départ*)
vor (örtlich): *devant* (z. B.: *devant la maison*)

Aufgabe 18*

Kéwan est heureux. Ses parents lui ont fait un cadeau **dont** il se réjouit vraiment : un billet d'avion pour la Guadeloupe. Cette île **que** Kéwan et ses parents ont quittée[1] quand il avait cinq ans se trouve dans les Caraïbes. Kéwan **qui** y est né ne se le rappelle[3] plus bien. Ce **dont** il se souvient[2] le mieux[3], ce sont les longues plages de sable et les vieux pêcheurs **qui** savaient raconter beaucoup d'histoires intéressantes. Mais Kéwan sait aussi que la vie n'y avait pas été facile. Ses parents **qui** travaillaient dur[4] ne sont presque pas arrivés à gagner leur vie. C'est pourquoi ils ont quitté la Guadeloupe pour la France.
Après des années difficiles, son père a trouvé un bon travail **qu'**un ami lui a donné. Sa mère, elle aussi, est contente parce que les enfants **dont** elle s'occupe pour gagner aussi un peu d'argent l'aiment beaucoup. Il y a tout de même des choses **dont** ses parents se plaignent, surtout le racisme **qu'**on peut parfois rencontrer dans les banlieues de Paris, mais aussi en province.
Mais Kéwan **dont** les professeurs disent qu'il est un garçon gentil et drôle[5] est content de vivre en France métropolitaine **qui** est devenue sa patrie. Mais la Guadeloupe **dont** ses parents parlent souvent est aussi une partie de sa vie. C'est pourquoi il est si content de pouvoir revoir cette île **qu'**il n'a plus vu depuis presque dix ans.

Hinweise:

1 Das *participe passé* muss an das vorausgehende direkte Objekt (hier: *que*) angeglichen werden. Siehe dazu S. 68.

2 *se rappeler qc/qn ;* aber: *se souvenir de qc/qn*

3 *Le mieux* ist der Superlativ zu dem Adverb *bien (bien, mieux, le mieux)*. Siehe auch S. 61.

4 *travailler dur* (Zu weiteren Ausdrücken, bei denen das Adjektiv wie ein Adverb verwendet wird siehe S. 66.)

5 Zum indirekten Aussagesatz siehe 135–146.

Aufgabe 19*

a) Robespierre apprend la nouvelle **dont il est très content**.
b) Il veut imposer tous ses principes **dont il est convaincu**.
c) Il vote même la mort de son ancien ami Danton **dont il est mécontent**.
d) Les Jacobins, le groupe dont il fait partie, envoient des milliers de victimes à la guillotine **dont ils sont fiers**.
e) Peu à peu les Français détestent les méthodes du gouvernement **dont ils sont déçus**.
f) C'est pourquoi un groupe de révolutionnaires modérés renverse Robespierre **dont ils ne sont plus contents**.
g) Après sa mort en 1794, les Parisiens fêtent la fin de la terreur **dont ils sont très soulagés**.

Aufgabe 20

1 Notre voisin a deux filles	A dont les touches ne fonctionnent pas bien.
2 Voilà la pauvre fille	B dont le chien est mort.
3 Pour[1] pouvoir préparer le « kouglof », un gâteau alsacien, ma grand-mère cherche la recette	C dont j'ai oublié les noms.
4 A la discothèque, je vois sortir cette jolie fille	D dont le chef a licencié sa femme.
5 Mon père m'a acheté un nouveau portable	E dont elle ne se souvient plus.
6 J'ai écrit une longue lettre à ma corres	F dont j'ai fait la connaissance il y a un an.
7 Voilà l'homme	G dont je n'ai même pas pris le numéro de téléphone.

Hinweis:

1 Zu *pour* + Infinitiv als Ersatz für einen Nebensatz siehe S. 163.

fgabe 21* a) Amélie Nothomb est un écrivain français[1] **dont** j'aime beaucoup **le** roman « Robert des noms propres. »

b) Le personnage principal de ce roman est une jeune fille **dont la** vie est assez bizarre.

c) Elle porte un prénom extraordinaire (Plectrude) **dont** peu de gens comprennent **la** signification.

d) Après la mort de ses parents, Plectrude est adoptée par la tante Clémence **dont les** enfants pensent qu'elle est leur sœur.

e) Elle prend des leçons dans une école de danse **dont les** professeurs sont des professionnels.

f) En classe, elle dit toujours des bêtises **dont les** camarades pensent que ce sont des réponses géniales.

g) A l'école, elle tombe amoureuse d'un garçon, Mathieu Saladin, **dont le** visage est assez laid.

h) A quatorze ans, elle devient « petit rat » à l'Opéra de Paris **dont** le prestige est formidable.

i) Plectrude ne mange plus de produits laitiers **dont** elle craint **les** calories.

j) Lisez ce roman **dont la** fin va vous surprendre.

Hinweis:

1 Die Berufsbezeichnung *écrivain* ist immer maskulin, auch wenn sie sich wie hier auf eine Frau bezieht.

fgabe 22 a) Elle ne trouve pas **le CD dont elle a besoin pour sa mère**.

b) Dans la librairie, la vendeuse lui dit que[1] **le livre**[2] **dont elle a besoin pour sa sœur** est épuisé.

c) **Les rollers dont elle a besoin pour son frère** sont beaucoup trop chers.

d) Dans l'animalerie, quand elle veut payer **la souris/le jouet dont elle a besoin pour son chat**, elle n'a pas d'argent sur elle[3].

e) **La bouteille de vin dont elle a besoin pour son père** s'est cassée[4].

f) Dans sa chambre, elle cherche partout **le ballon de tennis dont elle a besoin pour son chien** mais il n'est pas là.

Hinweise:

1 Zum indirekten Aussagesatz siehe S. 135–146.

2 *La BD* kann aufgrund der Form *épuisé* nicht die Lösung sein.

3 *elle n'a pas d'argent sur elle ; il a d'argent sur lui*

4 Reflexive Verben werden im *passé composé* und im *plus-que-parfait* mit *être + accord* gebildet (siehe dazu auch S. 72/73).

Aufgabe 23

J'ai trouvé

- cinq jeux vidéo *dont trois sont à mon copain.* (trois, mon copain)
- des BD[1] *dont plusieurs[2] sont à mon frère aîné.* (plusieurs, à mon frère aîné)
- du chocolat *dont deux tablettes sont à ma sœur.* (deux tablettes, à ma sœur)
- des timbres *dont quelques-uns sont à mon père.* (quelques-uns, à mon père)
- dix cahiers *dont huit sont à ma copine.* (huit, à ma copine)
- des livres *dont plusieurs sont à mon voisin.* (plusieurs, à mon voisin)
- trois ours en peluche *dont un est à mon petit frère.* (un, à mon petit frère)

Hinweise:

1 Abkürzungen wie *BD, CD* und *DVD* bekommen im Plural kein Plural-*s*.

2 *Plusieurs* ist unveränderlich, auch wenn es sich auf ein weibliches Substantiv bezieht.

Aufgabe 24*

		juste	faux
a)	La légende autour du roi Arthur est une légende romaine[1].	☐	☒
b)	Le roi Arthur n'a jamais vécu[2].	☐	☒
c)	Le roi Arthur avait son pouvoir grâce à une épée.	☒	☐
d)	Lancelot était un des Chevaliers de la Table Ronde.	☒	☐
e)	Le Graal est un objet tiré de l'Ancien Testament[3].	☐	☒
f)	On ne sait pas comment le roi Arthur est mort.	☒	☐

Hinweise:

1 Geoffroy de Monmouth hat sein Buch zwar auf lateinisch geschrieben, aber er war kein Römer.

2 Man weiß nicht, ob er gelebt hat.

3 Der Gral wird bisweilen mit dem Abendmahlskelch gleichgesetzt, von dem im Neuen Testament gesprochen wird. Aber auch wenn du *la Cène* nicht als das letzte Abendmahl erkennst, kannst du dir die Lösung aufgrund der Nennung von Jesus erschließen, von dem nur im Neuen Testament die Rede ist.

ufgabe 25*

Unser Wohnblock - Nachricht (Rich-Text)

Datei Bearbeiten Ansicht Einfügen Format Extras Aktionen ?

An... Jacquesm93@wanadoo.fr

Cc...

Betreff: Notre immeuble

Cher Jacques,

Merci[1] beaucoup pour ton e-mail. Comment vas-tu ?/Ça va ? Est-ce que tu as réussi au test **dont** tu **as parlé** la dernière fois ?

J'ai enfin un nouvel ordinateur **dont** je suis très **fier**. Ainsi, nous pouvons nous écrire plus souvent.

Dans cet e-mail, je vais te parler un peu de notre immeuble **dont** je t'ai déjà envoyé **une photo**. Il a un petit jardin **dont** je suis **heureux**. Le propriétaire **dont** j'ai oublié **le nom** est très gentil. A droite de chez nous habite un nouveau locataire **dont** je t'ai déjà **parlé** et **dont se plaignent** beaucoup de gens[2]. Les enfants **dont les parents** ont l'appartement au-dessus de chez nous sont mes amis. Josef du premier étage **dont le frère** est aussi mon copain parle couramment (le) français. Je vais te le présenter. Au quatrième étage, il y a une vieille dame **dont** ma mère **s'occupe** régulièrement. Son mari **dont** je ne **me souviens** plus est mort il y a[3] huit ans. Sous le toit habite une fille **dont** je suis tombé **amoureux**. Il y a peu de temps/Récemment, elle m'a même écrit un message/un SMS **dont** je **me suis réjoui** beaucoup[4].

A bientôt
Max

Hinweise:

1 Im Französischen wird in Briefen/E-Mails nach der Anrede mit einem Großbuchstaben begonnen.

2 Bezieht sich *beaucoup* auf Personen oder Gegenstände, kann es nicht allein stehen, sondern braucht eine Ergänzung, z. B.:
viele (Menschen): *beaucoup de gens/beaucoup de personnes*
ich habe viele (von einer Sache): *j'en ai beaucoup*
ich lerne viele (Gedichte): *j'en apprends beaucoup*
aber: viel lernen: *apprendre beaucoup*

3 vor (zeitlich – Zeitspanne): *il y a* (z. B.: *il y a deux ans*)
vor (zeitlich – Zeitpunkt): *avant* (z. B.: *avant le départ*)
vor (örtlich): *devant* (z. B.: *devant la maison*)

4 sehr: beim Verb: *beaucoup* (z. B.: *s'ennuyer beaucoup*)
bei Adjektiven und Adverbien: *très* (z. B.: *être très heureux*)

Aufgabe 26

à l'ordinateur	*auquel*	le forum de discussion	*lequel*
le logiciel	*lequel*	aux touches	*auxquelles*
de la souris	*de laquelle*	du clavier	*duquel*
des écrans	*desquels*	à l'informatique	*à laquelle*
au message	*auquel*	des e-mails	*desquels*
aux sites	*auxquels*	les programmes	*lesquels*

Aufgabe 27

a) Je cherche mes clés de voiture **sans lesquelles** je ne peux pas partir.
b) La finale du championnat du monde **à laquelle** nous avons assisté était magnifique.
c) L'avion **avec lequel** tu voles est vieux.
d) Nicolas adore Internet[1] **grâce auquel** il a découvert le monde.
e) Luc attend son amie au parc central **au milieu duquel** il y a un banc pour les amoureux.
f) Sylvie regarde le rocher **sur lequel** quelqu'un a construit sa maison.
g) Monique cherche son hamster dans le lit **sous lequel** il se cache.
h) Pour[2] devenir vétérinaire, il faut passer un concours très difficile **pendant lequel** beaucoup de candidats échouent.

Hinweise:

1 Das Substantiv *Internet* wird im Französischen immer ohne Artikel verwendet (z. B.: *chercher sur Internet*).
2 Zu *pour* + Infinitiv (als Ersatz für einen Nebensatz) siehe S. 163.

Aufgabe 28

a) Au milieu de la photo se trouve une église **dont** tu connais sûrement le nom : Notre-Dame de Paris.
b) L'église autour **de laquelle** coule la Seine a été construite sur une des deux îles de Paris **dont** l'île de la Cité est la plus grande[1].
c) Le fleuve[2] au milieu **duquel** on peut reconnaître un bateau traverse toute la capitale.

d) Ce bateau près **duquel** tu vois une partie d'un pont transporte quelques-uns des milliers de touristes **dont** la ville de Paris est très fière.
e) Mais la richesse[3] culturelle de la ville **dont** les maires[4] s'occupent particulièrement n'attirent pas seulement des étrangers.
f) Cependant, le tourisme n'est pas la seule chose **dont** il faut parler.
g) La capitale de la France a beaucoup de problèmes comme le chômage, les prix des logements et la violence dans les banlieues en face **de laquelle** plusieurs hommes politiques ont déjà capitulé.

Hinweise:

1 Beim Komparativ steht *que*, beim Superlativ *de*.
(z. B.: *Il est plus grand <u>que</u> Marcel. Il est le plus grand <u>de</u> toute sa classe.*)
2 Als *fleuves* werden die Flüsse bezeichnet, die ins Meer münden *(les cinq fleuves de France : la Seine, la Loire, la Garonne, le Rhin, le Rhône)*, als *rivières* die übrigen.
3 *riche* : reich → *la richesse* : der Reichtum
4 *la mairie* : das Rathaus → *le maire* : der Bürgermeister

fgabe 29* Individuelle Lösung.

Jacques **devant qui/lequel** se trouve un porte-monnaie écoute de la musique.
Quelques enfants **parmi lesquels** se trouve aussi Sylvie jouent au foot.
Robert **au-dessus de qui/duquel** est assis un oiseau lit une BD.
Robert **derrière qui/duquel** se trouve un arbre lit une BD.
Louis et Rachel **entre lesquels** se tient un professeur se disputent.
Chantal **derrière qui/laquelle** se cache Marie chante.
Chantal **en face de qui/de laquelle** Robert lit une BD chante.
Marie **à côte de qui/de laquelle** se trouve une poubelle pleure.
Marie **devant qui/laquelle** se trouve une bouteille cassée pleure.

fgabe 30*

a) Le film « Les Choristes » **dont** le titre allemand est « Die Kinder des Monsieur Mathieu » était un grand succès en Allemagne[1] et en France[1].
b) Au centre du film se trouvent les garçons de l'internat « Fond de l'Etang » **à qui** M. Mathieu enseigne le chant.
c) Avec sa musique, M. Mathieu a trouvé **ce qui** intéresse ses élèves.
d) M. Rachin **qui** est le directeur de l'école n'aime pas que[2] M. Mathieu enseigne le chant aux garçons.

e) Rachin et Mathieu sont des profs **entre lesquels** il y a beaucoup de problèmes.
f) La discipline sévère est tout **ce que** le directeur aime.
g) Clément Mathieu est un pédagogue **en qui/lequel** les garçons de l'internat ont confiance[3].
h) Morhange **dont** M. Mathieu est très fier est le meilleur[4] chanteur.
i) Pepinot est le petit garçon **avec qui/lequel** M. Mathieu quitte l'internat.

Hinweise:

1 Bei weiblichen Ländernamen steht die Präposition *en*. Bei männlichen Ländernamen, die mit Konsonant beginnen, *au* (z. B.: *au Portugal, au Canada*).
2 Nach *ne pas aimer que* steht der *subjonctif*.
3 *avoir confiance en qn*; aber: *faire confiance à qn*
4 *Le meilleur* ist der Superlativ zum Adjektiv *bon (bon, meilleur, le meilleur)*.

Aufgabe 31*

a) Jean-Baptiste Colbert **dont le père** était simple marchand est devenu un des hommes politiques français les plus importants[1] de son époque.
b) Colbert pouvait multiplier ses activités commerciales **qui** prouvaient son talent pour l'organisation et les finances.
c) Colbert était l'homme de confiance du cardinal Mazarin **qui** estimait beaucoup son travail.
d) Colbert est entré au service du roi Louis XIV **auquel** le cardinal Mazarin l'avait recommandé.
e) A la cour du roi, il y avait beaucoup d'intrigues entre les ministres **parmi lesquels** se trouvaient Fouquet, Le Tellier et Louvois.
f) Réduire les importations, soutenir les manufactures, augmenter les exportations, voilà sa méthode commerciale **qu'**on appelle « le mercantilisme ».
g) Colbert savait qu'il y avait des dépenses[2] élevées à la cour royale et pour financer les guerres que Louis XIV menait **ce qui** provoquait un déficit budgétaire dangereux pour la stabilité de la France.
h) Colbert a travaillé pour renforcer[3] l'autorité du roi **dont les buts** étaient le pouvoir absolu et la centralisation de la France.

Hinweise:

1 Denke daran, bei den Adjektiven im Superlativ den bestimmten Artikel zu wiederholen bzw. zu setzen.
2 *dépenser qc*: etw. ausgeben → *les dépenses*: die Ausgaben
3 *la force*: die Kraft → *renforcer*: verstärken

Aufgabe 32

a) *à*[1]
b) *à*[1]
c) *sur le*
d) *au*
e) *dans les*
f) *en*[2]
g) *dans la*
h) *sur les*

							P	A	R	I	S		
						O	R	L	E	A	N	S	
						P	O	N	T				
				L	O	U	V	R	E				
				A	L	P	E	S					
		N	O	R	M	A	N	D	I	E			
				M	A	N	C	H	E				
C	H	A	M	P	S	–	E	L	Y	S	E	E	S

Hinweise:

1 Bei Städten wird die Präposition *à* verwendet.

2 Bei weiblichen Länder- und Provinznamen steht die Präposition *en*. Bei männlichen Ländernamen, die mit Konsonant beginnen, steht *au* (z. B.: *au Potugal, au Canada*), bei männlichen Provinznamen hingegen *dans le* (z. B.: *dans le Périgord*).

Aufgabe 33*

a) Est-ce que tu pourrais me dire pourquoi tu t'y[1] es identifié[2] ?
Könntest du mir sagen, warum du dich damit identifiziert hast?

b) Il a assisté à plusieurs cours, mais il ne s'y[1] est jamais intéressé[2] vraiment.
Er hat an mehreren Stunden teilgenommen, aber er hat sich nie wirklich dafür interessiert.

c) Il y a[3] deux semaines, il a commencé à[4] y réfléchir.
Vor zwei Wochen hat er begonnen, darüber nachzudenken.

d) Si vous étiez à ma place, est-ce que vous y réagiriez[5] ?
Wenn ihr an meiner Stelle wäret, würdet ihr darauf reagieren?

e) Penses-y[6].
Denke daran.

f) Est-ce que ce sont eux qui y ont joué ?
Sind sie es, die damit/dort gespielt haben?

g) Avant[4] son accident, elle s'y[1] était intéressée[2] beaucoup[7].
Vor ihrem Unfall hatte sie sich sehr dafür interessiert.

h) On lui a donné l'adresse de l'agence de tourisme et il y a écrit.
Man hat ihm die Adresse des Tourismusbüros gegeben und er hat dorthin geschrieben.

i) Quand nous avons fait nos devoirs, nous n'y avons pas fait attention.
Als wir unsere Aufgaben gemacht haben, haben wir nicht darauf aufgepasst.

j) Il n'y avait pas réagi.
Er hatte nicht darauf reagiert.

k) On lui a offert des drogues mais il y a renoncé.
Man hat ihm Drogen angeboten, aber er hat sie abgelehnt.

Hinweise:

1 Treffen ein Objektpronomen und ein Adverbialpronomen (*y* oder *en*) aufeinander, dann steht das Adverbialpronomen grundsätzlich an zweiter Stelle (siehe S. 45).

2 Reflexive Verben werden im *passé composé* und im *plus-que-parfait* mit *être + accord* gebildet (siehe dazu auch S. 72/73).

3 vor (zeitlich – Zeitspanne): *il y a* (z. B.: *il y a deux ans*)
vor (zeitlich – Zeitpunkt): *avant* (z. B.: *avant le départ*)
vor (örtlich): *devant* (z. B.: *devant la maison*)

4 *commencer à faire qc* : beginnen, etw. zu tun
commencer par faire qc : mit etw. beginnen (in einer Abfolge von Handlungen)

5 Zum Gebrauch der Zeiten und Modi im irrealen Konditionalsatz siehe S. 124/126.

6 Endet die Imperativform auf Vokal (Verben auf *-er* und *aller*), dann musst du vor *y* und *en* ein *s* anhängen (z. B.: *Mange<u>s</u>-en. Va<u>s</u>-y.*).

7 sehr: beim Verb: *beaucoup* (z. B.: *s'ennuyer <u>beaucoup</u>*)
bei Adjektiven und Adverbien: *très* (z. B. : = *être <u>très</u> heureux*)

Aufgabe 34

M. ROMARD : « Nous sommes déjà <u>à la gare de Paris</u> ? »
MME ROMARD : « Oui, **nous y sommes déjà**. »
M. ROMARD : « Nous allons tout de suite <u>à la sortie</u> ? »
MME ROMARD : « Oui, **nous y allons tout de suite**. »
M. ROMARD : « Tu cherches la ligne 5 <u>sur le plan de métro</u> ? »
MME ROMARD : « Non, **j'y cherche** la ligne 4. »
M. ROMARD : « Nous avons réservé une chambre <u>à l'hôtel près de la Bastille</u> ? »
MME ROMARD : « Non, **je n'y ai pas réservé de chambre**[1]. Nous passerons les nuits dans une auberge du Ve arrondissement. »
M. ROMARD : « Tu as pensé <u>à prendre nos papiers</u> ? »
MME ROMARD : « Oui, **j'y ai pensé**. »

M. ROMARD : « Mardi, nous allons faire une excursion à Versailles ? »
MME ROMARD : « Oui, **nous allons y faire une excursion.** »
M. ROMARD : « Tu veux que nous regardions[2] la collection « Arts de l'Islam » au musée du Louvre ? »
MME ROMARD : « Oui, **je veux que nous y regardions[2] la collection « Arts de l'Islam ».** »
M. ROMARD : « Tu as trouvé les horaires des musées dans « Paris Spectacle » ? »
MME ROMARD : « Oui, **j'y ai trouvé les horaires des musées.** »
M. ROMARD : « Un de ces jours, tu aimerais certainement te promener sur les Champs-Elysées ? »
MME ROMARD : « Oui, **j'aimerais m'y[3] promener**, si tu m'y[3] achètes des bijoux. »

Hinweise:

1 Vergiss nicht, aufgrund der Verneinung den unbestimmten Artikel von *une chambre* durch *de* zu ersetzen.

2 Nach Verben, die einen Wunsch ausdrücken, steht der *subjonctif* (siehe S. 107).

3 Treffen ein Objektpronomen und ein Adverbialpronomen (*y* oder *en*) aufeinander, dann steht das Adverbialpronomen grundsätzlich an zweiter Stelle (siehe S. 45).

ufgabe 35* Individuelle Lösung

Ces dernières années[1], j'ai passé la plupart de mes vacances à la maison. Seulement l'année dernière[1], mes parents m'ont emmené à faire un voyage au bord de la mer. Nous y avons loué une petite maison de vacances. Je ne me rappelle[2] plus le nom exact du lieu, mais c'était un petit village sur la Côte d'Azur.
J'y ai fait beaucoup de choses. Le matin[3], mon frère et moi, nous nous sommes baignés dans la mer. L'après-midi[3], j'ai participé à un cours de voile. C'était vraiment génial ! Malheureusement, je n'ai pas la possibilité de pratiquer ce sport chez moi. Le soir[3], nous sommes allés plusieurs fois au cinéma (même si, pour être sincère, je n'ai pas beaucoup compris) ou à des fêtes que la ville organisait. Les vacances étaient super cool. J'aime bien le soleil et la mer. Et si je peux faire du sport, c'est encore mieux.
Je vais demander à mes parents si, la prochaine fois, je peux y aller seul avec mes copains.

Hinweise:

1 *ces dernières années :* in den letzten Jahren
l'année dernière : im letzten Jahr

2 sich an etw. erinnern: *rappeler qc ; se souvenir de qc*

3 morgens/nachmittags/abends: *le matin/l'après-midi/le soir*

Aufgabe 36

a) Je m'en souviens volontiers. – **des dernières vacances**
b) Nous en revenons vers une heure. – **de l'école**
c) Le professeur d'histoire en parle. – **du Moyen Age**
d) Nos profs nous obligent à[1] en sortir pendant les récréations. – **de la salle de classe**
e) Comme[2] je ne sais pas nager, j'en ai peur. – **de la piscine**
f) Beaucoup d'élèves en sont fascinés à cause des expériences. – **de la chimie**
g) Si tu as fait attention aux cours, tu ne dois pas en avoir peur. – **des contrôles**
h) J'en ai besoin pour faire un dessin. – **d'un crayon**
i) Notre prof de musqiue aimerait que tous en jouent[3]. – **d'un instrument**
j) La plupart des élèves en rêvent[4]. – **d'une vie sans école**
k) A la maison, je m'en occupe seulement le soir. – **des devoirs**

Hinweise:

1 *obligatoire :* verpflichtend → *obliger qn à faire qc :* jdn. zu etw. verpflichten

2 Steht der Kausalsatz vor dem Hauptsatz, musst du *comme* verwenden, steht er danach, ist *parce que* üblich.

3 Nach Verben, die einen Wunsch ausdrücken, steht der *subjonctif* (siehe S. 107).

4 Nach *la plupart de* steht das Verb im Plural.

Aufgabe 37

a) Je ne veux plus en parler.
- ☐ Ich werde nicht mehr darüber reden.
- ☒ Ich will nicht mehr darüber sprechen.
- ☐ Ich wollte dort nicht sprechen.

b) Nous en avons besoin.
- ☐ Wir haben Freude daran.
- ☐ Wir besorgten uns etwas davon.
- ☒ Wir brauchen es.

c) Elle ne sait pas en jouer.
- [x] Sie kann es nicht spielen.
- [ ] Sie spielt es nicht.
- [ ] Sie wird es nicht spielen können.

d) Je n'en ai pas peur.
- [x] Davor habe ich keine Angst.
- [ ] Dort bekomme ich keine Angst.
- [ ] Dort habe ich keine Angst.

Aufgabe 38

a) Oui, **nous en avons plusieurs**.
b) Oui, **nous en avons deux bouteilles**.
c) Oui, **nous en avons six**.
d) Oui, **nous en avons un kilo**.
e) Oui, **nous en avons deux cents grammes**.

Aufgabe 39

M. ROMARD : « Non, **nous n'en avons pas encore**[1] **discuté**. »
M. ROMARD : « Oui, **nous en avons besoin**. »
M. ROMARD : « Moi aussi, **j'en rêverais**. »
M. ROMARD : « Oui, **j'en ai le courage**. »
M. ROMARD : « Non, **je n'en ai pas envie**. Le prix des billets est trop élevé. »

Hinweis:

1 *déjà → ne pas encore*

Aufgabe 40

MME ROMARD : « Oui, **nous en avons encore le temps**[1]. »
MME ROMARD : « Oui, **nous y allons aussi**. »
MME ROMARD : « Oui, **tu peux en descendre pour en acheter**. »
MME ROMARD : « Non, les statues de Niki de Saint Phalle **ne s'y trouvent pas**. »
MME ROMARD : « Oui, **on y va** pour trouver le Père-Lachaise. »
MME ROMARD : « Non, **nous n'allons pas y revenir**. »
MME ROMARD : « Oui, **je peux y aller/j'y vais**. »

Hinweis:

1 *avoir le temps/ne pas avoir le temps*

Aufgabe 41*

Cher Yves,

ma femme et moi, nous avons passé quelques journées à Paris. Depuis des années, j'avais l'intention d'y aller. Nous y avons visité beaucoup d'églises et de musées intéressants. Les Parisiens, eux aussi, étaient très gentils. Je vais y penser quand je m'énerve d'un automobiliste dont la voiture a le numéro 78. Comme tu le vois, nous en rentrons avec beaucoup de bons souvenirs. Nous en parlerons sûrment longtemps.

Cordialement, François

Yves Lavoine
9, rue du 14 juillet
12000 Rodez

Aufgabe 42

a) Le propriétaire la leur a louée.

- ☐ Le propriétaire a loué son bateau à Jean.
- ☒ Le propriétaire a loué sa maison à Jean et Marie.
- ☐ Le propiétaire a loué sa maison à Jean.

b) Ils la lui ont payée.

- ☒ Ils ont payé une caution au propriétaire.
- ☐ Ils ont payée une caution au propriétaire.
- ☐ Ils ont payée une caution à la propriétaire.

c) Il ne la leur a pas rendue.

- ☒ Il n'a pas rendu la caution à Jean et Marie.
- ☐ Il n'a pas rendu de la caution à Jean et Marie.
- ☐ Il n'a pas rendu la caution à Marie.

d) L'avocat la lui a écrite.

- ☐ L'avocat a écrit un message au propriétaire.
- ☐ L'avocat a écrit une lettre à Jean et Marie.
- ☒ L'avocat a écrit une lettre au propriétaire.

e) Le propriétaire la leur a envoyée.

☒ Le propriétaire a envoyé une photo avec les dégâts à Jean et Marie.
☐ Le propriétaire a envoyée une photo avec les dégâts à Jean et Marie.
☐ Le propriétaire a envoyé la caution à l'avocat.

Aufgabe 43

a) Ahmed et Suzanne **le lui** demandent.
b) Il **le leur** permet.
c) Il **les leur** donne.
d) Ils **le leur** promettent.
e) Un vendeur **les lui** offre.
f) Il **la lui** paie[1].
g) A la maison, les deux ne **le leur** disent pas.
h) Ceux-ci ne **le leur** demandent pas.

Hinweis:

1 Bei *payer* kann das *y* auch erhalten bleiben: *je paie/paye, tu paies/payes, il paie/paye, ils paient/payent ; je paierai/payerai ; je paierais/payerais*

Aufgabe 44

a) Elle **se les** achète.
b) Tu **me les** offres.
c) Je **vous les** vends.
d) Il va **te l'**envoyer.
e) Je **me les** pose.
f) Nous **nous les** lavons.
g) Ils **nous l'**ont montré.

Aufgabe 45

	correcte	fausse
a) Il me le demande depuis des semaines.	☒	☐
b) Nous vous avons le vendu à un bon prix. *Nous vous l'avons vendu à un bon prix.*	☐	☒
c) Je le te vais rendre la semaine prochaine. *Je vais te le rendre la semaine prochaine.*	☐	☒
d) Elles nous les apportent volontiers.	☒	☐
e) Il les raconte à nous. *Il nous les raconte.*	☐	☒

Aufgabe 46

Tu sais nous traduire la phrase « Videant consules ne quid res publica detrimenti capiat. » en français ?
Désolé, je ne peux pas vous la traduire. Je ne la comprends pas.
Tu peux me prêter ta calculette pour le contrôle ?
Désolé, je ne peux pas te la prêter. J'en ai besoin moi-même.
Sophie vous a donné le résultat du problème de maths ?
Non, elle ne nous l'a pas donné.
Vous vous êtes déjà demandé ce que vous allez faire ce soir ?
Non, nous ne nous le sommes pas encore demandé.
Tu peux m'expliquer ce problème ?
Oui, je peux te l'expliquer.

ufgabe 47 a) « Est-ce qu'il y a encore du coq au vin dans le four ? »
« Non, Pauline, il **n'y en a plus**[1]. Ton frère a tout mangé. »
b) « Chéri, tu apportes encore du vin pour nous ? »
« Oui, je **vous en apporte** volontiers. »
c) « Pauline, est-ce que tu te sers encore de la salade ? »
« Oui, je **m'en sers** encore une fois. »
d) « Paul, tu vas chercher encore de l'eau minérale dans le frigo ? »
« Oui, maman, je **vais y en chercher**. »
e) « Maman, est-ce que je peux inviter ma copine au dîner ? »
« Non, tu **ne peux pas l'y inviter**. On ne sera pas là. »
f) « Grand-mère a offert des sucreries à Pauline et à Paul ? »
« Oui, elle **leur en a offert**. »
g) « Tu as retrouvé ton couteau et ta fourchette sous ta chaise ? »
« Non, je **ne les y ai pas retrouvés**[2]. »
h) « Paul, tu passes ton dessert à ta sœur ? »
« Non, je **ne le lui passe pas**. Elle ne me remercie jamais. »

Hinweise:

1 *encore* → *ne plus*
2 Das *participe passé* muss an das vorausgehende direkte Objekt (hier: *les*) angeglichen werden. Siehe dazu S. 68.

ufgabe 48 a) « Est-ce que je vous ai déjà parlé de ma première sortie en mer ? »
« Non, tu ne **nous en** as pas encore parlé. »
b) « Est-ce que les pêcheurs ont déjà vendu leurs poissons au marché ? »
« Oui, ils **les y** ont déjà vendus. »
c) « Allons-nous regarder l'arrivée du ferry au port ? »
« Bof, je n'ai pas envie de **l'y** regarder. »
d) « Allez-vous acheter des pulls marins à la boutique ? »
« Oui, nous allons **y en** acheter. »
e) « Est-ce que tu peux nous donner de l'argent pour aller visiter l'aquarium ? »
« Bien sûr, je veux bien **vous en** donner. »
f) « Quand est-ce que nous avons donné r.-v. aux amis devant le phare ? »
« C'est exactement à 20 heures que nous **leur y** avons donné rendez-vous. »
g) « Avez-vous acheté des souvenirs au musée maritime ? »
« Non, nous n'**y en** avons pas encore acheté. »
h) « As-tu envoyé des cartes postales aux grands-parents ? »
« Mais oui, je **leur en** ai envoyé hier. »

Aufgabe 49*

a) Isabelle écrit une lettre à sa meilleure[1] amie.
Isabelle **la lui** écrit.

b) Le professeur demande[2] à un élève d'expliquer la faute à ses camarades[3] de classe.
Le professeur **le lui** demande.

c) Luc présente sa copine/son amie à ses parents.
Luc **la leur** présente.

d) Je vous ai envoyé les livres.
Je **vous les** ai envoyés[4].

e) Yvonne va se laver les mains./Yvonne se lavera les mains.
Yvone va **se les** laver./Yvonne **se les** lavera.

f) Mon chat s'intéresse beaucoup[5] à ma petite sœur.
Mon chat **s'intéresse** beaucoup[5] **à elle**[6].

g) M. Schneider a acheté une voiture à sa fille.
M. Schneider **la lui** a achetée[4].

h) Hier, le vendeur m'a vendu ces fleurs.
Hier, le vendeur **me les** a vendues[4].

i) Quand est-ce que tu me présente à tes parents ?
Quand est-ce que tu **me présente à eux**[6] ?

j) Ma femme voudrait poser les fleurs sur la table.
Ma femme voudrait **les y** poser.

k) Le guide montre aux touristes le palais où/dans lequel la reine anglaise a passé quelques nuits.
Le guide **le leur** montre.

l) Marc a toujours[7] rencontré ses amis dans le bar « Les trois mousquetaires ».
Marc **les y** a toujours[7] rencontrés[4].

Hinweise:

1 *Meilleur, e* ist der Komparativ zum Adjektiv *bon (bon, meilleur, le meilleur)*.

2 *demander <u>à</u> qn <u>de</u> faire qc*

3 *le cam<u>a</u>rade*

4 Das *participe passé* muss an das vorausgehende direkte Objekt angeglichen werden. Siehe dazu S. 68.

5 sehr: beim Verb: *beaucoup* (z. B.: *s'ennuyer <u>beaucoup</u>*)
bei Adjektiven und Adverbien: *très* (z. B. : *être <u>très</u> heureux*)

6 *Se* + *lui* und *me* + *leur* ist nicht möglich, daher muss das indirekte Objekt mit *à* + Personalpronomen wiedergegeben werden (siehe S. 45).

7 Zur Stellung der Adverbien in zusammengesetzten Zeiten siehe S. 57.

ufgabe 50

	verbe	adjectif	adverbe	phrase
a) Les élèves dorment tranquillement.	☒	☐	☐	☐
b) La grammaire m'intéresse vraiment peu.	☐	☐	☒	☐
c) Nous lisons un roman très intéressant.	☐	☒	☐	☐
d) Mon examen de chimie s'est assez mal passé.	☐	☐	☒	☐
e) Elle a facilement trouvé les Vosges sur la carte.	☒	☐	☐	☐
f) Mes profs sont plutôt sévères.	☐	☒	☐	☐
g) Le conducteur de bus conduit rapidement.	☒	☐	☐	☐
h) Heureusement, le contrôle a été facile.	☐	☐	☐	☒

ufgabe 51

R	D	T	P	A	M	H	U
B	E	A	U	C	O	U	P
C	M	R	A	B	I	E	N
E	A	D	T	O	N	M	A
N	I	E	S	M	S	L	O
E	N	C	O	R	E	D	R

1 beaucoup – peu
2 bien – mal
3 encore – ne … plus
4 demain – hier
5 tard – tôt
6 moins – plus

fgabe 52*

Chère Marianne,

J'espère[1] que tu vas bien. Tu m'as raconté que tu avais eu[2] des vacances. Comment est-ce qu'elles se sont passées[3] ? Moi, je dois aller à l'école. Demain, je vais avoir un contrôle de maths et jusqu'à maintenant, je n'ai encore rien fait. Tu sais, samedi, c'était l'anniversaire de ma meilleure[4] copine. Nos parents nous ont permis d'aller[5] en boîte. Comme nous sommes rentrées très tard, j'ai dormi jusqu'à dix heures. Mais après, j'étais trop fatiguée pour travailler pour l'école. J'espère que tout ira bien pour le contrôle.

Je t'embrasse. A bientôt, Lilli

Hinweise:

1 Im Französischen wird in Briefen/E-Mails nach der Anrede mit einem Großbuchstaben begonnen.

2 Zum Gebrauch der Zeiten in einem indirekten Aussagesatz, der durch ein Verb in der Vergangenheit eingeleitet wird, siehe S. 137.

3 Reflexive Verben werden im *passé composé* und im *plus-que-parfait* mit *être + accord* gebildet (siehe dazu auch S. 72/73).

4 *Meilleur, e* ist der Komparativ zum Adjektiv *bon (bon, meilleur, le meilleur)*.

5 *permettre de faire qc*

Aufgabe 53

deutsches Adjektiv	Adjektiv, männlich	Adjektiv, weiblich	Adverb
neugierig	curieux	curieuse	curieusement
vollständig	complet	complète	complètement
schüchtern	timide	timide	timidement
stark	fort	forte	fortement
leise	silencieux	silencieuse	silencieusement
unglücklich	malheureux	malheureuse	malheureusement
herkömmlich	traditionnel	traditionnelle	traditionnellement
sorgfältig	soigneux	soigneuse	soigneusement
schwierig	difficile	difficile	difficilement
ruhig	calme	calme	calmement
gefährlich	dangereux	dangereuse	dangereusement
kalt	froid	froide	froidement
leicht	facile	facile	facilement
ernst	sérieux	sérieuse	sérieusement

Aufgabe 54 Si l'on[1] parle d'ours, on pense **normalement** aux ours blancs ou à ceux[2] qui vivent dans les forêts de l'Amérique du Nord. Mais est-ce que tu savais qu'il y a encore quelques ours dans les Pyrénées ? Au milieu du XXe siècle[3], ils y

avaient presque **complètement** disparu. Mais dans les années 90 du dernier siècle, on a commencé[4] à les réintroduire. **Malheureusement**, il y a beaucoup de personnes qui n'en sont pas contents[5]. Ils disent que les ours sont dangereux pour l'homme. Certes, il y a des cas où des ours ont attaqué des moutons ou ont même blessé des hommes **sérieusement**. Mais **normalement**, on les rencontre **difficilement**. Presque **timidement**, l'ours se cache dans les forêts. Si on le rencontre tout de même, il faut prendre quelques précautions. Ne le regardez surtout pas **curieusement** mais retirez-vous **calmement**. C'est important parce que l'ours deviendrait **facilement** nerveux si vous couriez. Mais à la fin, est-ce que tu ne trouves pas que c'est beau que ces animaux vivent en Europe[6] ?

Hinweise:

1 Das *l'* ist hier weder Artikel noch Objektpronomen, sondern dient nur zur leichteren Aussprache.

2 Zu den Demonstrativpronomen siehe S. 1–8.

3 Im Französischen werden die Jahrhunderte in der Regel mit römischen Zahlen geschrieben. Da es sich dabei um Ordnungszahlen handelt (z. B. *le vingtième siècle*), die abgekürzt werden, wird noch ein ^{e} oder ^{ème} angehängt (*XX*^{e} *siècle* oder *XX*^{ème} *siècle*).

4 *commencer <u>à</u> faire qc* : beginnen, etw. zu tun
commencer <u>par</u> faire qc : mit etw. beginnen (in einer Abfolge von Handlungen)

5 *être content, e <u>de</u> qc*

6 Wie bei den weiblichen Ländernamen musst du auch bei den Bezeichnungen der Kontinente die Präposition *en* setzen *(en Europe, en Amérique, en Asie, en Afrique, en Australie)*.

Aufgabe 55

froid, e (kalt)	dangereux, se (gefährlich)	difficile (schwierig)
froideur : Kälte	danger : Gefahr	difficulté : Schwierigkeit
froidement	dangereusement	difficilement

jaloux, se (eifersüchtig)	long, longue (lang)	sourd, e (taub)
jalousie : Eifersucht	longueur : Länge	surdité : Taubheit
jalousement	longuement	sourdement

Aufgabe 56

deutsches Adjektiv	Adjektiv, männlich	Adjektiv, weiblich	Adverb
genau	précis		*précisément*
höflich	poli		*poliment*
absolut	absolu		*absolument*
riesig	énorme		*énormément*
bösartig	méchant		*méchamment*
intelligent	intelligent		*intelligemment*
hübsch	joli		*joliment*
vorsichtig	prudent		*prudemment*
freundlich	gentil		*gentiment*
offensichtlich	évident		*évidemment*
ausreichend	suffisant		*suffisamment*

Aufgabe 57

a) Ma voisine me salue toujours **gentiment**.
b) Marc n'aime pas rouler **prudemment**.
c) Sylvie rit **drôlement**.
d) Le chien m'a fait **énormément** peur.
e) **Evidemment**, c'est faux.
f) C'est **absolument** fou ce qu'il a fait.
g) Cédric ne s'entraîne pas **suffisamment** pour devenir un bon athlète.
h) Tu crois **vraiment** ?

Aufgabe 58

X	U	A	F	A	C	I	L	E	W	O
B	I	E	P	R	U	D	E	N	T	U
C	N	A	R	F	G	E	N	T	I	L
A	E	V	I	D	E	N	T	T	A	O
R	E	R	E	G	E	L	O	E	G	S
S	I	A	V	U	A	M	I	N	O	B
O	D	I	F	F	E	R	E	N	T	A

les adverbes :

faussement	facilement
absolument	évidemment
prudemment	lentement
franchement	gentiment
nettement	vraiment
mal	bien
différemment	légèrement

Aufgabe 59 Un personnage inconnu marche **machinalement** dans la rue[1]. Il se demande **tristement** où[2] il peut dormir, parce qu'il est sans domicile fixe. Il rêvait de réussir dans la « ville de lumière » : s'habiller **élégamment**, sortir **longuement** avec des amis, faire **facilement** la connaissance de filles … Mais maintenant il est **extrêmement** triste. Partout, il cherche **désespérément** un travail pour[3] sortir de sa misère. **Malheureusement**, il ne trouve pas d'emploi[4]. Il n'a pas d'amis[4], c'est pourquoi il est **absolument** seul. **Normalement**, il devrait avoir du contact avec sa famille. Il dit **fièrement** non à la possibilité de mendier. **Finalement**, il reste dans la rue[1] sans perspective d'avenir.

Hinweise:

1 *<u>dans</u> la rue ; <u>sur</u> la route*

2 Zur indirekten Frage siehe S. 147–149.

3 Zu *pour* + Infinitiv (als Ersatz für einen Nebensatz) siehe S. 163.

4 Nach der Verneinung steht *de* + Substantiv.

Aufgabe 60* Individuelle Lösung

Je voudrais présenter le livre « Vendredi ou la vie sauvage ». Michel Tournier, un auteur français, y raconte l'histoire du célèbre Robinson Crusoe.
Après une tempête, il se retrouve seul sur une île. Il doit apprendre à y survivre. Après quelque temps, l'Indien Vendredi arrive sur l'île. Maintenant, Robinson a du moins un copain.
Le livre me plaît parce que j'aime les aventures et les pays exotiques. J'ai trouvé intéressent de voir comment Robinson et l'Indien qui viennent de deux cultures très différentes se débrouillent.
Même si je n'ai pas tout compris, j'ai pu suivre l'histoire. C'est pourquoi je peux recommander ce livre à tous.

Aufgabe 61

a) Pour être un bon conducteur, il faut être **prudent** et conduire **prudemment**.
b) « Savoir » est un verbe **irrégulier**. Il faut le conjuger **irrégulièrement** .
c) Alice est une **bonne** élève. Elle travaille **bien**.
d) Le TGV roule très **rapidement**. C'est un train **rapide**.
e) La solution du problème est **évidente**. C'est **évidemment** facile à comprendre.
f) Notre voisine est **curieuse**. Elle écoute **curieusement** derrière la porte.

Aufgabe 62

a) **Hier**, M. Bertrand a eu un accident.
b) **Apparemment**, l'autre n'a pas fait attention.
c) **Heureusement**, les deux ne sont pas blessés.
d) **Malheureusement**, la voiture de M. Bertrand ne roule plus.
e) **Bien sûr**, l'autre doit payer.
f) **Demain**, M. Bertrand va avoir une autre voiture.

Aufgabe 63

a) Je suis **assez** content du[1] résultat.
b) A mon avis, il est **complètement** fou.
c) Elle n'est pas **très** gentille avec[2] son fils.
d) Quelquefois, il est **trop** courageux.
e) C'est un cas **absolument** rare.
f) En maths, mon copain sait **vraiment** peu de choses.
g) Ma mère comprend **assez** bien l'italien.

Hinweise:

1 *être content de qc*
2 *être gentil, le avec qn*

Aufgabe 64

a) Les élèves dorment tranquillement.
b) Le professeur s'énerve difficilement.
c) Il explique calmement les problèmes aux élèves.
Il explique les problèmes calmement aux élèves.
d) Il parle très bien l'anglais.
e) Il s'occupe sérieusement des problèmes de ses élèves.

Aufgabe 65

a) Le boxer s'est défendu **courageusement**.
b) Le bébé a dormi **tranquillement**.
c) Notre prof a **bien** expliqué la grammaire.
d) Pierre et Philippe ont travaillé **ensemble**.
e) J'ai cherché mon chien **désespérément**.
f) Ma mère a **mal** pris son licenciement.
g) Mes copains m'ont invité **gentiment**.
h) Pendant sa maladie, Sophie a **beaucoup** dormi.
i) Nous avons **trop** bu.

fgabe 66* a) Ma grand-mère n'est pas souvent partie en vacances.
b) Elle s'est sentie[1] bien à la maison.
c) Pour[2] pouvoir s'occuper de[3] ses enfants, elle a renoncé complètement à[4] un autre travail.
d) Avec son intelligence extraordinaire, elle a appris facilement plusieurs[5] langues.
e) Ma mère dit qu'elle a dansé élégamment.

Hinweise:

1 Reflexive Verben werden im *passé composé* und im *plus-que-parfait* mit *être* + *accord* gebildet (siehe dazu auch S. 72/73).
2 Zu *pour* + Infinitiv (als Ersatz für einen Nebensatz) siehe S. 163.
3 *s'occuper de qc/qn*
4 *renoncer à qc* (Zum Anschluss von Infinitiven an Verben siehe S. 156–159.)
5 *Plusieurs* ist immer unveränderlich, auch wenn es sich auf ein weibliches Substantiv bezieht.

ufgabe 67 a) J'aime sortir tous les soirs **élégamment**.
b) J'adore **absolument** le rap français.
c) Je sais me faire des amis **facilement**.
d) Je voudrais faire **rapidement** ta connaissance.
e) Je viens de tomber **passionnément** amoureuse d'un garcon de ma classe.
f) Je sais prendre les problèmes **légèrement**.
g) Je déteste faire le ménage **soigneusement**.
h) Je n'ai pas envie d'expliquer **longuement** ce que je veux.
i) A cause d'un accident de ski, je dois faire de la gymnastique **régulièrement**./
A cause d'un accident de ski, je dois faire **régulièrement** de la gymnastique.

fgabe 68* Individuelle Lösung

Je suis complètement fou de football.
J'accepte mal de perdre un match.
J'apprends difficilement les langues.
J'aime bien m'habiller élégamment.
Je sais bien jouer de la guitare.
Malheureusement, je n'ai pas de frères et sœurs.

Aufgabe 69

			Steigerung	
Adjektiv (dt.)	**Adjektiv (frz.)**	**Adverb**	**Komparativ**	**Superlativ**
einfach	simple	simplement	plus simplement	le plus simplement
ruhig	calme	calmement	plus calmement	le plus calmement
schnell	rapide	rapidement	plus rapidement	le plus rapidement
trocken	sec, sèche	sèchement	plus sèchement	le plus sèchement
lustig	drôle	drôlement	plus drôlement	le plus drôlement
langsam	lent, e	lentement	plus lentement	le plus lentement
kalt	froid, e	froidement	plus froidement	le plus froidement
schwierig	difficile	difficilement	plus difficilement	le plus difficilement
gefährlich	dangereux, se	dangereusement	plus dangereusement	le plus dangereusement
vorsichtig	prudent, e	prudemment	plus prudemment	le plus prudemment
nett	gentil, le	gentiment	plus gentiment	le plus gentiment
wirklich	vrai, e	vraiment	–	–
offensichtlich	évident, e	évidemment	–	–

Aufgabe 70

1. – Elle regarde **moins souvent** la télé.
2. – Elle fait **moins vite** ses devoirs.
3. + Elle rentre **plus tard** le soir.
4. + Elle se lève **plus tôt** le matin.
5. – Elle prépare **moins régulièrement** les repas.
6. – Elle comprend **moins facilement** la grammaire.

7. – Elle a **moins envie** de danser.
8. + Elle mange **plus**.
9. + Elle travaille **mieux** à l'école.
10. – Elle dort **moins profondément**.

ufgabe 71

Parle **plus fort**.
Rentre **plus tôt** à la maison.
Salue **plus gentiment/poliment**.
Fais tes devoirs **plus régulièrement**.
Ecris **plus soigneusement**.
Réfléchis **plus souvent**.
Travaille **plus**.
Ris **plus souvent**.
Marche **plus lentement**.
Mange **moins**.

fgabe 72*

Individuelle Lösung

a) Je vais jouer (jouerai) le plus longuement possible à mon jeu d'ordinateur préféré.
b) Je vais apprendre (j'apprendrai) le plus vite possible mon vocabulaire.
c) Je vais courir (courrai) le plus souvent possible autour du lac.
d) Je vais nettoyer (nettoierai) le plus soigneusement possible ma bicyclette.
e) Je vais m'habiller (m'habillerai) le plus drôlement possible.
f) Je vais faire (ferai) du skate le plus élégamment possible.

ufgabe 73

a) Simon salue **moins gentiment que** Louis.
b) Simon parle **moins lentement que** Louis.
c) Simon court **aussi vite que** Louis.
d) Simon joue **mieux** de la guitare **que** Louis.
e) Simon va **aussi souvent** en boîte **que** Louis.
f) Simon réfléchit **moins longuement que** Louis.
g) Simon accepte **aussi mal** une mauvaise note **que** Louis.
h) Simon joue **plus élégamment** au tennis **que** Louis.
i) Simon écoute **aussi attentivement que** Louis.
j) Simon rit **plus drôlement que** Louis.

Aufgabe 74

d'un air heureux

d'un air triste

d'un air innocent

d'un air mécontent

d'un air insolent

d'un air désespéré

d'un air fatigué

d'un air amoureux

d'un air surpris

d'un air interrogatoire

d'un air content

d'un air fâché

Aufgabe 75

a) Les pompiers répondent **d'un ton énérvé** aux questions des journalistes.
b) Francoise et Michelle présentent leur exposé **d'une façon/d'une manière intéressante**.
c) Le chanteur donne des autographes **d'un air ennuyeux**.
d) Le champion attaque son adversaire **d'une façon/d'une manière aggressive**.

Aufgabe 76*

Individuelle Lösung

a) d'un ton gentil : …, est-ce que je pourrais te parler, s'il te plaît ? Ces derniers temps, tu as fait tes devoirs peu soigneusement. Je sais que parfois, les devoirs ne sont pas très intéressants. Mais tu es un garçon intelligent et il serait vraiment dommage si tu devais redoubler la classe.

b) d'un ton énervé : Ecoute, je t'ai dit déjà mille fois que tu dois faire tes devoirs plus soigneusement ! Quand est-ce que tu vas le comprendre !

c) d'un ton désespéré : …, je ne sais plus quoi faire. Pourquoi est-ce que tu ne fais pas tes devoirs plus soigneusement ?

fgabe 77* Individuelle Lösung

Ma mère a été au marché. Elle a voulu acheter un gâteau. Au stand pâtisserie, ils avaient des gâteaux qui **sentaient** vraiment très **bon**. Ma mère en[1] a choisi un au chocolat et elle a demandé le prix[2]. La vendeuse **a parlé** très **bas**. C'est pourquoi ma mère a compris que le gâteau coûtait 13 euros. Quand elle a payé, elle a remarqué que la vendeuse voulait avoir 30 euros ! Elle le **vendait** très **cher**. Au stand suivant, ma mère voulait avoir des poissons. Mais ils **sentaient mauvais**. C'est pourquoi, elle ne les a pas achetés[3]. Au troisième stand, une femme âgée **a parlé** très **fort**. Ma mère a presque eu mal aux oreilles. De plus, elle a constaté que le vendeur lui **avait vendu** les fraises trop **cher**. Quand un garçon a commencé à[4] **chanter faux**, elle a préféré[5] rentrer. Mangeons donc seulement du gâteau, il a coûté tellement cher …

Hinweise:

1 Zu *en* bei Zahlenangaben siehe S. 37.

2 *demander qc à qn*

3 Das *participe passé* muss an das vorausgehende direkte Objekt (hier: *les*) angeglichen werden. Siehe dazu S. 68.

4 *commencer <u>à</u> faire qc :* beginnen, etw. zu tun
commencer <u>par</u> faire qc : mit etw. beginnen (in einer Abfolge von Handlungen)

5 *préférer faire qc*
(Zum Anschluss von Infinitiven an Verben siehe S. 156–159.)

ufgabe 78

a) Les chansons qu'ils ont **chantées** sont de Céline Dion.
b) La lettre que tu as **écrite** arrivera dans deux jours.
c) Nicole qui a **acheté** une nouvelle voiture a eu un accident.
d) Le repas que tu as **préparé** est délicieux.
e) Les photos qu'il m'a **montrées** ne me plaisent pas.
f) Le seul tableau que ce peintre a **créé** se trouve au Louvre.
g) La musique que tu as **écoutée** date des années soixante.
h) L'artiste qui a **annoncé** une tournée en France est tombé malade.

Aufgabe 79*

a) L'**industrie** qui s'est développée au XIXe siècle est une des causes de la **destruction** de la nature.
b) Le changement du **climat** et les **marées noires** qu'on a vues aussi sur les côtes françaises nous incitent à faire quelque chose pour la **protection** de l'**environnement**.
c) Mais quoi faire contre la **pollution** que notre civilisation a provoquée et que nous provoquons toujours ?

Aufgabe 80

a) René **l'a réservée**.
b) René **l'a confirmée**.
c) Je **l'ai payée**.
d) Mes parents **l'ont acheté**.
e) Je **les** ai **achetés**.
f) Je **les** ai **réservées**.
g) René **les** a **contrôlés**.
h) René et moi, nous **les** avons **rendus**.
i) Je **l'ai donné** à la voisine.
j) René **les** a **arrosées**.
k) René **les** a **louées**.
l) René et moi, nous **les** avons **retirés**.

Aufgabe 81*

Il y a peu de temps, j'ai **eu** une invitation au Parc Disney que je souhaitais depuis très longtemps. Ma copine me l'a **donnée** pour mon anniversaire. Malheureusement, ma mère m'a **obligée** à[1] emmener ma petite sœur. Le samedi après mon anniversaire[2], nous sommes **arrivées** très tôt devant les portes du Parc qu'on a **ouvert/ouvertes** ce jour-là déjà à sept heures du matin[3]. Jusqu'à ce moment-là, ma petite sœur nous a **accompagnées** sans rien dire. Mais ensuite, elle **a commencé** à nous dire ce qu'elle voulait voir : « Allons chercher la princesse que nous avons **vue** sur l'affiche. » Comme par hasard cette princesse se trouvait près de nous, je l'ai **montrée** à ma sœur. Ensuite, elle voulait voir le château, saluer Mickey, jouer au pirate, etc. Ma copine Sara, par contre, voulait nous montrer un endroit particulier du Parc. Elle l'a **découvert** la dernière fois qu'elle y **a été**. Tout à coup, nous **avons été** devant une grande pierre qui représentait une tête de mort. Au moment où[4] je l'ai **vue**, j'**ai eu** une idée. Maintenant, je savais comment faire pour que ma petite sœur me laisse tranquille ce jour-là …

Hinweise:

1 *obligatoire* : verpflichtend → *obliger qn à faire qc* : jdn. zu etw. verpflichten
2 Wochentage stehen mit dem Artikel, wenn eine Wiederholung gemeint ist (z. B.: *Le samedi, je vais toujours voir ma grand-mère.*) oder wenn der Wochentag näher bestimmt ist (z. B.: *Nous retournerons le lundi de Pâques*). Andernfalls steht kein Artikel (z. B.: *Vendredi, nous avons écrit un contrôle d'anglais.*).
3 *à sept heures du matin*
4 *le moment où*

gabe 82* Individuelle Lösung

Je lui ai montré cette pierre et lui ai dit qu'elle était vivante. Dans le passé cette pierre avait mangé beaucoup de petits enfants qui avaient été très égoistes et qui ne pensaient qu'à eux. Ma petite sœur est devenue pâle et a fait un signe de tête pour nous dire qu'elle avait compris. Elle ne nous a plus dérangé de toute la journée.

gabe 83*

☒ laver	☐ courir	☐ arriver	☒ demander
☐ venir	☒ réveiller	☒ regarder	☒ bouger
☒ mettre	☒ lever	☐ naître	☒ contrôler
☒ adresser	☐ mourir	☒ acheter	☒ présenter

Individuelle Lösung

a) Pendant nos vacances sur le terrain de camping, nous **nous lavons** toujours à l'eau froide. **(objet direct)**
b) Nous **nous demandons** s'il a oublié notre rendez-vous. **(objet indirect)**
c) Mes parents **se réveillent** à cause du bruit que nous faisons. **(objet direct)**
d) Les deux qui sont assis à la table à côté de nous, **se regardent** déjà depuis le début de la soirée sans se parler **(objet direct)**.
e) Je **me mets** à la place de ma meilleure copine. **(objet direct)**
f) Quand je rentre de l'école, mon chien **se lève** du sofa et court vers moi. **(objet direct)**
g) Il faut apprendre à **se contrôler**. **(objet direct)**
h) Comme nous ne savons plus où nous sommes, mon père **s'adresse** à un homme qui passe. **(objet direct)**

i) Avec mon prochain argent de poche, je veux **m'acheter** le nouveau jeu vidéo. **(objet indirect)**

j) Dans cette lettre, je **me présente** à ma nouvelle corres française. **(objet direct)**

Aufgabe 84*

a) Georges a joué avec sa sœur, après, il lui a préparé un repas et enfin, il lui a raconté une histoire.	Georges s'est occupé de sa sœur.
b) Il a rit de leur comportement et il a mal parlé d'eux.	Il s'est moqué d'eux.
c) Il a cherché un agent de police et il lui a posé une question.	Il s'est adressé à un agent de police.
d) Jacques a dormi. Tout à coup, il a ouvert les yeux.	Jacques s'est réveillé.
e) Après le déjeuner, mon frère a repoussé sa chaise et a quitté sa place.	Mon frère s'est levé.
f) Il a couru derrière un arbre. Il ne voulait pas que quelqu'un le trouve.	Il s'est caché.
g) M. Est est allé chez un vendeur de voitures. Deux heures plus tard, il avait une nouvelle voiture.	M. Est s'est acheté une nouvelle voiture.
h) Le professeur a perdu son calme et a commencé à crier.	Le professeur s'est énervé.

Aufgabe 85

s'éloigner | se disputer | ✗ se laver
✗ se demander | se sentir | se balader
se tromper | s'habituer | s'agir
✗ s'écrire | ✗ se compliquer
s'entraîner | s'endormir | ✗ se passer
✗ s'acheter | se cacher
se voir | se montrer | s'amuser | ✗ se dire

Aufgabe 86

a) Chantal **s'est réveillée**.
b) Elle **s'est levée**.
c) Elle **s'est lavée**.
d) Elle **s'est brossé** les dents.
e) Elle **s'est habillée**.
f) Elle **s'est mise/assise** à table.
g) Elle **a regardé** sur le calendrier.
h) Elle **s'est couchée**.

Aufgabe 87*

A 6 h 20, la radio **s'est allumée** et je **me suis réveillé**. Mais peu après, je **me suis endormi** de nouveau.
A 6 h 50, ma mère **m'a réveillé**. Je **me suis levé**, je **me suis brossé** les dents, je **me suis lavé** et je **me suis habillé**.
A 7 h 05, j'**ai pris** le petit déjeuner. Malheureusement, j'**ai renversé** le bol de chocolat et ma mère **s'est énervée**. Nous **nous sommes disputés**.
A 7 h 15, je **suis parti**. Comme[1] j'**ai eu** froid[2], je **suis retourné** à la maison et j'**ai mis** un manteau plus chaud.
A 7 h 45, je **suis reparti**. Comme[1] j'étais en retard, j'**ai couru**[3] et je **n'ai pas fait** attention à une fille en vélo. Elle **est tombée** et elle **s'est blessée**. Elle **s'est plainte** de douleurs dans la jambe. Je **me suis inquiété**. Nous **sommes allés** chez un médecin. Heureusement, elle **n'a pas eu** de blessures graves. Elle **s'en est réjouie**. Je **me suis excusé** pour l'accident. Après ce choc, nous **nous sommes achetés** des petits pains au chocolat.
A 8 h 40, je **suis arrivé** à l'école. Comme[1] le cours avait déjà commencé, le proviseur **s'est adressé** à moi[4]. Je **me suis défendu**. Il **m'a donné** tout de même une heure de colle.

Hinweise:

1 Steht der Kausalsatz vor dem Hauptsatz, musst du *comme* verwenden.
2 *avoir froid/chaud*
3 *avoir couru, avoir marché, avoir nagé, avoir bougé*
4 *Se* + *me* ist nicht möglich, daher muss das indirekte Objekt mit *à* + Personalpronomen wiedergegeben werden (siehe S. 45).

Aufgabe 88* Individuelle Lösung

Fragebogen

a) Wie oft hast du dir heute die Hände gewaschen?
Aujourd'hui, je me suis lavé les mains trois fois.

b) Wo habt ihr, deine Freunde und du, das letzte Mal Spaß gehabt?
Nous nous sommes amusés en boîte.

c) Wann ist dein Bruder/deine Schwester am Wochenende ins Bett gegangen?
Ma sœur s'est couchée à sept heures parce qu'elle était malade.

d) Hast du schon einmal im Meer gebadet?
Oui, je m'y[1] *suis baigné(e) souvent.*

e) Deine beste Freundin und du, wie viele SMS habt ihr euch gestern geschrieben?
Nous nous sommes écrit cinq SMS.

f) Hast du dich als Kind für Autos interessiert?
Non, je ne m'y[1] *suis pas intéressé(e). J'ai préféré les ours en peluche.*

g) Hast du dich in den letzten Tagen um deine Hausaufgaben gekümmert?
Oui, ces derniers jours, je m'en[1] *suis occupé(e).*

h) Hat sich deine Klasse auf der letzten Schulfahrt wohlgefühlt?
Oui, elle s'y[1] *est sentie très bien.*

i) Wie oft hat dein Sportverein im vergangenen Monat trainiert?
Mon association sportive s'est entraînée cinq fois.

j) Was für ein Auto haben sich deine Eltern gekauft?
Mes parents se sont acheté une Renault[2]*.*

k) Hast du dich schnell an das Französische gewöhnt?
Non, je ne m'y[1] *suis pas habitué(e) très vite.*

l) Wie oft hat sich deine Familie in der letzten Woche gestritten?
Elle s'est disputée trois ou quatre fois.

m) Hat sich gestern jemand über dich lustig gemacht?
Oui, mon frère s'est moqué de moi parce que je suis tombé(e) dans l'escalier[3]*.*

n) Haben sich im letzten Jahr einige Kameraden das Leben selbst schwer gemacht?
Marie et Céline se sont compliquées la vie : Elles ont toujours provoqué la prof.

o) Was hast du dich in der letzten Zeit am häufigsten gefragt?
Je me suis demandé(e) si je réussirais au contrôle de français.[4]

p) Wo hat sich im vergangenen Schuljahr dein Sitzplatz befunden?
Ma place s'est trouvée près de la porte.

Hinweise:

1 Treffen ein Reflexivpronomen und ein Adverbialpronomen (*y* oder *en*) aufeinander, so steht das Adverbialpronomen stets hinter dem Reflexivpronomen.
2 Markennamen von Autos sind im Französischen immer weiblich.
3 auf der Treppe: *dans l'escalier*
4 Zur indirekten Frage siehe S. 147–149.

fgabe 89*

1 neu einsetzende Handlung, die abgeschlossen ist
2 neu einsetzende Handlung (1970, nach der Niederlassung von Airbus)
3 neu einsetzende Handlung (nach der Niederlassung von Airbus)
4 neu einsetzende Handlung (nach dem Bau des Airbus), die abgeschlossen ist
5 Beschreibung (er konnte vor und nach der Namensgebung so viele Passagiere transportieren)
6 neu einsetzende Handlung (nach dem Bau des ersten Airbus)
7 Beschreibung (Die Rechtfertigung liegt immer noch vor.)
8 Beschreibung (Der Platz war schon vorhanden und ist es immer noch.)
9 Beschreibung (Das System war einfach und ist es immer noch.)
10 neu einsetzende Handlung, die abgeschlossen ist
11 neu einsetzende Handlung, die abgeschlossen ist
12 Beschreibung (Die Flugzeuge heißen immer noch so.)
13 Beschreibung (Man wollte schon, bevor man gehandelt hat.)
14 Beschreibung (Man plante schon, bevor man es umsetzte.)
15 neu einsetzende Handlung, die abgeschlossen ist
16 Beschreibung (Der Name ließ schon zuvor daran denken und macht es immer noch.)
17 neu einsetzende Handlung, die abgeschlossen ist
18 neu einsetzende Handlung (nach der Ablehnung), die abgeschlossen ist
19 Beschreibung (Der Name ließ schon zuvor daran denken und macht es immer noch.)
20 Beschreibung (Die 8 visualisierte die Fenster schon schon vorher und tut es immer noch.)
21 Beschreibung (Die Chinesen und Japaner waren schon vorher dieser Ansicht und sind es immer noch.)
22 Beschreibung
23 Beschreibung (Sie hofften schon vorher.)
24 neu einsetzende Handlung, die abgeschlossen ist

25 neu einsetzende Handlung (Probleme traten erst in der Folge auf.)
26 neu einsetzende Handlung (nach dem Auftreten der Probleme)
27 Beschreibung (Die Probleme gab es schon vor der Veröffentlichung.)
28 Beschreibung
29 Beschreibung (Nicht erst ab der Veröffentlichung musste mit Verlusten gerechnet werden.)
30 neu einsetzende Handlung (nach der Veröffentlichung.)
31 neu einsetzende Handlung, die abgeschlossen ist (nach der Veröffentl.)
32 neu einsetzende Handlung, die abgeschlossen ist (nach der Veröffentl.)

Aufgabe 90* Individuelle Lösung

Toulouse est le centre européen de l'Aéronautique et de l'Espace. La compagnie Airbus y a aussi des usines.

Les noms des premiers avions d'airbus ont suivi un système simple. On prenait le chiffre du dernier avion et on ajoutait dix.

L'A380 est pour le moment le plus grand avion d'Airbus. En 2006, on a rencontré des problèmes pour lesquels on a cherché des solutions.

Le chiffre 8 qui se trouve dans le nom A380 veut nous dire quelque chose.
Le 8 rappelle les deux rangées de fenêtres de l'avion. De plus, le 8 est un porte-bonheur pour les passagers qui viennent de la Chine ou du Japon.

Aufgabe 91* « Tu sais, pour mon anniversaire, mon père m'**a offert** un billet pour[1] pouvoir regarder un match de rugby. Et aujourd'hui, c'**était** le grand jour : Je **suis allé** au stade. Tu peux t'imaginer que j'**étais** très nerveux avant le match. Mon équipe, celle de Toulouse, **rencontrait** celle de Narbonne. Les Toulousains **avaient** l'avantage d'avoir gagné les trois matchs derniers. Les Narbonnais, par contre, **ont subi** une grande défaite à domicile le week-end dernier. C'est pourquoi ils **manquaient** un peu de confiance en[2] eux, mais ils **avaient** une grande volonté pour gagner ce match.
Comme d'habitude, les joueurs toulousains **portaient** des tricots rouges et noirs. Tu te rappelles[3] le jour où[4] nous **nous sommes vus** la première fois ? Ce jour-là, je t'**ai montré** une photo de mon chien. Il **était en train** de déchirer mon tricot de supporter.
Mais je **voulais** te parler du match. A la 6e minute, un joueur des Narbonnais **a inscrit** le premier essai. J'**ai été** très triste. Dans le rugby, un essai est une sorte

de but que tu connais du foot. C'est comme cela qu'une équipe peut faire des points. Pendant les minutes, qui **ont suivi**, les Toulousains **étaient** paralysés. Les Narbonnais, par contre, **avaient** d'autres occasions. A la 26e minute, un joueur narbonnais **a dû** quitter le terrain en raison d'une blessure. L'entraîneur l'**a remplacé** par un jeune joueur que je **ne connaissais pas**. Après le match, j'**ai appris**, que c'était la première fois qu'il **jouait** en première division. Trois minutes après le remplacement, l'équipe de Narbonne **s'est laissée** surprendre. A partir de ce moment, le match **a tourné** à l'avantage des Toulousains. Ils **ont résisté** un peu mieux en mêlée. Juste avant la pause, notre star **a inscrit** une pénalité et **a remis** les deux formations à égalité. En seconde mi-temps, les Toulousains **étaient** l'équipe prédominante. Ils **profitaient** de la moindre erreur de leurs adversaires. A la 73e minute, un joueur narbonnais **a donné** l'occasion aux Toulousains d'assurer leur victoire. Plaqué par son adversaire, il **a perdu** le ballon. A la dernière minute de la rencontre, un joueur narbonnais **a tenté** une ultime pénalité, mais il l'**a manquée**. Après le match, les Narbonnais **étaient** très déçus. Mais nous, les supporters de l'équipe toulousaine, on **a fêté**. »

Hinweise:

1 Zu *pour* + Infinitiv (als Ersatz für einen Nebensatz) siehe S. 163.
2 *avoir/manquer confiance en qn*
3 *se rappeler qc* ; aber: *se souvenir de qc*
4 *le jour où*

Aufgabe 92*

a) Lucien a regardé
- ☐ un match de foot au stade.
- ☒ un match de rugby au stade.
- ☐ un match de rugby à la télévision.

b) Le résultat du match dernier :
- ☐ Toulouse et Narbonne ont gagné.
- ☐ Toulouse et Narbonne ont perdu.
- ☒ Toulouse a gagné et Narbonne a perdu.

c) Pourquoi est-ce que Lucien parle de son chien ?
- ☐ Parce que le porte-bonheur de l'équipe de Toulouse est aussi un chien.
- ☒ Pour rappeler à son copain qu'il connaît le tricot des Toulousains.
- ☐ Parce que son chien l'a mordu le jour même.

d) Un « essai » est
- ☐ une attaque contre un joueur de l'équipe adversaire.
- ☐ une partie des tricots.
- ☒ une possibilité de faire des points.

e) Au début du match,
- ☐ l'équipe de Toulouse a mieux[1] joué que les Narbonnais.
- ☒ l'équipe de Narbonne a mieux[1] joué que les Toulousains.
- ☐ le niveau des deux équipes était égal.

f) En première mi-temps
- ☒ un joueur narbonnais n'a plus été capable de continuer le match.
- ☐ un joueur toulousain a été blessé.
- ☐ un jeune joueur s'est disputé avec l'entraîneur.

g) Qui a gagné le match ?
- ☒ L'équipe de Toulouse.
- ☐ L'équipe de Narbonne.
- ☐ Aucune des deux équipes. Ils ont eu le même nombre de points.

Hinweis:

1 *Mieux* ist der Komparativ zum Adverb *bien (bien, mieux, le mieux)*. (Zu den unregelmäßigen Adverbien siehe S. 61.)

Aufgabe 93

a)	**ich habe genommen**	j'ai pris	**j'avais pris**
b)	**er trank**	il buvait	**il avait bu**
c)	**du lebst**	tu vis	**tu avais vécu**
d)	**wir essen**	nous mangeons	**nous avons mangé**
e)	**ihr saht**	vous voyiez	**vous avez vu**
f)	**du hebst hoch**	tu lèves	**tu avais levé**
g)	**sie sterben**	ils meurent	**ils étaient morts**
h)	**sie wird öffnen**	elle va ouvrir	**elle avait ouvert/ elle était allée ouvrir**
i)	**wir liefen**	nous courions	**nous avons couru**
j)	**es regnete**	il pleuvait	**il avait plu**
k)	**ihr verbietet**	vous interdisez	**vous avez interdit**
l)	**wir schlafen**	nous dormons	**nous avons dormi**
m)	**sie sind**	ils sont	**ils avaient été**

ufgabe 94 **Molière**

Molière **avait invité** beaucoup d'amis. Comme il était très fatigué, il **était allé** au lit très tôt. Quelques heures plus tard, un domestique **était venu** dans sa chambre et l'**avait réveillé**. Les invités **avaient beaucoup bu** et ils **avaient commencé** à discuter. Ils **avaient parlé** du sens de la vie. Et comme ils **avaient trop bu**, ils **avaient dit** que la vie n'avait plus de sens. Ils **étaient allés** à la rivière. Molière **s'était levé** et y **avait couru**. Heureusement, il **avait pu** convaincre ses invités qu'il ne fallait pas se suicider.

Alexandre Dumas

Alexandre Dumas le Grand **avait trouvé** la matière pour son roman « Le Comte de Monte Cristo » dans l'archive de la police. On **avait accusé** un homme d'être un agent anglais et l'on **avait mis** en prison. Il y **avait vécu** pendant sept années. Après, il en **était sorti** et **avait pris** possession d'un trésor dont le propriétaire **avait été** un clergé mort. Alors l'homme **avait tué** trois personnes pour se venger des années qu'il **avait passé** en prison. Finalement, on l'**avait aussi tué**.

ufgabe 95

a) Le matin, le réveil qu'il **avait acheté** la veille **n'avait pas sonné**.
b) Au petit déjeuner, les oeufs qu'il **avait mangés** n'étaient pas assez durs pour lui.
c) La tasse à café qu'il **avait prise s'était cassée**.
d) Quand il **avait voulu** partir avec sa voiture, elle **n'avait pas bougé**[1].
e) Le taxi qu'il **avait appelé** n'**était venu** que[2] trois heures plus tard.
f) Au travail, les projets que lui et ses collègues **avaient fait** avaient disparus.
g) Il **avait dû** se défendre auprès de son chef, mais celui-ci **n'avait pas écouté**.
h) Avant de[3] rentrer chez lui, il **avait trouvé** une lettre sur son bureau : son chef l'**avait licencié**.
i) Le soir, il **avait reçu** un SMS de sa femme avec qui[4] il **s'était marié** l'été dernier. Elle **avait annoncé** qu'elle le quittait.

Hinweise:

1 *avoir bougé*
2 *Ne ... que* ist keine Verneinung, sondern bedeutet ‚nur'.
3 Zu *avant de* + Infinitiv (als Ersatz für einen Nebensatz) siehe S. 160.
4 Zu Relativsätzen, die mit Präpositionen oder präpositionalen Ergänzungen eingeleitet werden, siehe S. 27–30.

Aufgabe 96*

(A+G) Le garçon est arrivé au sommet. Avant, il avait monté le mont/la colline à vélo.
(B+J) La jeune fille a cherché son portemonnaie. Avant, un homme lui avait volé le portemonnaie.
(C+K) Des journalistes ont découvert des déchets dans la forêt. Avant, quelqu'un y avait jeté les déchets.
(D+I) La famille est partie en vacances. Avant, ils avaient fait les valises.
(E+F) La jeune fille a fait un grand voyage. Avant, elle avait passé le bac.
(H+L) Il y a eu un embouteillage. Avant, il y avait eu un accident.

Aufgabe 97*

	copine	copain	famille	parents	seul	3 jours	5 jours	1 semaine	2 semaines	3 semaines	Paris	Chamonix	Corse	Nice	Bruxelles
Jean	–	+	–	–	–	–	–	–	+	–	–	–	–	+	–
Cécile	–	–	–	+	–	–	+	–	–	–	–	–	+	–	–
Nicolas	–	–	+	–	–	+	–	–	–	–	+	–	–	–	–
Yvonne	–	–	–	–	+	–	–	–	–	+	–	–	–	–	+
Louis	+	–	–	–	–	–	–	+	–	–	–	+	–	–	–
Paris	–	–	+	–	–	+	–	–	–	–					
Chamonix	+	–	–	–	–	–	–	+	–	–					
Corse	–	–	–	+	–	–	+	–	–	–					
Nice	–	+	–	–	–	–	–	–	+	–					
Bruxelles	–	–	–	–	+	–	–	–	–	+					
3 jours	–	–	+	–	–										
5 jours	–	–	–	+	–										
1 semaine	+	–	–	–	–										
2 semaines	–	+	–	–	–										
3 semaines	–	–	–	–	+										

vacances

Aufgabe 98

demanderont
tombera
dormais
finissons
travail
penserez
travailleras
partir
invitera
portons
tournerai
choisiront
rencontrerons
quitterai
changeait
aidaient
bougeons
ouvrions
fêterons
monterez

Aufgabe 99

CHANTAL : « Allô ? »

NICOLE : « Allô Chantal, c'est Nicole. Dans deux jours, mes parents **sortiront** à l'opéra et **rentreront** tard dans la nuit. Ils **regarderont** une représentation de Aïda, ça **durera** longtemps. »

CHANTAL : « Ah bon ? Comment en **profiteras**-tu? »

NICOLE : « Ma sœur et moi, nous **inviterons** tous nos copains pour faire la fête. »

CHANTAL : « Génial ! Quand est-ce que votre boum **commencera** ?

NICOLE : « La plupart de nos copains **arriveront** vers 20 heures. Je vous **donnerai** à manger et à boire. Tu **prépareras** une salade ? »

CHANTAL : « Pas de problème. Et j'**apporterai** aussi une mousse au chocolat. Vous **offrirez** aussi des boissons alcoolisées ? »

NICOLE : « Mais non, mes parents n'y **consentiront** pas. Mais Christian **jouera** de la guitare électrique. Après, nous nous **sentirons** aussi mal et nous **souffrirons** d'un mal de tête affreux. »

CHANTAL : « Tu es méchante. »

NICOLE : « Mais non, en fait, je l'aime bien. Tu **dormiras** chez moi ? »

CHANTAL : « Volontiers. Merci beaucoup. A vendredi donc. »

Aufgabe 100

a) Il **se lèvera** à neuf heures.
b) Il **prendra** une tasse de café dans un bar.
c) Il **appellera** son copain.

d) Il **achètera** de nouveaux rollers.
e) Il **fera** la cuisine.
f) Il **écrira** un SMS à sa copine.
g) Il **boira** un thé avec elle.
h) Il **enverra** un e-mail à son frère.
i) Il **ira** au cinéma.
j) Il **lira** un roman.

Aufgabe 101* Sätze: individuelle Lösung

a) nous allons être **nous serons**
En août, nous serons en Espagne.
b) elle va avoir **elle aura**
Elle aura sûrement plus de chance que moi.
c) tu vas faire **tu feras**
Est-ce que tu feras du ski pendant les vacances d'hiver ?
d) elle va savoir **elle saura**
Après avoir téléphoné à sa mère, elle en saura plus.
e) ils vont aller **ils iront**
Demain, ils iront dans un restaurant très chic.
f) vous allez venir **vous viendrez**
Vous viendrez nous chercher à la gare?
g) vous allez pouvoir **vous pourrez**
Sur la Côte d'Azur, vous pourrez faire beaucoup de sports nautiques.
h) tu vas envoyer **tu enverras**
Est-ce que tu m'enverras une carte postale ?
i) elles vont tenir **elles tiendront**
Elles tiendront leurs sacs à main dans la main gauche, comme d'habitude.
j) ja vais mourir **je mourrai**
Je mourrai de faim s'ils ne nous servent pas tout de suite.
k) nous allons recevoir **nous recevrons**
Nous recevrons nos bulletins la semaine prochaine.
l) tu vas voir **tu verras**
Il est plus beau que jamais. Mais bon, tu verras.
m) nous allons devoir **nous devrons**
Nous devrons inventer une excuse pour ne pas avoir fait nos devoirs.
n) elles vont vouloir **elles voudront**
Elles voudront sûrement aller au ciné.

gabe 102* Individuelle Lösung

Bonsoir mesdames et messieurs. A Berlin, en Allemagne, il y aura des éclaircies. A Londres, en Angleterre (en Grande-Bretagne), il pleuvra. A Paris, en France, il y aura un orage. A Lisbonne, au Portugal, le soleil brillera. A Rome, en Italie, les temperatures monteront jusqu'à trente degrés. A Vienne, en Autriche, il fera du vent. A Varsovie, en Pologne, il gêlera. A Moscou, en Russie, il neigera. A Stockholm, en Suède, les températures tomberont à moins dix degrés.

gabe 103*

« Ne t'inquiète pas[1], maman. L'année prochaine, je **passerai** mon examen. J'**aurai** une bonne note. Un patron m'**offrira** un emploi bien payé et je **gagnerai** beaucoup d'argent. Je **mettrai** des vêtements élégants et j'**achèterai** un grand appartement. Je **conduirai** une voiture chère et je **ferai** la fête avec beaucoup de jolies copines. »

« Mon fils a beaucoup de succès à l'université. En juin prochain, il finira déjà ses études. Il obtiendra les meilleures[2] notes. C'est pourquoi il trouvera facilement un emploi bien payé et il gagnera tout de suite beaucoup d'argent. Il s'habillera (se vêtira) élégamment et habitera dans une grande villa. Il s'achètera une grande voiture et on l'invitera à des fêtes avec beaucoup de jolies femmes. Je serai très fière de lui. »

Hinweise:

1 Beim verneinten Imperativ ist die Stellung der Pronomen wie im Aussagesatz.

2 *Le meilleur* ist der Superlativ zum Adjektiv *bon (bon, meilleur, le meilleur)*.

fgabe 104* **Bélier (21 mars – 20 avril)**

Vous **rencontrerez** une personne mystérieuse qui **mettra** fin à votre vie de célibataire.

Taureau (21 avril – 20 mai)

Votre patron vous **offrira** une augmentation de salaire dont[1] vos collègues **seront** très jaloux.

Gémeaux (21 mai – 21 juin)
Vous **reprendrez** le travail après une longue maladie.On vous **aimera** plus qu'avant.

Cancer (22 juin – 22 juillet)
Après un mois de dur travail, vous **vous reposerez** et vous **vous occuperez** plus de[2] votre famille.

Lion (23 juillet – 23 août)
Vous **ferez** un voyage autour du monde et vous **trouverez** beaucoup de nouveaux amis.

Vierge (24 août – 23 septembre)
Vous **éclairerez** un malentendu avec votre partenaire. Cela vous **aidera** à[3] moins vous disputer.

Individuelle Lösung

Balance (24 septembre – 23 octobre)
Vous **ferez** des rencontres importantes qui vous **aideront** à[3] faire carrière.

Scorpion (24 octobre – 22 novembre)
Vous **découvrirez** un nouvel amour. Mais la relation **sera** brève.

Sagittaire (23 novembre – 21 décembre)
Au loto, vous **gagnerez** beaucoup d'argent. Malheureusement, beaucoup d'amis vous l'**envieront**.

Capricorne (22 décembre – 20 janvier)
Vous **vivrez** un moment difficile parce qu'une personne proche **mourra**.

Verseau (21 janvier – 19 février)
Vous **vous engagerez** pour un projet qui **aura** beaucoup de succès. Vous **penserez** même abandonner[4] votre poste de travail.

Poissons (20 février – 20 mars)
Vous **risquerez** de[5] perdre votre bonne humeur. Mais vous **saurez** faire le bon choix.

Hinweise:

1 Zu dem Relativpronomen *dont* siehe S. 18–26.

2 *s'occuper de qc/qn*

3 *aider à faire qc*
(Zum Anschluss von Infinitiven an Verben siehe S. 156–159.)

4 *penser faire qc :* etw. beabsichtigen
penser à faire qc : daran denken, etw. zu tun (nicht vergessen)
5 *risquer de faire qc*
(Zum Anschluss von Infinitiven an Verben siehe S. 156–159.)

gabe 105* Individuelle Lösung

Mon copain passera deux semaines à la montagne. La première semaine, il y fera un cours d'escalade. La deuxième semaine, il participera avec des amis à[1] un tour de rafting. Ils passeront les nuits sous la tente[2].

Mon copain prendra l'avion pour aller aux Antilles. Il y restera trois semaines. Après, il saura sûrement faire de la voile. Il se bronzera à la plage et il se baignera. Dans l'hôtel, il fera probablement la connaissance de beaucoup de gens.

Mon copain passera quelques jours à Rome. Il visitera les sites les plus importants de l'époque romaine. Il assistera aussi à[3] une audience du Pape au Vatican. De plus, il apprendra à[4] parler un peu italien.

Mon copain restera chez lui. Il jouera au foot[5] et il ira souvent à la piscine. Les soirs, il invitera des amis à[6] regarder des DVD[7] ou à[6] jouer aux cartes[5]. Fin d'août, il rendra visite à ses grand-parents.

Pendant les vacances d'été, la famille de mon copain ira en Israël. Ils loueront une voiture et passeront quelques journées dans le désert. Pendant la nuit, ils auront sûrement froid[8], mais pendant la journée, ils devront boire beaucoup. Mon copain fera sûrement des expériences intéressantes.

Hinweise:

1 *participer à qc*
2 *sous la tente :* im Zelt
3 *assister à qc*
4 *apprendre à faire qc*
(Zum Anschluss von Infinitiven an Verben siehe S. 156–159.)
5 *jouer à qc* (bei Sport oder Spielen)
jouer de qc (bei einem Instrument) (z. B. *jouer de la guitare*)
6 *inviter qn à faire qc*
(Zum Anschluss von Infinitiven an Verben siehe S. 156–159.)
7 Abkürzungen wie *BD*, *CD* und *DVD* bekommen im Plural kein Plural-*s*.
8 *avoir froid, avoir chaud*

Aufgabe 106

infinitif		**conditionnel I**	
verstehen	*comprendre*	ils	*comprendraient*
korrigieren	*corriger*	tu	*corrigerais*
lesen	*lire*	elle	*lirait*
buchstabieren	*épeler*	vous	*épelleriez*
schreiben	*écrire*	nous	*écririons*
sprechen	*parler*	je	*parlerais*
kritisieren	*critiquer*	il	*critiquerait*

Aufgabe 107

futur simple	conditionnel I
tu verras	ils tiendraient
vous pourrez	elle jetterait
elles sauront	il recevrait
nous nous lèverons	tu voudrais
il aura	je courrais
j'enverrai	il faudrait
il mourra	vous iriez
	nous serions
	vous achèteriez

Aufgabe 108 Individuelle Lösung

a) **J'aimerais** regarder un film français.
b) **Je préférerais**[1] parler uniquement français.
c) **Je pourrais** faire une excursion.
d) **Je voudrais** participer à[2] tous les cours à l'école.
e) **J'aimerais mieux** manger dans un restaurant.

Hinweise:

1 *préférer faire qc*
(Zum Anschluss von Infinitiven an Verben siehe S. 156–159.)

2 *participer <u>à</u> qc*

fgabe 109*

Carole
Tournoi de Roland Garros,
Canal +, 20.00 h

le père
Grand Prix du Japon,
France 3, 20.50 h

la mère
Œuvres de Mozart,
France 3, 22.30 h

Thierry
Le commissaire Rimon,
Arte, 20.15 h

la grand-mère
Les mystères de la Bible,
France 2, 20.50 h

Vincent
Roswell, les aliens …,
Canal +, 22.30 h

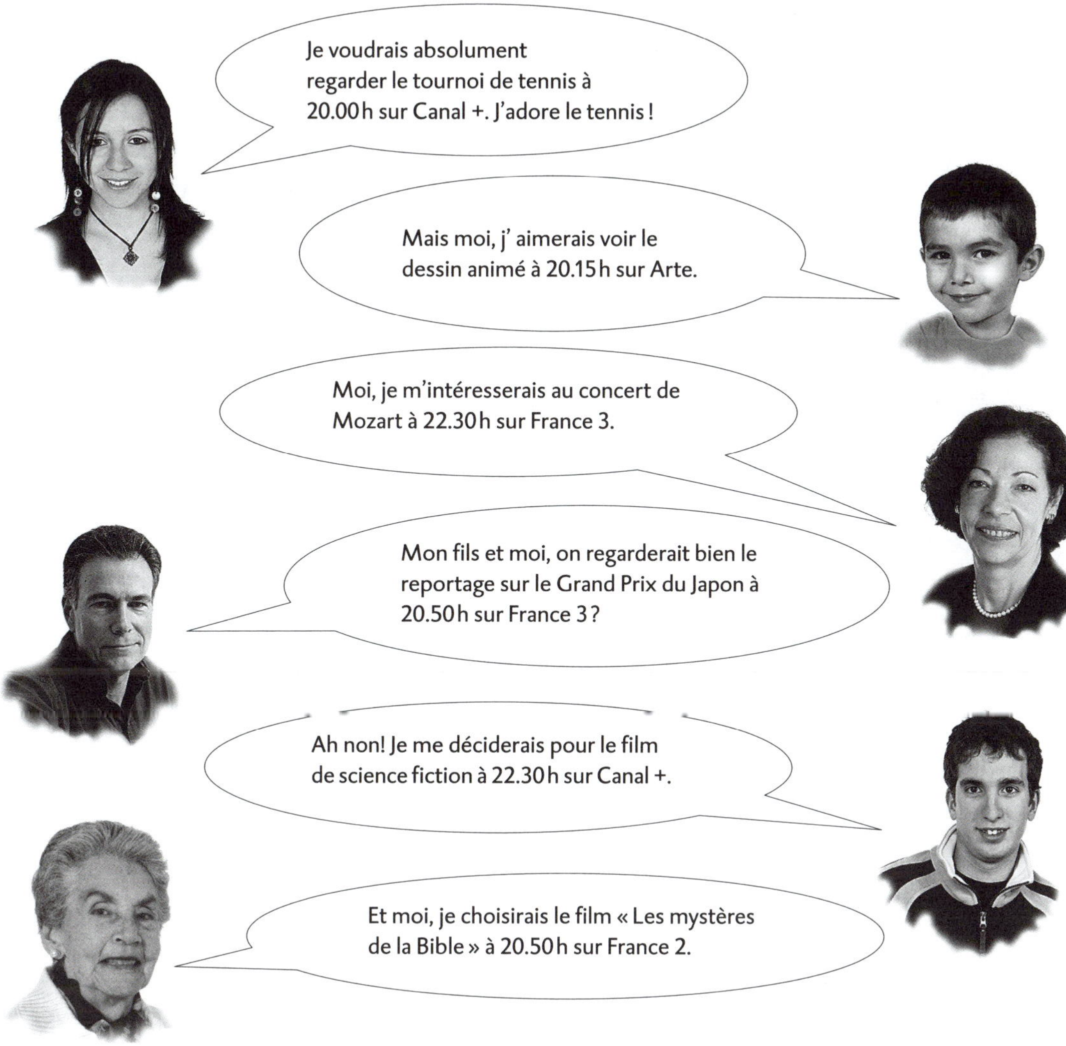

Aufgabe 110

conditionnel I	conditionnel II
tu serais	tu aurais été
il aurait	il aurait eu
je ferais	j'aurais fait
nous irions	nous serions allé(e)s
elle achèterait	elle aurait acheté
tu partirais	tu serais parti(e)
ils prendraient	ils auraient pris
vous viendriez	vous seriez venu(e)s
il choisirait	il aurait choisi

Aufgabe 111

a) Nous **n'aurions pas fait** de bêtises.
b) Je **ne serais jamais rentrée** trop tard.
c) Je **n'aurais pas menti** à ma mère.
d) Tu **n'aurais pas dû** faire cela.
e) Je **n'aurais pas bu** d'alcool.
f) Mes parents m'**auraient interdit** cela.
g) J'**aurais respecté** mes parents.
h) Je **ne serais pas sortie** avec un mec pareil.
i) On **aurait pu** prévoir ce malheur.

Aufgabe 112

SYLVIE : « Yannick, à ta place, je **n'aurais pas oublié** notre anniversaire de mariage ! J'**aurais invité** ma femme au[1] restaurant. Le matin[2], je **lui aurais offert** des fleurs. J'**aurais chanté** une chanson d'amour. Je **lui aurais aussi écrit** un beau poème. Je **lui aurais acheté** du parfum. L'après-midi[2], nous **aurions fait** une excursion. Le soir[2], nous **serions allés** au théâtre ou au cinéma. »

YANNICK : « Mais chérie ! Le mariage, c'était le 30 août, n'est-ce pas ? Attends encore un peu ! »

Hinweise:

1 *inviter qn à (faire) qc*

2 morgens/nachmittags/abends: *le matin/l'après-midi/le soir*

gabe 113* Individuelle Lösung

a) Moi, je serais rentré(e) à la maison et j'aurais demandé à ma mère de[1] me conduire avec sa voiture à l'école.
b) J'aurais demandé à cette fille si[2] mon copain était toujours son petit ami. Si[2] elle m'avait répondu « non », je serais allé avec elle au cinéma, si[2] elle m'avait répondu « oui », j'aurais refusé.
c) Je passerais ces vacances avec mes copains, parce que ce serait plus amusant que de faire un cours de langue.

Hinweise:

1 *demander à qn de faire qc ; demander à qn si*
2 Zu den Konditionalsätzen siehe S. 122–124.

gabe 114*

[1] arriver à la gare
[8] escalader des rochers gigantesques
[7] manger des poissons et des langoustes dans un port de pêche
[9] repartir en Allemagne avec le train
[2] faire du bateau
[3] regarder les alignements de mégalithes
[6] se baigner et se bronzer sur la plage
[4] se trouver à un point extrême de la France, à la « fin de la terre »
[5] visiter un enclos paroissial célèbre

1 D'abord, nous **serions arrivés** à la gare de Nantes.
2 Nous **aurions fait du bateau** sur le golfe du Morbihan.
3 On **aurait regardé les alignements de mégalithes** à Carnac.
4 A la Pointe du Raz, on **se serait trouvé à un point extrême de la France, à la « fin de la terre »**.
5 A Pleyben, on **aurait visité un enclos paroissial célèbre**.
6 Nous **nous serions baignés et bronzés sur la plage**.
7 On **aurait mangé des poissons et des langoustes dans un port de pêche**.
8 Sur la Côte de granite rose, nous **aurions escaladé des rochers gigantesques**.
9 A la fin, après trois semaines en vélo, on **serait reparti en Allemagne avec le train**.

Aufgabe 115* Individuelle Lösung

a) Pour regarder la finale de la coupe de monde de foot de 2006, ma copine est allée dans une pizzeria. Bien sûr, il y avait surtout des Italiens qui voulaient que leur équipe gagne.
b) Le copain de Samuel voulait absolument montrer sa nouvelle biyclette à ses amis. Mais le ciel était noir et un orage s'annonçait.
c) Vous avez oublié que nous voulions faire une grande fête ? L'autre jour, vous avez déjà oublié l'invitation au restaurant. Vous ne pensez qu'à travailler et le reste ne vous intéresse pas.
d) Pendant les dernières vacances sur le terrain de camping, le petit Guy avait vu son père faire du feu. Maintenant, il voulait faire du feu sur la terrasse. Il y est arrivé mais malheureusement, il y avait beaucoup de vent. Un arbre juste à côté de la maison a déjà commencé à brûler. Heureusement, Larisse, sa sœur aînée, est venue et a pu éteindre le feu.

Aufgabe 116

deutscher Infinitiv	Infinitiv	3. Pers. Pl. Indikativ	subjonctif
suchen	chercher	ils/elles **cherchent**	que je **cherche**
legen, setzen, stellen	mettre	ils/elles **mettent**	que nous **mettions**
gelingen, schaffen	réussir	ils/elles **réussissent**	que vous **réussissiez**
lieben	aimer	ils/elles **aiment**	que tu **aimes**
fürchten	craindre	ils/elles **craignent**	qu'ils **craignent**
fühlen, riechen	sentir	ils/elles **sentent**	qu'elle **sente**
essen	manger	ils/elles **mangent**	que je **mange**
warten	attendre	ils/elles **attendent**	que nous **attendions**
schlafen	dormir	ils/elles **dorment**	qu'il **dorme**
schreien	crier	ils/elles **crient**	que vous **criiez**
verkaufen	vendre	ils/elles **vendent**	qu'elles **vendent**
laufen	courir	ils/elles **courent**	que nous **courions**
verbieten	interdire	ils/elles **interdisent**	qu'ils **interdisent**
leben	vivre	ils/elles **vivent**	qu'il **vive**

ufgabe 117

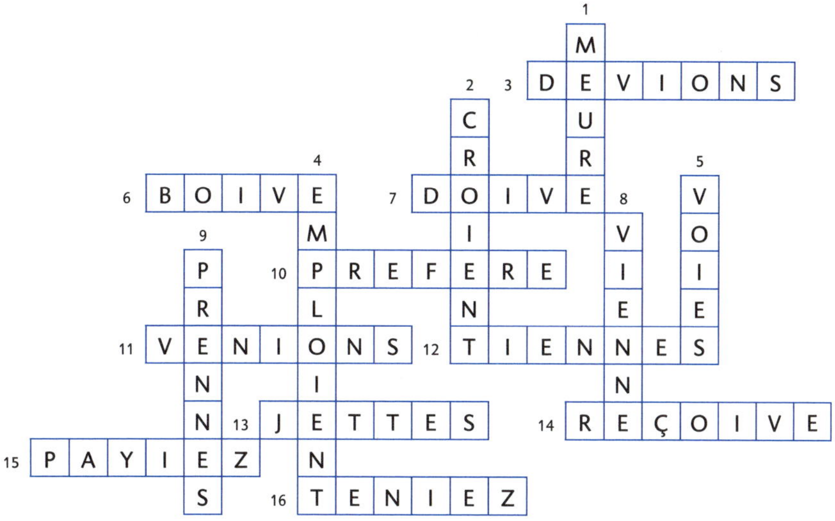

1	er stirbt	**il meurt**	9	du nimmst	**tu prends**
2	sie glauben	**ils croient**	10	er bevorzugt	**il préfère**
3	wir müssen	**nous devons**	11	wir kommen	**nous venons**
4	sie verwenden	**ils emploient**	12	du hältst	**tu tiens**
5	du siehst	**tu vois**	13	du wirfst	**tu jettes**
6	ich trinke	**je bois**	14	er bekommt	**il reçoit**
7	er muss	**il doit**	15	ihr bezahlt	**vous payez**
8	er kommt	**il vient**	16	ihr haltet	**vous tenez**

ufgabe 118

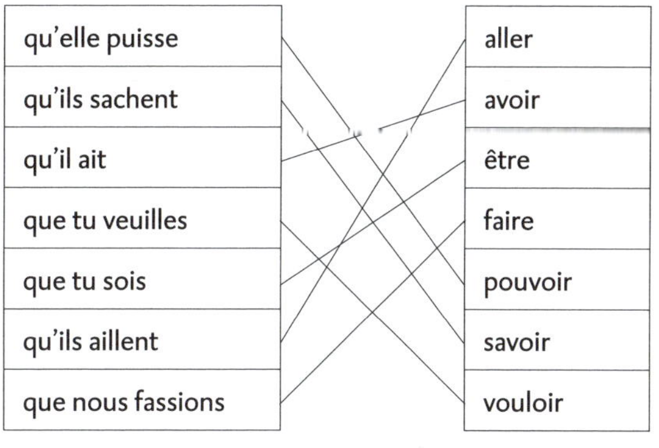

Aufgabe 119

Je veux

… que mes parents **aient** plus de patience.

… que mon chien **vive** encore longtemps.

… que ma petite sœur m'**énerve** moins.

… que mes profs me **donnent** de meilleures notes.

… que les contrôles **soient** moins difficiles.

… que mon équipe **gagne** le prochain match.

… que je **puisse** faire un cours de surf des neiges en hiver.

Aufgabe 120

a) Je veux que vous **disiez** la vérité.
b) Ma mère demande que je **fasse** du baby-sitting toute la semaine.
c) J'avais proposé que vous **achetiez** trois tickets à la fois.
d) Désirez-vous que nous **partions** ?
e) J'aimerais mieux que tu **n'ailles pas** au concert de techno.
f) Les pompiers craignaient que les curieux **gênent** les travaux.
g) Mes parents préfèrent que je **ne rentre pas** trop tard.
h) Il est nécessaire que nous **protégions** mieux notre environnement.
i) Le médecin aimerait que nous **arrêtions** de fumer.

Aufgabe 121*

1. Il faut que vous **payiez d'avance**.
2. Il est nécessaire que vous **jetiez les ordures dans les poubelles réservées à cet effet**.
3. Le gérant veut que tous **évitent de faire du bruit**.
4. Il faut aussi que, à l'intérieur du terrain de camping, les véhicules **roulent à une vitesse limite de 10 km/h**.
5. Le gérant ne veut pas que vous **fassiez du feu**.
6. Il ne veut pas non plus que vous **entriez / sortiez avec le camping-car pendant la nuit**.
7. Il faut que vous **teniez les chiens en laisse**.
8. Il est important que vous **baissiez la musique après 22.00 heures**.
9. Il est important que tout le monde **se présente au bureau avant de partir**.

[Auf]gabe 122*

1. De quoi est-ce que Marcel est content ?
   Marcel est content que ses parents et lui **habitent** à[1] Paris.
2. Qu'est-ce qu'il trouve bon ?
   Il trouve bon que chaque week-end il **puisse** aller dans un autre cinéma.
3. Qu'est-ce qui ne lui plaît pas ?
   Cela ne lui plaît pas que leur appartement **soit** très petit.
4. De quoi est-ce qu'il est triste ?
   Il est triste que beaucoup de personnes **vivent** dans la rue[2].
5. De quoi est-ce qu'il se plaint ?
   Il se plaint que les hommes politiques **n'aident pas** les personnes[3] qui vivent dans la rue[2].
6. De quoi est-ce qu'il est heureux ?
   Il est heureux que son père **ait** un emploi bien payé.
7. Qu'est-ce qu'il regrette ?
   Il regrette qu'il n'y ait pas de nature autour de lui./
   Il regrette qu'il **doive** aller dans un stade ou sur un terrain de sport pour faire du sport.

Hinweise:

1 Bei Städten wird die Präposition *à* verwendet.
2 *dans la rue ; sur la route* (dans, sur underlined)
3 *aider qn (à faire qc)*

[A]ufgabe 123

a) Notre professeur était furieux parce que nous **n'avons pas fait** nos devoirs.
b) Pour que nous **travaillions** mieux, il a écrit plus de contrôles.
c) Bien que nous **fassions** peu de fautes, il était toujours mécontent de[1] nous.
d) Sans qu'il le **veuille**, il nous a déprimé.
e) L'autre jour, pendant qu'il **essayait** de[2] faire son cours, nous avons préféré[3] dormir ou écrire des lettres.
f) Nous avons continué ainsi jusqu'à ce qu'il **donne** une heure de colle à une fille.
g) Ensuite, c'est nous qui étions[4] furieux parce que ce **n'était pas** juste.
h) Depuis que mon camarade de classe lui **a parlé**, notre professeur est plus gentil avec nous.
i) C'est mieux de parler avec les professeurs avant que la situation **devienne** intolérable.

Hinweise:

1 *être (mé)content de qn/qc*

2 *essayer de faire qc*
(Zum Anschluss von Infinitiven an Verben siehe S. 156–159.)

3 *préférer faire qc*
(Zum Anschluss von Infinitiven an Verben siehe S. 156–159.)

4 Bei der *mise en relief* mit *qui* richtet sich das Verb des Relativsatzes nach dem Subjekt, also dem hervorgehobenen Satzglied (siehe S. 9).

Aufgabe 124*

1 Rachel et Monique ont fini leurs devoirs.	A Pendant ce temps, son grand frère regarde la télé.
2 Marie aime le soleil.	B Ils espèrent qu'il va avoir de meilleures notes en français.
3 Julie a passé la nuit chez son copain.	C Après, leurs copines leur rendent visite.
4 Les parents de Michel lui paient un cours de langue à Lyon.	D Ses parents ne le savaient pas.
5 François n'a pas beaucoup d'argent.	E Avant, ses parents lui avaient acheté une nouvelle bicyclette.
6 Louis a fait un grand tour de vélo en Italie.	F Voilà pourquoi elle passe souvent ses vacances en Espagne.
7 Denis fait la vaisselle.	G Il a quand même acheté une grande voiture.

1C **Après que** Rachel et Monique **ont fini** leurs devoirs, leurs copines leur rendent visite.

2F **Comme** Marie **aime** le soleil, elle passe souvent ses vacances en Espagne.

3D Julie a passé la nuit chez[1] son copain **sans que** ses parents le **sachent**.

4B Les parents de Michel lui paient un cours de langue à Lyon
pour qu'il **ait** de meilleures notes en français./
parce qu'ils **espèrent** qu'il va avoir de meilleures notes en français.

5G **Bien que** François **n'ait pas** beaucoup d'argent, il a acheté une grande voiture.

6E **Avant que** Louis **ait fait** un grand tour de vélo en[2] Italie, ses parents lui avaient acheté une nouvelle bicyclette.

7A **Pendant que** Denis **fait** la vaisselle, son grand frère regarde la télé.

Hinweise:

1 Wenn jd. zu jdm. geht (in sein Haus, seine Praxis, sein Geschäft usw.) oder wenn jd. bei jdm. ist, dann musst du im Französischen immer die Präposition *chez* verwenden (z. B.: *Il va chez le médecin. Elle rentre chez elle.*).

2 Bei weiblichen Ländernamen steht die Präposition *en*. Bei männlichen Ländernamen, die mit Konsonant beginnen, *au* (z. B. : *au Portugal, au Canada*).

ufgabe 125

a) Nous proposons **d'aller voir** un film avec Gérard Depardieu.
b) Le ministre veut **que les citoyens consomment** plus.
c) **Pour que** leur fils **puisse** participer à[1] l'échange scolaire, les parents renoncent à[1] leurs vacances d'été.
d) Plusieurs clients quittent le restaurant **sans payer**.
e) Après plusieurs années, Mathilde est heureuse **de retrouver** sa copine.
f) Nicolas préfère **que son frère promène** le chien.
g) Mathieu joue souvent au loto[2] **pour faire fortune**.
h) Je suis content **de recevoir** un baiser de Martina, la plus belle fille de ma classe.
i) Ma correspondante est rentrée **avant d'avoir appris** notre langue.
j) M. et Mme Blanc ont peur **que leur fille fasse** des bêtises.

Hinweise:

1 *participer à qc ; renoncer à qc*

2 *jouer à qc* (bei Sport oder Spielen)
jouer de qc (bei einem Instrument) (z. B.: *jouer de la guitare*)

ufgabe 126

a) **Qu'est-ce que** représente cette scène ? – **des personnes à la plage**
b) **Qui est-ce que** le chien mord ? – **Jean**
c) **Qu'est-ce que** fait Marie ? – **elle se baigne dans la mer/elle nage**
d) **Qui (est-ce qui)** est couché sur la serviette ? – **Sara**
e) **Qui est-ce que** le maître observe ? – **Marie**
f) **Qu'est-ce que** François tient dans la main ? – **une revue/une BD**
g) **Qu'est-ce qui** flotte sur l'eau ? – **un ballon**
h) **Qui (est-ce qui)** est assis près de Sara ? – **François**
i) **Qui est-ce que** tu vois dans l'eau ? – **Marie**
j) **Qu'est-ce qui** se trouve à côté de la chaise du maître ? – **un château de sable**

Aufgabe 127

a) **Prenons-nous** le bus ?
b) Pourquoi n'**as-tu** pas encore acheté de[1] cadeau ?
c) Alors, qu'**apporterons-nous** ?
d) **Aime-t-elle** les livres ou **préfère-t-elle** les DVD[2] ?
e) **Va-t-elle** nous offrir des cocktails ?
f) **Vas-tu** aussi fêter tes 15 ans[3] ?
g) Quels garçons **a-t-elle** invités[4] ?
h) A quelle heure **vont-ils** arriver ?
i) Laura, **écoutes-tu** ?

Hinweise:

1 Nach einer Verneinung steht in der Regel *de* + Substantiv.
2 Abkürzungen wie *BD*, *CD* und *DVD* bekommen im Plural kein Plural-*s*.
3 *fêter ses . . . ans*
4 Auch das Fragewort *quel* kann ein direktes Objekt sein. Daher muss wie bei anderen vorausgehenden Objektpronomen (siehe S. 68) das *participe passé* daran angeglichen werden.

Aufgabe 128

	juste	faux
a) Vous avez-vous déjà pris le déjeuner ? *Avez-vous déjà pris le déjeuner ?*	☐	☒
b) A-t-il pas fait la cuisine ? *N'a-t-il pas fait la cuisine ?*	☐	☒
c) Pourquoi n'est-il pas rentré à la maison ? –	☒	☐
d) Que nous allons faire ? *Qu'allons-nous faire ?*	☐	☒

Aufgabe 129*

Où y a-t-il une terrible tempête ?
Pourquoi se trouve-t-il en difficulté ?
Quand reçoivent-ils son SOS ?
Qui arrivent-ils à sauver ?
Qu'a-t-il provoqué ?
Quand a-t-elle reconnu sa responsabilité ?
Combien ont-ils payé ?

gabe 130*

a) **Aimez-vous en manger** ?
b) **Y va-t-elle** souvent ?
c) **Vous avait-il déjà rencontré** avant le tournage du film ?
d) **Ne l'avez-vous pas** ?
e) **Y sont-ils sortis** ensemble après les travaux ?
f) **Ne voulez-vous pas leur raconter** une anecdote du set ?
g) **En a-t-il** ?

fgabe 131

une voiture	**laquelle**	du train	**duquel**
sur une moto	**sur laquelle**	de l'essence	**de laquelle**
au feu rouge	**auquel**	aux bateaux	**auxquels**
de la bicyclette	**de laquelle**	des camions	**desquels**
les chauffeurs	**lesquels**	au péage	**auquel**
dans la rue	**dans laquelle**	à la station	**à laquelle**

gabe 132*

a) Sur les photos, il y a plusieurs animaux. **Lesquels ?**
deux cochons d'inde, deux tortues, un chien, un chat et un cheval
b) Sur une des photos, tu trouves des tortues. **Sur laquelle ?**
sur celle en haut à droite
c) Un des chats a un comportement inhabituel. **Lequel ?**
celui qui se trouve sur la bicyclette
d) Le cochon d'inde sur la photo en haut s'intéresse à[1] une boisson. **A laquelle ?**
à un jus de pommes/à une bière
e) La photo avec le cochon d'inde et le cheval fait allusion à un personnage typique. **Auquel ?**
au cow-boy
f) Le chien sur la photo porte deux choses sur la tête. **Lesquelles ?**
des lunettes (de soleil) et un bonnet
g) Si[2] tu avais la possibilité d'avoir un des animaux représentés, **duquel** est-ce que tu aimerais t'occuper[3] ?
(individuelle Lösung) du chat/du chien/des tortues/du cochon d'inde

Hinweise:

1 *s'intéresser à qc*
2 Zu den Konditionalsätzen siehe S. 122–124.
3 *s'occuper de qc/qn*

Aufgabe 133*

1. Qui (est-ce qui) a inventé le cinéma ?

- [ ] Jean-François Champollion
- [x] les frères Lumière
- [ ] les frères Wright
- [ ] Edouard Cinéma

2. Comment est-ce qu'on appelle aussi le cinéma ?

- [x] le septième art
- [ ] la lumière mouvante
- [ ] le cici
- [ ] le CN

3. Qu'est-ce que se trouve au centre du film « Le Grand bleu » de Luc Besson ?

- [ ] la planète Terre
- [ ] le ciel
- [x] la mer
- [ ] un rêve d'une petite fille

4. Où est-ce que se trouve le plus grand cinéma d'Europe ?

- [ ] à Strasbourg
- [ ] à Toulouse
- [x] à Paris
- [ ] à Lille

5. Lequel des acteurs français suivants a joué dans le film « Da Vinci Code » ?

- [ ] Jean-Paul Belmondo
- [ ] Mathieu Kassovitz
- [x] Jean Réno
- [ ] Gérard Depardieu

6. Au festival de Cannes, qu'est-ce qui est decerné au meilleur film ?

- [x] une palme
- [ ] un lion
- [ ] un ours
- [ ] un oscar

7. Qui est-ce qui a joué le rôle d'Obélix dans les film d'Alain Chabat ?

- [ ] Jean Dujardin
- [x] Gérard Depardieu
- [ ] Daniel Auteuil
- [ ] Christian Clavier

8. Qu'est-ce que le titre d'un film de Claude Chabrol (paru en 2000) contient ?

- [ ] un mot allemand
- [ ] une erreur
- [x] le mot « chocolat »
- [ ] seulement des images

9. **Avec qui** l'actrice Cathérine Deneuve a-t-elle été liée ?	
☐ Gérard Depardieu	☐ Steven Spielberg
☐ François Mitterand	☒ Marcello Mastroianni

10. Le film « Le fabuleux destin d'A. » se joue dans une grande ville. **Dans laquelle ?**	
☒ Paris	☐ Lyon
☐ Marseille	☐ Bordeaux

11. **Qui est-ce que** tu ne trouves pas sur le lieu du tournage ?	
☐ le metteur en scène	☐ l'acteur
☐ la costumière	☒ l'animateur

12. **Laquelle** des sociétés de production de cinéma suivantes est française ?	
☐ Paramount Pictures	☐ Warner Bros. Entertainment
☐ EON Productions	☒ Gaumont

13. **Qui (est-ce qui)** est « Vercingétorix » dans le film de Jacques Dorfmann (2001) ?	
☐ un chien gaulois légendaire	☒ un chef gaulois, adversaire de César
☐ un ami d'Obélix	☐ l'amant de Cléopâtre

fgabe 134

a) **Si** le professeur a de la fièvre, il restera à la maison.
b) Les parents se fâcheront, **si** Pol rentre avec un mauvais bulletin.
c) **Si** tu manges trop de frites à la cantine, tu deviendras gros !
d) **Si** les élèves veulent organiser une fête, le professeur les aidera[1].
e) **Si** quelqu'un t'offre des drogues, dis non.
f) Nous vous demanderons, **si** nous ne comprenons pas ce qu'il dit.
g) **Si** tu sais bien parler le français, tu apprendras plus facilement l'espagnol et l'italien.
h) Son copain lui donnera les devoirs d'anglais **si** elle lui explique le problème de maths.

Hinweis:

1 *aider qn (à faire qc)*

Aufgabe 135

a) Si vous partez en vacances, vous ne serez pas à la maison.
b) Si vous vous mariez, vous ne serez pas seule.
c) Si vous trouvez un emploi, vous gagnerez de l'argent.
d) Si vous êtes malade, vous vous sentirez mal[1].
e) Si vous allez en Grande-Bretagne, vous entendrez parler anglais.

Hinweis:

1 *se sentir mal*; aber: *sentir mauvais* (siehe S. 66)

Aufgabe 136*

Individuelle Lösung

a) S'il pleut, je resterai à la maison et jouerai sur l'ordinateur.
b) S'il fait beau, j'irai à la piscine et après au cinéma.
c) S'il neige, je ferai du ski et passerai la soirée devant la télé.

Aufgabe 137

a) S'ils **avaient** de la chance, ils **gagneraient** un jour au loto.
b) S'ils **gagnaient** au loto, ils **seraient** millionaires.
c) S'ils **étaient** millionnaires, ils **profiteraient** de la vie.
d) S'ils **profitaient** de la vie, ils **partiraient** pour faire un voyage autour du monde.
e) S'ils **partaient** pour faire un voyage autour du monde, ils **visiteraient** tous les pays exotiques.
f) S'ils **visitaient** tous les pays exotiques, ils **rencontreraient** beaucoup de gens sympa.
g) S'ils **recontraient** beaucoup de gens sympa, ils **se feraient** partout des amis.
h) S'ils **se faisaient** partout des amis, ils **s'amuseraient** bien avec eux.
i) S'ils **s'amusaient** bien avec eux, ils **ne s'ennuyeraient plus**.
j) S'ils **ne s'ennuyaient plus**, ils **iraient** très bien.
k) S'ils **allaient** très bien, ils **ne rentreraient plus jamais** chez eux.

Aufgabe 138*

Individuelle Lösung

Si je faisais un voyage en[1] France, je monterais sur la Tour Eiffel.
Si j'allais au[1] Japon, je participerais à un culte religieux.
Si je passais mes vacances en[1] Suisse, je ferais de l'escalade.
Si je pouvais voyager aux[1] Etats-Unis, je visiterais quelques parcs nationaux.
Si je voyageais en[1] Grande-Bretagne, je voudrais voir la reine.

Si j'allais en[1] Turquie, je chercherais le contact avec les musulmans.
Si j'allais en[1] Grèce, je me baignerais dans la mer.
Si j'avais la possibilité de visiter le Canada, j'irais au[1] Québec.

Hinweis:

1 Bei weiblichen Länder- und Provinznamen steht die Präposition *en*. Bei männlichen Ländernamen, die mit Konsonant beginnen, steht *au* (z. B.: *au Portugal, au Canada*). Außerdem: *aux Etats-Unis*.

fgabe 139

a) Si je **n'avais pas été** malade, j'**aurais gagné** la course.
b) Si j'**avais vécu** au Moyen Age, j'**aurais inventé** l'électricité.
c) Si j'**avais fait** la cuisine, le repas **aurait été** meilleur.
d) Si j'**avais participé** au safari, j'**aurais tué** le lion.
e) Si je **n'avais pas oublié** mon porte-monnaie, je **m'aurais acheté** la Ferrari.
f) Si j'**avais été** sur le terrain de foot, j'**aurais marqué** le but.

fgabe 140

Chère Louise,
Comment[1] vas-tu? La semaine dernière, ma correspondante Sandrine de Nantes est venue me voir. Si je n'avais pas eu de photo d'elle, je ne l'aurais pas reconnu. Sandrine est une fille gentille, mais elle sait ce qu'elle veut. Je pense que si notre accueil ne lui avait pas plu, elle serait rentrée tout de suite. Malheureusement, ma mère ne savait pas que Sandrine était végétarienne. Si elle l'avait su, elle ne nous aurait pas préparé de[2] steaks. Ma correspondante ne parle pas très bien allemand. Si, en été, elle voyage seule à Berlin, elle ne comprendra rien. Si j'étais à sa place, je me servirais[3] d'un dictionnaire. Mais je crois que tout le monde a été content. Et je suis sûre que nous n'aurions pas autant rigolé si l'échange n'avait pas été si bien préparé.
Et toi, est-ce que tu aurais envie de me rendre visite? Viens en août, si tu veux. Je m'en réjouirais.

Je t'embrasse
Sophie

Hinweise:

1 Im Französischen wird in Briefen/E-Mails nach der Anrede mit einem Großbuchstaben begonnen.
2 Nach der Verneinung steht *de* + Substantiv.
3 *se servir de qc*

Aufgabe 141*

a) occuper *(besetzen)* : **l'occupation** *(Besetzung)*
b) l'espoir *(Hoffnung)* : **le désespoir** *(Verzweiflung)*
c) le courage *(Mut)* : **encourager** *(ermutigen)*
d) la reine *(Königin)* : **le roi** *(König)*
e) la chasse *(Jagd)* : **chasser** *(verjagen)*
f) le siège *(Belagerung)* : **assiéger** *(belagern)*
g) libre *(frei)* : **libérer** *(befreien)*
h) vaincre *(besiegen)* : **la victoire** *(Sieg)*
i) l'ami *(Freund)* : **l'ennemi** *(Feind)*
j) le danger *(Gefahr)* : **dangereux** *(gefährlich)*
k) Dieu *(Gott)* : **divin** *(göttlich)*

l) un symbole du pouvoir royal : **couronne** *(Krone)*
m) qc qui est conforme au droit : **légitime** *(legitim)*
n) qn qui vit à la cour d'un roi : **courtisan** *(Höfling)*
o) qn qui aime très fort son pays : **patriote** *(Patriot)*
p) arrêter un ennemi : **capturer** *(gefangen nehmen)*
q) dire que qn est coupable : **accuser** *(anklagen)*
r) venir en aide à qn : **secourir** *(zu Hilfe kommen)*

Aufgabe 142*

	juste	faux
a) Jeanne est née à Paris. Elle est née à Domrémy en Lorraine.	☐	☒
b) Elle a vécu au XVème siècle.	☒	☐
c) A l'époque, les Français avaient occupé toute l'Angleterre. Les Anglais avaient occupé une grande partie de la France.	☐	☒
d) Charles VII était désespéré de la situation de la France.	☒	☐

e) Sans qu'il le sache, Jeanne se trouvait à la tête de ses troupes. ☐ ☒
C'est lui qui y a mis Jeanne d'Arc.

f) Il a envoyé une armée pour sauver la fille. ☐ ☒
Il ne l'a pas aidée.

g) Jeanne d'Arc est morte d'une maladie grave. ☐ ☒
On l'a brûlée.

gabe 143

A 8 Si Jeanne n'avait pas eu de visions surnaturelles, on n'aurait pas connu cette jeune fille lorraine.
B 6 Moi, si j'avais été à la place de Jeanne d'Arc, je n'aurais pas fait confiance à[1] Charles VII.
C 1 Si Jeanne n'avait pas été à la tête des troupes françaises, les Anglais n'auraient pas perdu Orléans.
D 2 Si le film avec Milla Jovovich dans le rôle de Jeanne d'Arc passe à la télé, nous le regarderons certainement.
E 9 Si Jeanne n'avait pas aidé[2] sa patrie, la France serait restée sous dominance anglaise.
F 5 Si Jeanne avait été plus prudente, les ennemis[3] ne l'auraient pas arrêtée[4].
G 3 Si Jeanne n'avait pas reconnu Charles, il ne lui aurait pas donné son armée.
H 4 Si nous allons à Paris, nous irons voir sa statue, rue de Rivoli.
I 7 Si Jeanne avait reçu plus de soldats, les Anglais auraient aussi quitté Paris.

Hinweise:

1 *faire confiance à qn ;* aber: *avoir confiance en qn*
2 *aider qn (à faire qc)*
3 *l'ami :* der Freund → *l'ennemi :* der Feind
4 Das *participe passé* muss an das vorausgehende direkte Objekt (hier: *l'*) angeglichen werden. Siehe dazu S. 68.

abe 144*

a) Si M. Lamy n'était pas allé trop vite[1], il n'y aurait pas eu d'accident.
b) Si demain je ne suis plus malade, j'irai te voir.
c) Tu aurais de meilleures[2] notes, si tu travaillais mieux[3].
d) Si Sylvie gagnait plus d'argent, elle irait dans les Alpes pour faire du ski[4].
e) Si nous avions été plus prudents, nous n'aurions pas eu de[5] problèmes de santé.
f) Même si tu m'offrais un million, je ne le dirais pas à mes parents.

g) Si Nathalie se sent mieux[6] aujourd'hui, elle viendra me voir.
h) Si nous étions allés à Arras l'an dernier[7], nous aurions visité certainement sa tour.

Hinweise:

1 Achte darauf, ein Adverb zu setzen (siehe zum Adverb S. 49–67).
2 *Meilleur, e* ist der Komparativ zum Adjektiv *bon (bon, meilleur, le meilleur)*.
3 *Mieux* ist der Komparativ zum Adverb *bien (bien, mieux, le mieux)*. (Zu den unregelmäßigen Adverbien siehe S. 61.)
4 Um sportliche Aktivitäten zu beschreiben, kannst du in sehr vielen Fällen *faire* + *de* + bestimmter Artikel + Sportartikel/Sportart setzen (z. B.: *faire de l'escalade, faire de la voile, faire des rollers*).
5 Nach der Verneinung steht *de* + Substantiv.
6 *se sentir bien/mieux ;* aber: *sentir bon* (siehe S. 66)
7 *l'an dernier*

Aufgabe 145*

a) Si j'étais président de la République, je voyagerais dans le monde entier[1].
... je ferais de grands discours.
... je rencontrerais de grands hommes.
... j'aiderais[2] le peuple français.
... je donnerais du travail à tout le monde.

b) Si mes chansons plaisaient à la maison de disque, elle m'inviterait.
Si je pouvais être une star, je m'achèterais une grande maison.
... je ferais un duo avec Jean Jacques Goldmann.
... je donnerais des concerts dans le monde entier[1].
Si je pouvais gagner beaucoup d'argent, j'en donnerais aux pauvres.
Si j'étais connue, je soutiendrais des associations pour la protection de l'environnement.

c) J'aurais été plus heureux dans ma vie, si j'avais travaillé moins[3].
Si j'avais passé plus de temps avec ma famille, mes enfants penseraient peut-être maintenant à me rendre plus souvent visite.
Si j'avais moins[3] travaillé, j'aurais plus profité de[4] la vie.
Si j'avais eu plus de temps libre, je n'aurais voyagé que pour le plaisir.
Si je n'avais pas été si égoïste, je n'aurais peut-être pas divorcé trois fois et nous serions maintenant deux.
Si je n'avais pas été si riche, je serais, aujourd'hui, un homme meilleur.

Hinweise:

1 *dans le monde entier*
2 *aider qn (à faire qc)*
3 *Moins* ist der Komparativ zum Adverb *peu (peu, moins, le moins)*. (Zu den unregelmäßigen Adverbien siehe S. 61.)
4 *profiter de qc*

gabe 146*

		Typ 1	Typ 2	Typ 3
a)	If my friend comes today, we will go to the beach. *Si mon ami vient aujourd'hui, nous irons / on ira à la plage.*	☒	☐	☐
b)	If it rained tonight, I would stay at home. *S'il pleuvait cette nuit*[1]*, je resterais chez moi / à la maison.*	☐	☒	☐
c)	What will you do, if she doesn't come? *Qu'est-ce que tu feras, si elle ne vient pas?*	☒	☐	☐
d)	If we had known your birthday, we would have offered you a gift. *Si nous avions connu la date de ton anniversaire, nous t'aurions donné un cadeau.*	☐	☐	☒
e)	If John worked hard, he would be more successful. *Si John travaillait dur*[2]*, il aurait plus de succès.*	☐	☒	☐

Hinweise:

1 heute Morgen/Nachmittag/Abend/Nacht: *ce matin, cet après-midi, ce soir, cette nuit*
2 *travailler dur* (Zu weiteren Ausdrücken, bei denen das Adjektiv wie ein Adverb verwendet wird, siehe S. 66.)

fgabe 147

a) **Quand** le professeur explique un problème, Laure n'écoute pas.
b) **Si** elle faisait attention, elle aurait de meilleures notes.
c) **Si** le professeur était plus gentil, elle le respecterait plus.

d) **Quand** Laure rentre de l'école, elle regarde la télé.
e) **Si** elle avait eu des frères ou des sœurs, elle aurait joué avec eux.
f) **Quand** elle va au lit, elle n'a pas encore fait ses devoirs.

Aufgabe 148*
a) S'il pleut ce week-end, je rangerai ma chambre.
b) Si tu as envie, on pourra aller au stade.
c) Quand je vais en boîte, le lendemain, je suis toujours fatigué.
d) Est-ce que tu m'aides, si je t'invite au cinéma ?

Aufgabe 149
a) Les élèves **sont d'avis/trouvent** qu'ils ont trop de devoirs.
b) La cliente **est d'avis/trouve** que les fruits sont trop chers.
c) Le prof **annonce** que la classe va écrire un contrôle.
d) Depuis un an[1], le ministre **répète** que la situation va bientôt changer.
e) Le propriétaire **promet** que le loyer n'augmentera pas.
f) Le vendeur **jure** que la voiture n'a pas encore eu d'accident.
g) La police **apprend** à[2] cette femme que son mari a volé l'argent.
h) La mère **déclare** que son bébé n'a pas envie de[3] boire du lait.

Hinweise:

1 *depuis un an*; aber: *dans quelques années*
2 *apprendre à faire qc*: lernen, etw zu tun; *apprendre qc*: etw. lernen, etw. erfahren → *apprendre qc à qn*: jdn. von etw. unterrichten
3 *avoir envie de faire qc*
(Zum Anschluss von Infinitiven an Verben siehe S. 156–159.)

Aufgabe 150
a) Le professeur **annonce** aux parents de ses élèves **que** la classe ira voir une pièce de Molière au théâtre.
b) Il **ajoute que** les pièces de Molière sont toujours très amusantes.
c) Il **souligne que** les élèves vont beaucoup aimer *Le Malade imaginaire*, sa meilleure comédie.
d) Les élèves **déclareront que** c'est une bonne idée.
e) Le délégué de la classe **promettera que** la classe ne fera pas de bêtises.
f) Un garçon **proposera que** toute la classe pourrait aller au MacDo après la représentation.

fgabe 151 Michel a raconté que, après six ans, le chat de Jean **avait apporté** pour la première fois[1] une souris vivante à la maison. Il **voulait** faire un cadeau aux parents de Jean. Ils **dormaient** déjà quand le chat **était entré** dans leur chambre à coucher. Michel a dit qu'ils **s'étaient réveillés**[2] et qu'ils **avaient fait** la chasse à la souris. Si celle-ci **ne s'était pas caché** dans la terre d'une plante qui **se trouvait** près de la fenêtre, ils **n'auraient jamais réussi** à attraper l'animal. Michel a ajouté que ses parents **avaient mis** la plante avec la souris sur la terrasse et que le chat **s'en était allé** triste.

Hinweise:

1 *pour la première/deuxième/troisième . . . fois*

2 Reflexive Verben werden im *passé composé* und im *plus-que-parfait* mit *être + accord* gebildet (siehe dazu auch S. 72/73).

gabe 152

a) Ils ont dit que, normalement, ils **ne se plaignaient pas**.

b) Ils ont trouvé que la musique **était** trop forte.

c) Ils ont annoncé que, la prochaine fois, ils **appelleraient** la police.

d) Ils ont dit que **nous avions bu** trop d'alcool.

e) Ils ont ajouté que les escaliers **étaient** sales.

f) Ils ont souligné qu'ils **informeraient nos** parents.

g) Ils ont expliqué qu'il **fallait** avoir du respect envers les autres.

gabe 153

a) Laurent a souligné que le sport **était sa** vie. Pour le sport **il renoncerait** même à[1] tous **ses** CD.

b) Barbara a expliqué que, quand **elle était** enfant, **elle avait fait** beaucoup de sport. Mais depuis un an[2], **elle** n'en **faisait**[3] plus souvent.

c) Yves a dit qu'**il adorait** surtout le foot. Il a ajouté que, dans quelques années[2], **il jouerait** dans l'équipe nationale.

d) Fabien a dit qu'**il n'avait jamais compris** pourquoi tout le monde **aimait** le sport. Il était d'avis qu'il **était** plus intéressant de jouer sur l'ordinateur[4].

e) Caroline a expliqué que, normalement, **elle s'entraînait** au moins trois fois par semaine. Mais malheureusement, **elle s'était cassée**[5] la jambe pendant le dernier match.

f) Philippe a raconté que, à l'âge de trois ans, **ses** parents **lui avaient appris** à faire du ski. Depuis ce temps, **il aimait** bien faire ce sport.

Hinweise:

1 *renoncer à qc*

2 *depuis un an* ; aber: *dans quelques années*
3 *faire du sport* → *en faire*
4 *jouer sur l'ordinateur*
5 Reflexive Verben werden im *passé composé* und im *plus-que-parfait* mit *être* + *accord* gebildet (siehe dazu auch S. 72/73).

Aufgabe 154

David a déclaré qu'**il allait dormir** dans la chambre d'amis.
Pierre a dit que sa copine et **lui**, **ils avaient** de[1] jolis cadeaux pour **leurs** correspondants.
Cédric a dit qu'**ils allaient** beaucoup **rigoler**.
Sylvie a dit qu'**elle avait** beaucoup de sucreries dans **sa** valise.
Daniel a dit qu'**il ne ferait pas** de bêtises.
Marie a annoncé qu'**ils allaient sortir** tous les soirs.
Valérie a dit qu'**elle avait** une photo de **sa** corres.
Sandrine a dit qu'**elle avait oublié son** passeport.
Céline a dit qu'**ils allaient manger** au self.
Yvonne a dit qu'**ils allaient participer** aux[2] cours.

Hinweise:

1 Der unbestimmte Artikel *des* wird in der Regel auf *de* verkürzt, wenn dem Substantiv ein Adjektiv vorausgeht.
2 *participer à qc*

Aufgabe 155*

Descartes (1596–1650)	« Je pense, donc je suis. »

Descartes a dit qu'il pensait, et que donc il était.

Chateaubriand (1768–1848)	« Je m'ennuie de la vie. »

Chateaubriand a dit qu'il s'ennuyait de la vie.

Voltaire (1696–1778)	« Un jour tout sera bien, voilà notre espérance. Tout est bien aujourd'hui, voilà l'illusion. »

Voltaire a dit qu'un jour tout serait bien, voilà notre espérance. Que tout était bien aujourd'hui, voilà l'illusion.

Louis XIV (1638–1715)	« L'Etat, c'est moi ! »

Louis XIV a dit que l'Etat, c'était lui.

La Bruyère (1645–96)	« Il n'y a pour l'homme que trois évènements : naître, vivre et mourir. Il ne se sent pas naître, il souffre à mourir et il oublie de vivre. »

La Bruyère a dit qu'il n'y avait pour l'homme que trois événement : naître, vivre et mourir. Il ne se sentait pas naître, il souffrait à mourir et il oubliait de vivre.

Voltaire (1696–1778)	« Si Dieu n'existait pas, il faudrait l'inventer. »

Voltaire a dit que si Dieu n'existait pas, il faudrait l'inventer.

Corneille (1606–84)	« Il faut bonne mémoire après qu'on a menti (*gelogen*). »

Corneille a dit qu'il fallait bonne mémoire après qu'on avait menti.

Balzac (1799–1850)	« La gloire est le soleil des morts. »

Balzac a dit que la gloire était le soleil des morts.

Guitry (1885–1957)	« On se dit au revoir quand on espère bien qu'on ne se reverra jamais, et on se revoit volontiers quand on s'est dit adieu. »

Guitry a dit qu'on se disait au revoir quand on espérait bien qu'on ne se reverrait jamais, et qu'on se revoyait volontiers quand on s'était dit adieu.

les frères **Goncourt** (1822–96/1830–70)	« L'histoire est un roman qui a été, le roman est de l'histoire qui aurait pu être. »

Les frères Goncourt ont dit que l'histoire était un roman qui avait été, et que le roman était de l'histoire qui aurait pu être.

Sartre (1905–80)	« L'enfer, c'est les autres. »

Sartre a dit que l'enfer, c'était les autres.

Musset (1810–57)	« La vie est un sommeil, l'amour est le rêve. Et vous auriez vécu si vous aviez aimé. »

Musset a dit que la vie était un sommeil, l'amour était le rêve. Et nous aurions vécu si nous avions aimé.

Aufgabe 156*

Sans titre - Message (Texte enrichi)

Fichier Edition Affichage Insertion Format Outils Actions ?

Envoyer Options...

À... alsct@web.de

Cc...

Objet : Voyage en Allemagne

Salut Antonia,

Ça va à Munich? Tu apprends sagement l'allemand chez[1] les Berger, comme il faut ? Tu n'a pas trop de problèmes avec leurs deux gamins pour lesquels[2] tu fais du[3] baby-sitting ?
Ecoute, hier soir, en famille, on a discuté des projets pour l'été. Moi, j'ai suggéré à papa, maman et à Jérôme que tu étais très très seule et qu'il fallait te rendre visite en Allemagne. Maman a tout de suite trouvé que c'était une bonne idée et qu'ainsi nous serions sûrs que tu te portais bien. En plus, elle a dit qu'elle voulait faire la connaissance des Berger et de Leonhard, ton petit ami allemand dont tu nous as parlé. Jérôme a dit « beurk ». Il a souligné qu'il préférait rester chez[1] lui. Il a dit qu'il n'avait pas envie de faire un si long voyage. En réalité, il avait appris que ses copains feraient du[3] kayak en Dordogne en août … Alors papa a remarqué qu'on pourrait très bien faire du[3] VTT et des[3] randonnées en montagne près de Munich, mais ton frère répétait qu'il ne voulait pas y aller. Tant pis ! Alors nous avons décidé que Jérôme resterait chez[1] mémé pendant deux semaines et participerait aux excursions de ses copains et que nous, les autres, partirions pour[4] l'Allemagne.
Est-ce que les Berger seront d'accord de notre visite ? Leonhard sera là aussi? Réponds-nous[5] vite. On veut te revoir bientôt, sauf Jérôme, cet idiot.

Bises, Luc :-)

a) LUC : « Antonia est très très seule. Il faut lui rendre visite en Allemagne. »
b) LA MÈRE : « C'est une bonne idée. Ainsi nous serons sûrs qu'elle se porte bien. En plus, je veux faire la connaissance des Berger et de Leonhard. »
d) JÉRÔME : « Je préfère rester chez moi. Je n'ai pas envie de faire un si long voyage. Mes copains feront du kayak en Dordogne en août. »
g) LE PÈRE : « On pourra/pourrait très bien faire du VTT et des randonnées en montagne près de Munich. »
h) JÉRÔME : « Je ne veux pas y aller. »
i) LES PARENTS et LUC : « Jérôme restera chez mémé pendant deux semaines et participera aux excursions de ses copains et nous autres, partirons pour l'Allemagne. »

Hinweise:

1 Wenn jd. zu jdm. geht (in sein Haus, seine Praxis, sein Geschäft usw.) oder wenn jd. bei jdm. ist, dann musst du im Französischen immer die Präposition *chez* verwenden (z. B.: *Il va chez le boulanger. Il reste chez lui.*).

2 Zu Relativsätzen, die mit Präpositionen oder präpositionalen Ergänzungen eingeleitet werden, siehe S. 27–30.

3 *faire du baby-sitting ; faire du kayak ; faire du VTT ; faire des randonnées*

4 *partir pour*

5 Beim bejahten Imperativ stehen die Pronomen nach dem konjugierten Verb.

gabe 157*

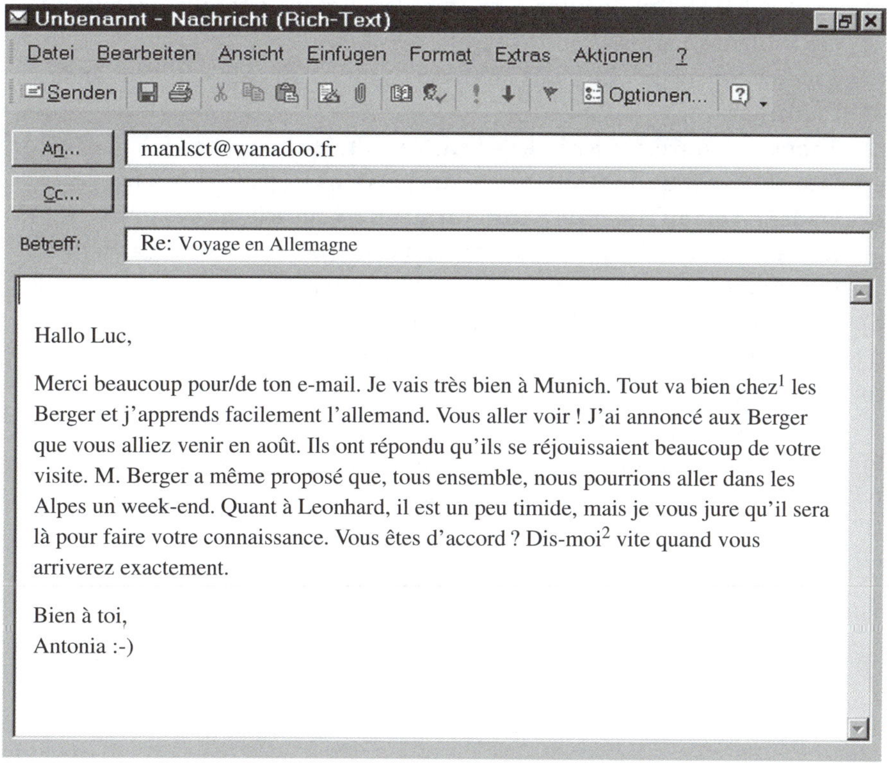

Hallo Luc,

Merci beaucoup pour/de ton e-mail. Je vais très bien à Munich. Tout va bien chez[1] les Berger et j'apprends facilement l'allemand. Vous aller voir ! J'ai annoncé aux Berger que vous alliez venir en août. Ils ont répondu qu'ils se réjouissaient beaucoup de votre visite. M. Berger a même proposé que, tous ensemble, nous pourrions aller dans les Alpes un week-end. Quant à Leonhard, il est un peu timide, mais je vous jure qu'il sera là pour faire votre connaissance. Vous êtes d'accord ? Dis-moi[2] vite quand vous arriverez exactement.

Bien à toi,
Antonia :-)

Hinweise:

1 Wenn jd. zu jdm. geht (in sein Haus, seine Praxis, sein Geschäft usw.) oder wenn jd. bei jdm. ist, dann musst du im Französischen immer die Präposition *chez* verwenden (z. B.: *Il va chez son copain. Elle reste chez elle*).

2 Beim bejahten Imperativ werden die Pronomen nachgestellt. Denke daran, die Objektpronomen *me* und *te* durch *moi* und *toi* zu ersetzen.

Aufgabe 158*

a) Les profs nous disent que nous sommes une classe très bruyante et que nous ferions mieux d'écouter au lieu de nous amuser.

b) Quand j'ai voulu sortir la dernière fois, mes parents m'ont dit qu'il fallait que je rentre à la maison à minuit et que je ne devrais pas boire d'alcool.

c) Si un bon copain me demandait 100 Euros, je lui dirais que 100 Euros, c'est beaucoup d'argent et que j'aimerais savoir pourquoi il en a besoin.

Aufgabe 159

a) Charlotte était d'avis que, **ce jour-là, elle avait vu** Nemo, le petit poisson clown.
b) Edith a dit que l'audioguide **racontait** des anecdotes étonnantes sur la vie des animaux marins.
c) Sylvie a déclaré qu'**elle avait laissé ses** impressions sur le livre d'Or de l'aquarium.
d) Thomas a trouvé que les billets d'entrée **n'étaient pas** chers.
e) Daniel a expliqué qu'**il avait** aussi des poissons tropicaux chez **lui**.
f) Frédéric a dit qu'**il s'était perdu** parmi les 65 aquariums.
g) Kevin et Luc ont dit que dans la boutique, **ils avaient acheté** des cartes postales et des petits cadeaux pour **leurs** parents.
h) Adeline a juré qu'**elle n'oserait pas** plonger parmi[1] les requins.
i) Marc a dit qu'**il avait pris** un ascenseur pour arriver au fond de la mer.
j) Victor a dit que, l'année dernière, son copain y **était** aussi **allé** avec la famille de son correspondant.
k) Yan a dit que le prof **leur avait demandé** de ne pas prendre de[2] photos.
l) Anne a annoncé qu'**elle allait** bientôt **y retourner**.

Hinweise:

1 Die Präposition *entre* wird gesetzt, wenn sich etwas zwischen zwei Seiten befindet *(L'hôtel de ville se trouve entre le restaurant de mes parents et l'église)*. Wenn sich etwas in einer größeren (meist ungeordneten) Menge befindet, dann steht *parmi (J'ai trouvé ton livre parmi mes BD)*.

2 Nach der Verneinung steht *de* + Substantiv.

Aufgabe 160

a) Il a dit que, **la veille**, il avait écrit un contrôle de maths.
b) Il a dit que, **ce jour-là**, il avait acheté/achèterait un cadeau pour sa sœur.
c) Il a dit que, **le lendemain**, il regarderait un film au cinéma.
d) Il a dit que, **le surlendemain**, il irait voir ses grands-parents.
e) Il a dit que, **la semaine suivante**, il commencerait un cours de judo.

ufgabe 161

a) Jean-Pierre a demandé à une copine **si elle était** encore malade.
b) Le prof a demandé aux élèves **s'ils avaient compris sa** question.
c) Une cliente a demandé à la vendeuse **si elle avait/s'ils avaient** la jupe en taille 38.
d) Le chauffeur de taxi a demandé à un voyageur **s'il avait** besoin d'un taxi.
e) Une femme s'est demandé **si son** mari **l'aimait** encore.
f) La vedette a demandé à son public **s'il souhaitait** écouter son nouvel album.
g) Le touriste a demandé à l'information **s'il y aurait** une visite guidée à 15 heures.

ufgabe 162

	la grand-mère	toi
a)	Wo wohnst du?	*Elle te demande où tu habites.*
b)	Wie viele Geschwister hast du?	*Elle veut savoir combien de frères et de sœurs tu as.*
c)	Wie alt bist du?	*Elle te demande quel âge tu as.*
d)	Seit wann bist du in Deutschland?	*Elle te demande depuis quand / depuis combien de temps tu es en Allemagne.*
e)	Warum sprichst du kein Deutsch?	*Elle veut savoir pourquoi tu ne parles pas allemand.*
f)	Wie findest du die deutschen Gerichte?	*Elle te demande comment tu trouves les repas / les plats allemands.*
g)	Welche deutsche Stadt würdest du gerne besichtigen?	*Elle veut savoir quelle ville allemande tu aimerais visiter.*
h)	Wem hast du schon Postkarten geschrieben?	*Elle te demande à qui tu as déjà écrit des cartes postales.*

Aufgabe 163

a) Elle demande **ce que** c'est.
b) Elle veut savoir **ce qu'elle** va faire.
c) Elle demande **ce qui** se trouve dans **son** sac à main.
d) Elle demande **ce qu'elle** regarde à la télé.
e) Elle veut savoir **ce qu'elle** a écrit dans son journal intime.

Aufgabe 164*

a) Je te demande **ce que** tu feras/vas faire demain.
b) Paul veut savoir **ce qui** t'intéresse et **ce que** tu es en train de lire.
c) Tu ne sais pas encore **ce qui** se passera/va se passer demain.
d) Explique-moi **ce que** tu voudrais avoir à Noël.

Aufgabe 165*

Individuelle Lösung

a) Qu'est-ce que le Québec ?
RÉPONSE : Le Québec est une province et une ville au Canada.

b) Où est-ce que se trouve le Québec ?
RÉPONSE : Le Québec se trouve dans l'est du Canada.

c) Comment s'appelle la capitale du Québec ?
RÉPONSE : Elle s'appelle aussi Québec.

d) Qui vivait sur le territoire du Québec avant l'arrivée des Français ?
RÉPONSE : Des indiens y vivaient.

e) Qui était Jacques Cartier ?
RÉPONSE : Jacques Cartier était un explorateur français.

f) Pour qui est-ce qu'il est allé en Amérique du Nord ?
RÉPONSE : Le roi l'avait envoyé en Amérique pour découvrir et occuper de nouvelles terres.

g) Quelle langue parle la majorité des Québecois ?
RÉPONSE : Elle parle français.

Le prof a demandé
a) ce qu'était le Québec.
b) où se trouvait le Québec.
c) comment s'appelait la capitale du Québec.
d) qui vivait sur le territoire du Québec …
e) qui était Jacques Cartier.
f) pour qui il était allé en Amérique du Nord.
g) quelle langue parlait la majorité des Québecois.

fgabe 166

a) Le prof a demandé aux élèves : « Est-ce que vous avez fait vos devoirs ? »
b) Le prof voulait savoir : « Pourquoi il y a trop de fautes dans vos contrôles ? »
c) Il a demandé aux parents de ses élèves : « Est-ce que vos enfants font régulièrement les exercices ? »
d) Il voulait savoir : « Faut-il/Est-ce qu'il faut faire plus d'exercices ? »
e) Il se demandait : « Est-ce que je suis trop sévère ? »
f) Le prof voulait savoir de ses élèves : « Qu'est-ce qu'on pourrait faire pour changer la situation ? »
g) Il leur a demandé : « Est-ce que vous êtes prêts à mieux participer au cours ? »

gabe 167*

1.

Quelle ville ne se trouve pas au bord de la mer ?	
☐ Marseille	☐ Bordeaux
☐ Brest	☒ Lyon

50 €

2.

Comment est-ce qu'on appelle aussi l'équipe française de foot ?	
☒ les Bleus	☐ les Rouges
☐ les Tricolores	☐ les Noirs

100 €

3.

Où est-ce qu'on fabrique traditionnellement le Camembert ?	
☐ en Bretagne	☒ en Normandie
☐ en Provence	☐ en Alsace

200 €

4.

Le pont du Gard, qu'est-ce que c'est ?	
☐ un château	☐ une forteresse
☒ un aqueduc romain	☐ une cathédrale

500 €

5.

Quel fleuve est aussi une frontière ?	
☐ la Seine	☒ le Rhin
☐ le Rhône	☐ la Loire

1.000 €

6.

Où séjourne le parlement européen ?	
☐ à Bruxelles	☐ à Genève
☒ à Strasbourg	☐ à Luxembourg

5.000 €

7.

Quand est-ce qu'on a construit le tunnel sous la Manche ?	
☐ 1968	☐ 1981
☒ 1994	☐ 2004

10.000 €

8.

Comment est-ce que s'appellent les habitants de Toulouse ?	
☒ Toulousains	☐ Toulouses
☐ Toulousiers	☐ Toulouseurs

25.000 €

9.

Qui n'a jamais été premier ministre français ?	
☐ Georges Pompidou	☐ Jacques Chirac
☒ François Mitterand	☐ Dominique de Villepain

50.000 €

10.

Qui, parmi les chanteurs français, a été champion de poker ?	
☐ Manu Chao	☐ Jean Ferrat
☐ Thomas Fersen	☒ Patrick Bruel

100.000 €

1. Le showmaster a demandé au candidat[1] quelle ville ne se trouvait pas au bord de la mer[2].
2. Il a voulu savoir comment on appelait aussi l'équipe française de foot.
3. Il a demandé au candidat[1] où on fabriquait traditionnellement le Camembert.
4. Il a demandé au candidat[1] ce qu'était le pont du Gard.
5. Il a voulu savoir quel fleuve[3] était aussi une frontière.
6. Il a voulu savoir où séjournait le parlement européen.
7. Il a demandé au candidat[1] quand on avait construit le tunnel sous la Manche.
8. Il a voulu savoir comment s'appelaient les habitants de Toulouse.
9. Il a demandé au candidat[1] qui n'avait jamais été premier ministre français.
10. Il a voulu savoir qui, parmi les chanteurs français, avait été champion de poker.

Hinweise:

1 Zu *demander* sollte immer ein indirektes Objekt hinzugefügt werden.

2 *<u>au bord de</u> la mer*

3 Als *fleuves* werden die Flüsse bezeichnet, die ins Meer münden *(les cinq fleuves de France : la Seine, la Loire, la Garonne, le Rhin, le Rhône)*, als *rivières* die übrigen.

gabe 168*

Koi29 ?
Raoul
Quoi de neuf ?

Sara t'M. Tle+bo.
Olivier
Sara t'aime. Tu es le plus beau.

Tapaenvi2flateuf ?
Jean
Tu n'as pas envie de faire la fête ?

Jpepa.
Alexandre
Je ne peux pas.

Bjr ! Onvao6né ?
Simon
Bonjour ! On va au cinéma ?

Cavaetr5pa.
Isabelle
Ça va être sympa.

Tuvab1 ?
Nicole
Tu vas bien ?

Orib
Nathalie
Horrible.

RVa7hokfé
Emma
Rendez-vous à 7 heures au café ?

a) Raoul a voulu savoir d'Olivier ce qu'il y avait de neuf.
Il a répondu que Sara aimait Raoul parce qu'il était le plus beau.

b) Jean a demandé à Alexandre s'il avait envie de faire la fête.
Celui-ci a dit qu'il ne pouvait pas.

c) Simon a demandé à Isabelle s'ils allaient au cinéma ensemble/si elle allait au cinéma avec lui.
Isabelle a répondu que cela allait être sympa.

d) Nicole a demandé à Nathalie si elle allait bien.
Celle-ci a répondu que c'était horrible.

e) Emma a écrit que le rendez-vous serait/qu'ils avaient rendez-vous à sept heures au café.
Luc a répondu qu'il venait.

f) Claire a voulu savoir de Charlotte si elle venait à l'anniversaire de Thomas.
Charlotte a répondu qu'elle était d'accord.

Aufgabe 169*

a) Le matin, je **dois** me[1] **lever** à six heures. Si ma mère me conduit à l'école, je **peux rester** au lit jusqu'à six heures et demie[2].

b) L'après-midi, j'**aime faire** du sport. Je **sais** bien **nager**.

c) Le soir, j'**aime regarder** un film au ciné(ma). Malheureusement, mes amis/mes copains **préfèrent aller** à la discothèque. Je n'**ose** pas **demander** à mes parents si je **peux** les **accompagner**. Ils ne vont pas me **laisser aller** à la discothèque./Ils ne me **laisseront**[3] pas **aller** à la discothèque.

Hinweise:

1 Die Objektpronomen stehen im Französischen vor dem Infinitiv.

2 Wird bei der Angabe der Uhrzeit *demie* nachgestellt, so muss es mit *e* geschrieben werden (z. B.: à dix heures et demi<u>e</u>).
Wird *demi* mit einem Bindestrich vorangestellt, so fehlt das *e* (z. B.: *une demi-heure plus tard*).

3 Bei dem Verb *laisser* steht das Objektpronomen vor diesem, auch wenn ein Infinitiv folgt.

fgabe 170

a) Mon frère à commencé à jouer de la guitare.
b) Je ne sais pas s'il continuera[1] à jouer aussi du piano.
c) Je me suis habitué à quitter l'appartement quand il joue.
d) Car je ne réussi pas à lire, à travailler pour l'école ou à regarder la télé.

Hinweis:

1 Leitet *si* eine indirekte Frage ein, so können im *si*-Satz auch Formen des *conditionnel* oder des *futur* verwendet werden.
Anders verhält es sich, wenn *si* einen Konditionalsatz einleitet (siehe S. 122–134). Hier ist das *conditionnel* bzw. das *futur* ausgeschlossen.

gabe 171*

Individuelle Lösung

a) Je viens de terminer mes devoirs.
b) Mon frère a demandé à ma sœur de lui prêter ses nouvelles BD[1].
c) Mon copain essaie de se rappeler[2] ce que le prof a dit.
d) Je suis en train d'apprendre à jouer de la guitare[3].
e) Mes parents m'ont interdit de passer les nuits chez[4] des copains.
f) Notre professeur nous a proposé de faire une excursion dans un musée d'art.

Hinweise:

1 Abkürzungen wie *BD, CD* und *DVD* bekommen im Plural kein Plural-*s*.

2 *se rappeler qc ;* aber: *se souvenir de qc*

3 *jouer <u>à</u> qc* (bei Sport oder Spielen)
jouer <u>de</u> qc (bei einem Instrument)

4 Wenn jd. zu jdm. geht (in sein Haus, seine Praxis, sein Geschäft usw.) oder wenn jd. bei jdm. ist, dann musst du im Französischen immer die Präposition *chez* verwenden (z. B.: *Il n'habite plus <u>chez</u> ses parents.*).

Aufgabe 172

infinitif sans préposition	infinitif avec *à*	infinitif avec *de*	infinitif avec *par*
devoir	continuer	demander	commencer
oser	commencer	essayer	finir
préférer	réussir	être en train	
aimer	s'habituer	être content	
vouloir	apprendre	avoir besoin	
savoir	renoncer	interdire	
pouvoir		arrêter	
		proposer	
		oublier	
		venir	
		finir	

Aufgabe 173

Je viens **d'** acheter un nouveau logiciel. Hier soir, j'ai essayé **de** l'installer sur mon ordinateur. Malheureusement, je n'ai pas réussi **à** remettre l'ordinateur en marche. Mais il ne faut pas **ø** s'énerver trop tôt ! Car tout à coup, il a commencé **à** booter tout seul. Je dois **ø** apprendre **à** avoir plus de patience. J'ai écrit un e-mail à mon corres. Jérémie était en train **de** naviguer sur Internet[1] quand il a reçu l'e-mail. Il a préféré **ø** télécharger une chanson, puis il m'a répondu. Nous étions contents **d'**être de nouveau en contact.

Hinweis:

1 *Internet* wird im Französischen immer ohne Artikel verwendet.

Aufgabe 174

a) **Avant de boire** un bon vin, les grands-parents descendent à la cave[1].
b) **Après avoir passé** son bac, Pascal fait un tour du monde.
c) **Après être allé(e)s**[2] au café, nous allons au ciné.
d) **Avant d'aller chercher** sa copine à la gare, Antonin achète des fleurs.
e) **Après être arrivée** au théâtre, Nadine remarque qu'elle a perdu son billet d'entrée.
f) **Avant de sortir**, Jacques met son manteau.
g) **Après avoir eu** l'accident, Danielle n'ose plus faire du ski.
h) **Avant de s'habiller**, Nicole se lave rapidement.

Hinweise:

1 *descendre à la cave*

2 Auch bei den Infinitivkonstruktionen gilt, dass das *participe passé* bei *être* an das Subjekt angeglichen werden muss.

gabe 175*

1. **Après être sorties** du musée, Friderike et Barbara sont restées un peu auprès de la pyramide en verre.
2. **Après avoir visité** le petit arc de triomphe sur la place du Carroussel, elles se sont reposées au jardin des Tuileries.
   oder: **Avant de se reposer** au jardin des Tuileries, elles ont visité le petit arc de triomphe sur la place du Carroussel.
3. **Après être allées** à l'Obélisque sur la place de la Concorde, elles se sont promenées sur les Champs-Elysées.
   oder: **Avant de se promener** sur les Champs-Elysées, elles sont allées à l'Obélisque sur la place de la Concorde.
4. **Après être montées** à l'arc de triomphe sur la place de l'étoile, elles sont rentrées à l'hôtel en métro.
   oder: **Avant de rentrer** à l'hôtel en métro, elles sont montées à l'arc de triomphe sur la place de l'étoile.

gabe 176*

1. **Après avoir acheté** des timbres à la poste, M. Lagrange est entré dans la poissonnerie pour acheter des crevettes.
2. **Après avoir choisi** une tarte aux fraises à la pâtisserie, il a pris des saucisses à la boucherie.
   oder: **Avant de prendre** des saucisses à la boucherie, il a choisi une tarte aux fraises à la pâtisserie.
3. **Après avoir quitté** l'épicerie avec des pommes et des artichauds, il a commandé ses baguettes à la boulangerie.
   oder: **Avant de commander** ses baguettes à la boulangerie, il a quitté l'épicerie avec des pommes et des artichauds.
4. **Après avoir cherché** le papier-toilette au supermarché, il a acheté un journal à la papeterie-librairie.
   oder: **Avant d'acheter** le journal à la papeterie-librairie, il a cherché le papier-toilette au supermarché.

Aufgabe 177

a) Lucien invite tout le monde au café pour se faire des amis./
Pour se faire des amis, Lucien invite tout le monde au café.

b) Pour apprendre le japonais, Hélène part pour le Japon.[1]/
Hélène part pour le Japon pour apprendre le japonais.

c) Pour réussir au[2] bac, Estelle travaille beaucoup à l'école./
Estelle travaille beaucoup à l'école pour réussir au bac.

d) Léon aide son oncle au stand pour gagner un peu d'argent./
Pour gagner un peu d'argent, Léon aide son oncle au stand.

e) Victor s'entraîne chaque jour pour devenir un grand footballeur./
Pour devenir un grand footballeur, Victor s'entraîne chaque jour.

Hinweise:

1 Aus stilistischen Gründen (um zu vermeiden, dass zwei Ergänzungen mit *pour* aufeinanderfolgen) wird hier der vorangestellte *pour*-Satz bevorzugt.

2 *réussir <u>à</u> qc*

Aufgabe 178*

															1		
				2		3	P	A	R	A	P	L	U	I	E		
				P					4				5		S		
		6	J	O	U	R	N	A	L				H		C		
				N					Y				O		A		
7	M	O	N	T	R	E	8	9	C	L	E		R		L		
							L		E				A		I		
			10	A	N	N	I	V	E	R	S	A	I	R	E		
				R			T						R	11	R		
				G			12	P	O	M	P	I	E	R	S		
				E										A			
				N									13	D	E	N	T
	14	V	E	T	E	M	E	N	T	S				I			
										15	A	V	I	O	N		

le mot à trouver

I	N	S	T	R	U	M	E	N	T	S

gabe 179* Individuelle Lösung

a) Pour gagner plus d'argent, il va changer d'emploi[1].
b) Pour perdre des kilos, il n'ira plus à la cantine.
c) Pour apprendre l'espagnol, il va l'été prochain en Espagne.
d) Pour pouvoir s'acheter un nouvel appartement, il veut vendre sa voiture.
e) Pour éviter des discussions avec ses parents, il range régulièrement sa chambre.

Hinweis:

1 *changer de qc*

fgabe 180

a) Les jeunes traversent la rue **sans faire** attention au trafic.
b) Gilles fait de l'escalade **sans penser** au danger.
c) Monique a passé toute la journée à la plage **sans se baigner** une seule fois.

gabe 181* Individuelle Lösung

a) Ils quittent la maison sans amener leurs valises.
b) Ils partent sans faire le plein.
c) A la frontière, les gendarmes les laissent[1] passer sans contrôler leurs papiers.
d) Ils arrivent à Marseille sans avoir réservé de[2] chambre.
e) Ils vont au lit[3] sans avoir mangé.
f) Ils dorment jusqu'à dix heures sans se réveiller une seule fois.
g) Ils prennent l'autobus sans acheter de[2] billets.
h) Ils rentrent à la maison sans avoir visité la ville.

Hinweise:

1 Bei dem Verb *laisser* steht das Objektpronomen vor diesem, auch wenn ein weiterer Infinitiv folgt.
2 Eine Infinitivkonstruktion mit *sans* wird wie eine Verneinung gewertet. Daher steht auch hier *de* anstelle eines Artikels.
3 *aller au lit*

gabe 182*

a) Je passerais toute la journée au lit **pour ne pas devoir aller voir ma tante**.
b) Je mentirais à mon copain **pour ne pas lui faire mal**.
c) Je me réveillerais à quatre heures du matin **pour prendre l'avion pour l'Amérique du Sud**.

d) Je renoncerais au déjeuner **pour pouvoir dormir plus longtemps**.
e) Je vendrais mes CD préférés **pour avoir de l'argent pour un nouveau skate**.
f) Je ferais la cuisine pour mon frère **pour ne pas devoir manger ce qu'il a fait**.

Aufgabe 183*

a) **Avant de l'avoir rencontrée**, Brian était très malheureux.
b) **Avant de lui avoir donné** rendez-vous au café en face de l'hôtel de ville, elle a beaucoup réfléchi.
c) **Après ne pas l'avoir trouvé** sur son plan, Brian s'est adressé à l'office de tourisme.
d) **Pour ne pas le perdre** dans le métro, Angélina a mis son portable dans son sac.
e) **Après les avoir mises**, il est allé au rendez-vous.
f) Angélina a salué Brian **sans lui faire** la bise.

Aufgabe 184*

a) **avant de**

[O] Bevor der Kellner ihm die Rechnung gibt, verlässt er das Café.
[X] Bevor er in die nächste Bar geht, ruft er seine Freundin an.
[R] Bevor er dort ankommt, ist seine Freundin schon da.

b) **après avoir/être**

[X] Nachdem Anne ein Zimmer reserviert hatte, kaufte sie einen Führer.
[B] Nachdem sie zurückgekehrt war, gab ihr Mann ihr einen Brief.
[X] Nachdem sie ihn gelesen hatte, musste sie auf die Reise verzichten.

c) **pour**

[X] Michel besucht seine Großmutter, damit er dort reiten kann.
[A] Michel besucht seine Großmutter, damit sie nicht allein ist.
[T] Michel besucht seine Großmutter, damit seine Eltern Freunde aus Amerika einladen können.

d) **sans**

[X] Jean müsste eine Klassenarbeit über den „Fremden“ von Camus schreiben, ohne dass er den Roman gelesen hat.

[L] Daher bleibt er zu Hause, ohne dass seine Eltern es wissen.

[R] Am nächsten Tag geht er wieder in die Schule, ohne dass ihn jemand fragt, wo er war.

[S] Avant d’aller dans le prochain bar, il appelle sa copine.

[U] Après avoir réservé une chambre, Anne achète un guide.

[J] Après l’avoir lue *(la lettre)*[1], elle a dû renoncer à[2] son voyage.

[E] Michel va voir sa grand-mère pour pouvoir y faire du cheval[3].

[T] Jean devrait écrire un contrôle sur « L’Etranger » de Camus sans avoir lu le roman.

Hinweise:

1 Geht ein direktes Objektpronomen voraus, muss das *participe passé* daran angeglichen werden.

2 *renoncer à qc*

3 Um sportliche Aktivitäten zu beschreiben, kannst du in sehr vielen Fällen *faire* + *de* + bestimmter Artikel + Sportartikel/Sportart setzen (z. B.: *faire de l’escalade, faire de la voile, faire des rollers*).

gabe 185*

ZUTATEN
175g Butter
400g Zucker
150g Mehl
100g Kakao
1 Päckchen Vanillezucker
4 Eier
150g Nusskerne

ZUBEREITUNG: Bevor du beginnst, heize den Ofen auf 150 °C vor und fette zwei runde Backformen (22 cm) ein. Nimm einen Topf, der groß genug ist, um alle Zutaten hineintun zu können. Lass die Butter, nachdem du sie in diesem Topf zerlaufen lassen hast, kalt werden/abkühlen. Nachdem du alle Zutaten hinzugefügt hast, vermische sie gut. Gib den Teig in die Backformen und lass ihn 20 bis 25 Minuten backen. Um keine weichen Brownies zu haben, lass sie vor dem Servieren abkühlen.

Aufgabe 186

a) **324**

- Divise le chiffre par 4.
- Après l'avoir divisé une autre fois par 9, additionne 17.
- Avant de le multiplier par 5, soustrais 8.

Résultat : 90

b) **7**

- Après avoir multiplié ce chiffre par 13, soustrais 11.
- Avant d'additionner 8, divise le chiffre par 8.
- Pour avoir le résultat final, divise le chiffre par 3.

Résultat : 6

c) **1027**

- Avant de soustraire 2, multiplie le chiffre par 2.
- Après l'avoir divisé par 12, additionne 9.
- Pour finir, divise le chiffre une autre fois par 12.

Résultat : 15

Traduis les indications suivantes en français avant de faire le calcul *(Rechnung)*.

d) **113**

- Zähle 3 hinzu, bevor du die Zahl durch 4 teilst.
  Additionne 3 avant de diviser le chiffre par 4.
- Multipliziere die Zahl mit 3.
  Multiplie le chiffre par 3.
- Nachdem du sie mit 2 multipliziert hast, teile sie durch 6.
  Après l'avoir multiplié par 2, divise-le par 6.

Résultat : 29

Bildnachweis

S. 5:	Music world: © John Vernon/Dreamstime.com
S. 7:	Rennradfahrer: © Cameron Pashak/Dreamstime.com
S.8:	Erdbeeren: © Michelle Robek/Dreamstime.com
	Pflaume: Image provided by Dreamstime.com
	Bananen: © Redaktion Stark Verlag
	Apfel: © Sanja Gjenero/www.sxc.hu
	Kiwi: © Stephen Mcsweeney/Dreamstime.com
	Kirschen: © Edyta Pawlowska/Dreamstime.com
S. 9:	Karibu: © Christian Riedel/Dreamstime.com
S. 12:	Gendarmerie: © Image provided by Dreamstime.com
S. 13:	Handtasche: © Rafa Irusta/Dreamstime.com
S. 14	Kurzgrammatik: © Redaktion Stark Verlag
	Bleistift: © Andrzej Pobiedzinski/www.sxc.hu
	Schwamm: © Massimo Bassi/www.sxc.hu
	Lineal: © Steven von Niederhausern/Dreamstime.com
	Füller: © Davide Guglielmo/www.sxc.hu
	Radiergummi: © Pam Roth/Dreamstime.com
	Heft: © János Gehring/Dreamstime.com
	Kreide: © Edyta Pawloska/Dreamstime.com
S. 19	Strand: © Holger Wulschlaeger/Dreamstime.com
S. 20	Robespierre: Wikimedia Commons
S. 23	Tänzerinnen: © Connie Larsen/Dreamstime.com
S. 24	Cover: Claude Carré: Marsupilami 1 – La rencontre © Hachette-Livre 2006
	Maus: © Tim McMahan/www.sxc.hu
	Tennisball: © Mischar Jung/www.sxc.hu
	Weinflasche: © Ed Desyon/www.sxc.hu
	CD Hülle: © Feng Yu/Dreamstime.com
	Inliner: © Redaktion Stark Verlag
S. 19	Notre-Dame: © Serban Enache/Dreamstime.com
S. 33	Mont Blanc: © Mischa van Lieshout/www.sxc.hu
S. 37	Tomaten: © Sanja Gjenero/www.sxc.hu
S. 38	Mineralwasser: © Maria Gritsai/Dreamstime.com
	Eier: © Janet Goulden/www.sxc.hu
	Bananen: © q83/www.sxc.hu
	Schokolade: © Salina Hainzl/www.sxc.hu
	CD-Hülle: © Feng Yu/Dreamstime.com
S. 38	Notre Dame: © Lauri Koski/www.sxc.hu
	Arc de Triomphe: © Henk L/www.sxc.hu
	Louvre: © Luciana de Paula/www.sxc.hu
S. 52	Bär: © Martin N.H./www.sxc.hu
S. 55	Musiker: Image provided by Dreamstime.com
S. 59	Mädchen: © Charles Bennet/Dreamstime.com
S. 62	Pokal: Image provided by Dreamstime.com
S. 67	Schokolade: © Sarah Williams/www.sxc.hu
S. 70	Disneyland: © Elisabeth Mauch
S. 76	A380: © Markus Kranz/www.sxc.hu
S. 78	Rathaus (Toulouse): This file is licensed under the Creative Commons Attribution ShareAlike 2.5 (http://creativecommons.org/licenses/by-sa/2.5/) License
	A380: © Philip MacKenzie/www.sxc.hu
	A320: © Emmanuel Wuyts/www.sxc.hu
	8: © Andrey Zyk/Dreamstime.com
S. 79	Rugbyball: © Bruce Parrott/Dreamstime.com
S. 80	Rugbyspiel: © Alison Bowden/Dreamstime.com
S. 83	Pergament: © Redaktion Stark Verlag
S. 88	Handy: © John de Boer/www.sxc.hu
S. 92	Auto: © Kiyoshi Takahase segundo/Dreamstime.com
S. 93/4	Sternzeichen: © Raja Rc/Dreamstime.com

S. 95 Berge: © David Hughes/Dreamstime.com
Strand: © Linda Morland/Dreamstime.com
Paris: © Cyrille Lips/Dreamstime.com
Haus: © Roman Sika/Dreamstime.com
Wüste: © Sean Randall/Dreamstime.com
S. 97 Mädchen: © Andres Rodriguez/Dreamstime.com
S. 98 Tennisschläger: © Juan Lobo/Dreamstime.com
Rennauto: Image provided by Dreamstime.com
Geige: © Sergey Goruppa/Dreamstime.com
Comic: © Dejan Savic/Dreamstime.com
Kreuz: © Philipp Berndt/Dreamstime.com
Aliens: © Julien Tromeur/Dreamstime.com
S. 99 Mädchen: © Andres Rodriguez/Dreamstime.com
kleiner Junge: © Melissa King/Dreamstime.com
Frau: © Robert Lerich/Dreamstime.com
Mann: © Jake Hellbach/Dreamstime.com
Jugendlicher: © Rafa Irusta/Dreamstime.com
alte Dame: © Andres Rodriguez/Dreamstime.com
S. 101 Ringe: Image provided by Dreamstime.com
S. 102 Granitküste: Wikimedia Commons
Fischauslagen: © Wendy Kaveney/Dreamstime.com
Strand: © Florian Sandner
Enclos paroissial: © Florian Sandner
Pointe du Raz: © S. Möller/Wikimedia Commons
Carnac: © Bertram Sandner
Boote: © Bertram Sandner
S. 110 Lehrer: © Howard Sandler/Dreamstime.com
S. 117 Notizblock: © Luminis/Dreamstime.com
S. 118 Schilder: © Erick Nguyen/Dreamstime.com
S. 119 Meerschweinchen mit Glas: © Andrey Armiagov/Dreamstime.com
Schildkröten: © Ary Post/www.sxc.hu
Hund: © Sharon Bellingeri/www.sxc.hu
Katze: © Niclas Ericsson/www.sxc.hu
Meerschweinchen Cowboy: Image provided by Dreamstime.com
S. 123 Kristallkugel: © James Steidl/Dreamstime.com
Wettericons: © Charlotte Erpenbeck/Dreamstime.com
S. 124 Kugeln: © Sergey Galushko/Dreamstime.com
S. 125/6 Fahnen (Frankreich/Japan/USA/GB/Kanada): Image provided by Dreamstime.com
Fahnen (Schweiz/Türkei/Griechenland): Image provided by Dreamstime.com
S. 128 Jeanne d'Arc: Wikimedia Commons
S. 133 Parliament: © Dave Roberts/Dreamstime.com
S. 136 Molière: Wikimedia Commons
S. 137 Katze mit Maus: © Andrey Stratilatov/Dreamstime.com
S. 138 Party: © Kirsty Pargeter/Dreamstime.com
S. 139 Mikrophon: Image provided by Dreamstime.com
S. 145 Tropenfisch: Image provided by Dreamstime.com
Qualle: © Chee-onn Leong/Dreamstime.com
Clownfisch: © Jose Manuel Gelpi Diaz/Dreamstime.com
S. 157 Gitarre: © Guy Shapira/Dreamstime.com
S. 159 Computermouse: © Chad Mcdermott/Dreamstime.com
S. 161 Louvre: © Ben Renard-wiart/Dreamstime.com
Louvre Pyramide: © Luciana de Paula/www.sxc.hu
Petit arc de triomphe: Image provided by Dreamstime.com
Tuileries: © David Hughes/Dreamstime.com
Obelisk: Image provided by Dreamstime.com
les Champs-Elysées: © Ben Renard-wiart/Dreamstime.com
Arc de triomphe: © Stephen Finn/Dreamstime.com
Metroschild: © Elena Elisseeva/Dreamstime.com
S. 166 Notre Dame (Marseille): © Denis Babenko/Dreamstime.com
S. 168 Herz: Image provided by Dreamstime.com
S. 169 Kochlöffel: © John Clines/Dreamstime.com

Ihre Meinung ist uns wichtig!

Ihre Anregungen sind uns immer willkommen. Bitte informieren Sie uns mit diesem Schein über Ihre Verbesserungsvorschläge!

Titel-Nr.	Seite	Vorschlag

Bitte hier abtrennen

Die echten Hilfen zum Lernen... **STARK**

16-V1M

Bitte ausfüllen und im frankierten Umschlag an uns einsenden. Für Fensterkuverts geeignet.

Zutreffendes bitte ankreuzen!

Die Absenderin/der Absender ist:

- ☐ Lehrer/in in den Klassenstufen: ____
- ☐ Fachbetreuer/in Fächer: ____
- ☐ Seminarlehrer/in Fächer: ____
- ☐ Regierungsfachberater/in Fächer: ____
- ☐ Oberstufenbetreuer/in
- ☐ Schulleiter/in
- ☐ Referendar/in, Termin 2. Staatsexamen: ____
- ☐ Leiter/in Lehrerbibliothek
- ☐ Leiter/in Schülerbibliothek
- ☐ Sekretariat
- ☐ Eltern
- ☐ Schüler/in, Klasse: ____
- ☐ Sonstiges: ____

Unterrichtsfächer: (Bei Lehrkräften!)

STARK Verlag
Postfach 1852
85318 Freising

Kennen Sie Ihre Kundennummer? Bitte hier eintragen.

Absender (Bitte in Druckbuchstaben!)

Name/Vorname

Straße/Nr.

PLZ/Ort

Telefon privat

Geburtsjahr

E-Mail-Adresse

Schule/Schulstempel (Bitte immer angeben!)

Bitte hier abtrennen

(Bitte blättern Sie um)

Englisch Grundwissen

Englisch Grundwissen 5. Klasse Bayern, Baden-Württemberg ... Best.-Nr. 90505
Englisch Grundwissen 5. Klasse ... Best.-Nr. 50505
Klassenarbeiten Englisch 5. Klasse mit CD ... Best.-Nr. 905053
Englisch Grundwissen 6. Klasse Bayern, Baden-Württemberg ... Best.-Nr. 90506
Englisch Grundwissen 6. Klasse ... Best.-Nr. 50506
Klassenarbeiten Englisch 6. Klasse mit CD ... Best.-Nr. 905063
Englisch Grundwissen 1. Lernjahr als 2. Fremdsprache Bayern, Baden-Württemberg ... Best.-Nr. 905052
Englisch Grundwissen 1. Lernjahr als 2. Fremdsprache ... Best.-Nr. 505052
Englisch Grundwissen 2. Lernjahr als 2. Fremdsprache Bayern, Baden-Württemberg ... Best.-Nr. 905062
Englisch Grundwissen 2. Lernjahr als 2. Fremdsprache ... Best.-Nr. 505062
Englisch Grundwissen 7. Klasse ... Best.-Nr. 90507
Englisch Grundwissen 8. Klasse ... Best.-Nr. 90508
Englisch Grundwissen 9. Klasse ... Best.-Nr. 90509
Englisch Grundwissen 10. Klasse ... Best.-Nr. 90510
Englisch Übertritt in die Oberstufe ... Best.-Nr. 82453
Kompakt-Wissen Kurzgrammatik ... Best.-Nr. 90461

Englisch Textproduktion

Textproduktion 9./10. Klasse ... Best.-Nr. 90541

Englisch Leseverstehen

Leseverstehen 5. Klasse ... Best.-Nr. 90526
Leseverstehen 6. Klasse ... Best.-Nr. 90525
Leseverstehen 8. Klasse ... Best.-Nr. 90522
Leseverstehen 10. Klasse ... Best.-Nr. 90521

Englisch Hörverstehen

Hörverstehen 5. Klasse mit CD ... Best.-Nr. 90512
Hörverstehen 6. Klasse mit CD ... Best.-Nr. 90511
Hörverstehen 7. Klasse mit CD ... Best.-Nr. 90513
Hörverstehen 9. Klasse mit CD ... Best.-Nr. 90515
Hörverstehen 10. Klasse mit CD ... Best.-Nr. 80457

Englisch Rechtschreibung

Rechtschreibung und Diktat 5. Klasse mit 3 CDs ... Best.-Nr. 90531
Rechtschreibung und Diktat 6. Klasse mit CD ... Best.-Nr. 90532
Englische Rechtschreibung 9./10. Klasse ... Best.-Nr. 80453

Englisch Wortschatzübung

Wortschatzübung 5. Klasse mit CD ... Best.-Nr. 90518
Wortschatzübung 6. Klasse mit CD ... Best.-Nr. 90519
Wortschatzübung Mittelstufe ... Best.-Nr. 90520

Englisch Übersetzung

Translation Practice 1 / ab 9. Klasse ... Best.-Nr. 80451
Translation Practice 2 / ab 10. Klasse ... Best.-Nr. 80452

Englisch: Zentrale Prüfungen

Jahrgangsstufentest Englisch 6. Klasse mit CD Gymnasium Bayern ... Best.-Nr. 954661
Zentrale Klassenarbeit Englisch mit CD 10. Klasse Gymnasium Baden-Württemberg ... Best.-Nr. 80456
Mittlerer Schulabschluss/Sek I Mündliche Prüfung Englisch Brandenburg ... Best.-Nr. 121550
Besondere Leistungsfeststellung Englisch mit CD 10. Klasse Gymnasium Sachsen ... Best.-Nr. 1454601
Besondere Leistungsfeststellung Englisch 10. Klasse Gymnasium Thüringen ... Best.-Nr. 165461

Französisch

Rechtschreibung und Diktat 1./2. Lernjahr mit 2 CDs ... Best.-Nr. 905501
Französisch im 2. Lernjahr ... Best.-Nr. 905503
Französisch im 3. Lernjahr ... Best.-Nr. 905504
Wortschatzübung Mittelstufe ... Best.-Nr. 94510
Kompakt-Wissen Kurzgrammatik ... Best.-Nr. 945011
Zentrale Klassenarbeit Französisch 10. Klasse Gymnasium Baden-Württemberg ... Best.-Nr. 80501

Latein

Latein I/II im 1. Lernjahr 5./6. Klasse G8 ... Best.-Nr. 906051
Latein I/II im 2. Lernjahr 6./7. Klasse G8 ... Best.-Nr. 906061
Latein I/II im 1. Lernjahr 5./7. Klasse G9 ... Best.-Nr. 90605
Latein I – 6. Kl. Latein als 1. Fremdsprache G9 ... Best.-Nr. 90606
Latein II im 2. Lernjahr ... Best.-Nr. 906082
Übersetzung im 1. Lektürejahr G9 ... Best.-Nr. 906091
Wiederholung Grammatik ... Best.-Nr. 94601
Wortkunde ... Best.-Nr. 94603
Kompakt-Wissen Kurzgrammatik ... Best.-Nr. 906011

Biologie/Chemie

Besondere Leistungsfeststellung Biologie 10. Klasse Gymnasium Thüringen ... Best.-Nr. 165701
Besondere Leistungsfeststellung Chemie 10. Klasse Gymnasium Thüringen ... Best.-Nr. 165731
Chemie 8. Klasse Bayern ... Best.-Nr. 90731
Chemie – Mittelstufe 1 ... Best.-Nr. 80731

Geschichte

Kompakt-Wissen Geschichte Unter-/Mittelstufe ... Best.-Nr. 907601

Ratgeber „Richtig Lernen"

Tipps und Lernstrategien – Unterstufe ... Best.-Nr. 10481
Tipps und Lernstrategien – Mittelstufe ... Best.-Nr. 10482

16-V1M

Bestellungen bitte direkt an: STARK Verlagsgesellschaft mbH & Co. KG
Postfach 1852 · 85318 Freising · Tel: 08161 / 179-0 · FAX: 08161 / 179-51
Internet: www.stark-verlag.de · E-Mail: info@stark-verlag.de

Die echten Hilfen zum Lernen ...

STARK